# Novo Avenida Brasil 3

Curso Básico de Português para Estrangeiros

O GEN | Grupo Editorial Nacional – maior plataforma editorial brasileira no segmento científico, técnico e profissional – publica conteúdos nas áreas de ciências exatas, humanas, jurídicas, da saúde e sociais aplicadas, além de prover serviços direcionados à educação continuada e à preparação para concursos.

As editoras que integram o GEN, das mais respeitadas no mercado editorial, construíram catálogos inigualáveis, com obras decisivas para a formação acadêmica e o aperfeiçoamento de várias gerações de profissionais e estudantes, tendo se tornado sinônimo de qualidade e seriedade.

A missão do GEN e dos núcleos de conteúdo que o compõem é prover a melhor informação científica e distribuí-la de maneira flexível e conveniente, a preços justos, gerando benefícios e servindo a autores, docentes, livreiros, funcionários, colaboradores e acionistas.

Nosso comportamento ético incondicional e nossa responsabilidade social e ambiental são reforçados pela natureza educacional de nossa atividade e dão sustentabilidade ao crescimento contínuo e à rentabilidade do grupo.

# Novo Avenida Brasil 3

Curso Básico de Português para Estrangeiros

**Emma Lima**
**Lutz Rohrmann**
**Tokiko Ishihara**
**Samira Iunes**
**Cristián Bergweiler**

- Os autores deste livro e a editora empenharam seus melhores esforços para assegurar que as informações e os procedimentos apresentados no texto estejam em acordo com os padrões aceitos à época da publicação, e todos os dados foram atualizados pelos autores até a data de fechamento do livro. Entretanto, tendo em conta a evolução das ciências, as atualizações legislativas, as mudanças regulamentares governamentais e o constante fluxo de novas informações sobre os temas que constam do livro, recomendamos enfaticamente que os leitores consultem sempre outras fontes fidedignas, de modo a se certificarem de que as informações contidas no texto estão corretas e de que não houve alterações nas recomendações ou na legislação regulamentadora.

- Fechamento desta edição: 15.02.2022

- Os autores e a editora se empenharam para citar adequadamente e dar o devido crédito a todos os detentores de direitos autorais de qualquer material utilizado neste livro, dispondo-se a possíveis acertos posteriores caso, inadvertida e involuntariamente, a identificação de algum deles tenha sido omitida.

- **Atendimento ao cliente: (11) 5080-0751 | faleconosco@grupogen.com.br**

- Direitos exclusivos para a língua portuguesa
  Copyright © 2022, 2023 by
  Publicado pelo selo **E. P. U. – Editora Pedagógica e Universitária Ltda.**
  Uma editora integrante do **GEN | Grupo Editorial Nacional**

  Travessa do Ouvidor, 11
  Rio de Janeiro – RJ – 20040-040
  www.grupogen.com.br

  Reservados todos os direitos. É proibida a duplicação ou reprodução deste volume, no todo ou em parte, em quaisquer formas ou por quaisquer meios (eletrônico, mecânico, gravação, fotocópia, distribuição pela Internet ou outros), sem permissão, por escrito, da E. P. U. – Editora Pedagógica e Universitária Ltda.

- Revisão técnica: Cely Santavicca Valladão de Freitas

- Capa, projeto gráfico e diagramação: Priscilla Andrade

- Ilustrações: Marcos Machado

- Imagens capa: ivotheeditors; Ranimiro Lotufo Neto; diegograndi; azgek; Virginia Yunes; pass17

**CIP-BRASIL. CATALOGAÇÃO NA PUBLICAÇÃO**
**SINDICATO NACIONAL DOS EDITORES DE LIVROS, RJ**

N843
2. ed.
v. 3

Novo Avenida Brasil : curso básico de português para estrangeiros, vol. 3 / Emma Eberlein O.F. Lima ... [et al.] ; ilustrações Marcos Machado. - 2. ed. [2. Reimpr.]. - Rio de Janeiro : E.P.U., 2023.

: il.
"Inclui áudios"
ISBN 978-85-216-3762-2

1. Língua portuguesa - Estudo e ensino - Falantes estrangeiros. 2. Língua portuguesa - Compêndios para estrangeiros. I. Lima, Emma Eberlein O. F. (Emma Eberlein de Oliveira Fernandes), 1939-. II. Machado, Marcos.

21-74579

CDD: 469.824
CDU: 811.134.3(81)'243

Meri Gleice Rodrigues de Souza - Bibliotecária - CRB-7/6439

# Sobre os Autores

**Emma Eberlein O. F. Lima**, Mestre em Letras pela Universidade de São Paulo (USP) e professora de Português para estrangeiros. Diretora Pedagógica da Polyglot Ensino e Publicações Ltda. desde 1986. Autora de muitos livros didáticos de Português para estrangeiros.

**Lutz Rohrmann**, Coordenador de projetos de livros didáticos. Coautor de vários livros didáticos de Alemão e Português para estrangeiros.

**Tokiko Ishihara**, Pós-doutorado em Linguística na Universidade Paris Nanterre. Professora do Departamento de Letras Modernas da Universidade de São Paulo (USP).

**Samira Abirad Iunes**, Foi Doutora em Língua e Literatura Francesa pela Universidade de São Paulo (USP) e professora do Departamento de Letras Modernas da mesma instituição. Autora de muitos livros didáticos de Português para estrangeiros.

**Cristián González Bergweiler**, Professor de Português e Alemão para estrangeiros.

# Material suplementar

Este livro conta com o seguinte material suplementar:

- Áudios: diálogos e textos de audição e exercícios orais, além do conteúdo de Fonética (requer PIN);

- Manual do Professor (com acesso restrito a docentes).

O acesso ao material suplementar é gratuito. Basta que o leitor se cadastre e faça seu *login* em nosso *site* (www.grupogen.com.br), clicando em Ambiente de aprendizagem, no menu superior do lado direito. Em seguida, clique no menu retrátil ☰ e insira o código (PIN) de acesso localizado na primeira orelha deste livro.

*O acesso ao material suplementar online fica disponível até seis meses após a edição do livro ser retirada do mercado.*

Caso haja alguma mudança no sistema ou dificuldade de acesso, entre em contato conosco (gendigital@grupogen.com.br).

# Recursos Didáticos

Símbolos utilizados em Novo Avenida Brasil

 Texto gravado

 Escreva no caderno

 Exercício de leitura

 Escreva sobre você mesmo

# Apresentação

A presente edição é uma versão atualizada do método **Avenida Brasil – Curso Básico de Português para Estrangeiros**.

As grandes modificações que o mundo viveu ao longo dos anos desde a primeira publicação de **Avenida Brasil**, bem como as alterações que o cenário dos estudos linguísticos sofreu, obrigaram-nos a repensar e a reorganizar a obra. A grande modificação é a nova distribuição do material, levando o aluno do patamar inicial de conhecimento ao final do nível intermediário.

Para colocar nosso material mais próximo das diretrizes do Quadro Europeu Comum de Referência para Línguas (*Common European Framework of Reference for Languages*), decidimos reparti-lo em três níveis, correspondentes a A1 (Volume 1), A2 (Volume 2) e B1+ (Volume 3).

Para facilitar a utilização do método, resolvemos, além disso, integrar o antigo Livro de Exercícios ao livro-texto. Assim, a primeira parte de cada um dos três livros deve ser trabalhada em aula. Na segunda parte do volume, o aluno terá exercícios numerosos e muito variados, correspondentes, cada um deles, a cada uma das lições da primeira parte.

Outra alteração introduzida no método foi a racionalização da sequência verbal de modo a suavizar a passagem do Modo Indicativo para o Modo Subjuntivo. Com essa mesma intenção, também as atividades e os exercícios relativos a esses itens sofreram modificações.

O método utilizado é essencialmente comunicativo, mas, em determinado passo da lição, as aquisições gramaticais são organizadas e explicitadas.

Optamos por um método, digamos, comunicativo-estrutural. Assim, levamos o aluno, mediante atividades ligadas a suas experiências pessoais, a envolver-se e a participar diretamente do processo de aprendizagem, enquanto lhe asseguramos a compreensão e o domínio, tão necessários ao aluno adulto, da estrutura da língua.

Sem dúvida, o objetivo maior do **Novo Avenida Brasil**, agora em três volumes, é levar o aluno a compreender e falar. Entretanto, por meio da seção **Exercícios** (segunda parte de cada um dos três volumes), sua competência escrita é igualmente desenvolvida.

O **Novo Avenida Brasil** não se concentra apenas no ensino de intenções de fala e de estruturas. Ele vai muito além. Informações e considerações sobre o Brasil, sua gente e seus costumes permeiam todo o material, estimulando a reflexão intercultural. Desse modo, ao mesmo tempo que adquire instrumentos para a comunicação, em português, o aluno encontra, também, elementos que lhe permitem conhecer e compreender o Brasil e os brasileiros.

O **Novo Avenida Brasil** destina-se a estrangeiros de qualquer nacionalidade, adolescentes e adultos, que queiram aprender português para poderem comunicar-se com os brasileiros e participar de sua vida cotidiana.

*Os autores*

# Como usar o seu Novo Avenida Brasil

**Novo Avenida Brasil – Curso Básico de Português para Estrangeiros** chega à 2ª edição amplamente revisto e atualizado, ao passo que preserva a vanguarda da metodologia que o consagrou.

O livro é destinado a principiantes, de qualquer nacionalidade, que queiram aprender o Português como é falado no Brasil, de maneira didática.

Os três volumes cobrem todo o conteúdo básico, levando ao final do nível intermediário o estudante totalmente principiante. Apresentam e desenvolvem temas comunicativos por meio de diálogos, exercícios, textos para audição ou leitura, e atividades para ampliação de vocabulário. Oferecem, ainda, atividades variadas e interessantes para a aplicação e fixação do conteúdo. A fonética é, também, cuidadosamente tratada nesses três livros.

Cada volume é dividido em duas partes, chamadas "Livro-texto" e "Livro de Exercícios", que auxiliam o estudante principiante a atingir os níveis A1, A2 e B1, estabelecidos pelo Quadro Europeu Comum de Referência para Línguas (QECR) e pelos parâmetros do Certificado de Proficiência em Língua Portuguesa para Estrangeiros (Celpe-Bras).

Este **Volume 3** trata de carreiras, lazer, trânsito, comércio e serviços, vida econômica e financeira, com revisões fonéticas, soluções, vocabulários, textos gravados e gramática. Equivale ao nível B1 do QECR.

Conectado com o mundo dinâmico e em constantes transformações, o **Novo Avenida Brasil** atualizou seus recursos didáticos, desenvolvidos para promover a interatividade e ampliar a experiência dos leitores. Tudo cuidadosamente construído sobre os pilares de seu célebre método de aprendizagem.

O uso de iconografia nas principais seções busca facilitar a identificação de cada um dos recursos didáticos apresentados no livro.

Veja, a seguir, como usar o seu **Novo Avenida Brasil**. Os professores poderão encontrar informações estratégicas, que poderão ser aprofundadas no *Manual do Professor* que acompanha os três volumes. Se for aluno, aproveite e tire as dúvidas com seu professor. Será mais um passo para o seu aprendizado.

*Boa leitura!*

> Em cada Lição serão trabalhados os aspectos que envolvem a **Comunicação** interpessoal e a **Gramática**, essencial para a construção da aprendizagem do idioma.

> Cada Lição divide-se em duas partes: **Livro-Texto e Livro de Exercícios**.
> Recomenda-se trabalhar o Livro-texto em aula e utilizar o Livro de Exercícios para fixar os conteúdos, como atividades individuais para os alunos.

> O livro traz uma lista dos temas que serão vistos em cada uma das Lições deste volume.

# Sumário

| Temas | Comunicação | Gramática | Livro-Texto | Livro de Exercícios |
|---|---|---|---|---|
| **Lição 1** A escola e a universidade; a escolha de uma profissão, carreiras. | **Escola, universidade e carreiras** Expressar desejos, dúvidas e sentimento; definir claramente a localização de objeto no espaço. | Presente do Subjuntivo - formas regulares. Formas irregulares. Usos do Presente do Subjuntivo (1): verbos de desejo, dúvida e sentimentos + que. Pronomes demonstrativos + advérbios de lugar. | 1 | 77 |
| **Lição 2** O tempo, o clima, a temperatura, sua influência sobre as atividades, fenômenos da natureza e paisagens. | **O tempo e o clima** Expressar agrado, desagrado, necessidade, possibilidade; conveniência, preferências; convidar; estimular uma ação. | Usos do Presente do Subjuntivo (2): Expressões impessoais + que. | 9 | 81 |
| **Lição 3** Dinheiro e estabilidade econômica; serviços bancários; administração do dinheiro. | **Vida econômica e financeira** Expressar finalidade, concessão, oposição, condição. Dar sugestões. | Usos do Presente do Subjuntivo (3) – Subjuntivo com certas conjunções: para que, embora, até que, antes que, contanto que, a não ser que, sem que, caso, mesmo que. Usos do Presente do Subjuntivo (4): alguém que, alguma coisa que. | 17 | 85 |
| **Lição 4** Superstições; simpatias; crendices populares. Lendas brasileiras. | **Imaginário brasileiro** Dar opinião; expressar indiferença, descrédito, indecisão, confiança. Formular hipóteses. | Imperfeito do Subjuntivo – forma. Usos do Imperfeito do Subjuntivo. Orações condicionais (se + Imperfeito do Subjuntivo). | 25 | 91 |
| **Revisão 1** | | | 33 | 97 |
| **Lição 5** Comércio e serviços: possibilidades e problemas. SAC (Serviço de atendimento ao cliente). Procon – Proteção ao consumidor. | **Comércio e serviços** Dar opinião, expressar indiferença/descrédito, prometer, justificar-se, pedir alguma coisa, formular hipóteses. | Futuro do Subjuntivo - forma. Usos: 1. com certas conjunções: quando, enquanto, logo que, assim que, depois que, se, como, à medida que. 2. com orações relativas; 3. Tempos compostos do Subjuntivo: forma (tenha feito, tivesse feito, tiver feito). Uso. | 37 | 99 |
| **Lição 6** Trânsito urbano, comportamento no trânsito, meios de transporte, carro, seguro. | **O trânsito** Aconselhar, argumentar, explicar, narrar. | Infinitivo Pessoal – forma. Usos. Verbo "haver" na forma impessoal (tempo e existência). | 45 | 105 |
| **Lição 7** Atividades de lazer – excursões, música popular brasileira, futebol, personalidades brasileiras nas artes e nos esportes, televisão, mídia eletrônica. | **Lazer** Expressar estados de espírito por meio de interjeições. Pedir, dar, recusar, tomar a palavra. Interromper. Expressar condições possíveis e impossíveis. Familiarizar o/a aluno/a com o nível de linguagem popular. | Orações condicionais – com se + Imperfeito do Subjuntivo Composto. Pronome relativo: que, quem (o qual, a qual, os quais, as quais), onde; cujo, cuja... | 53 | 109 |
| **Lição 8** O português dos brasileiros; o português em Portugal. | **O português mundo afora** Transmitir e repetir declarações, ordens ou perguntas proferidas por outros; estimular a continuação de uma conversa. | Discurso indireto – reprodução imediata: declarações e perguntas, ordens. Reprodução posterior. Tabela de tempos verbais na transição do discurso direto para o indireto. | 61 | 113 |
| **Revisão 2** | | | 71 | 117 |
| **Fonética** | | | | 121 |
| **Apêndice gramatical** | | | | 127 |
| **Textos gravados** | | | | 137 |
| **Soluções** | | | | 147 |
| **Vocabulário alfabético** | | | | 157 |

XIX

*Uma seção especial foi dedicada à **Fonética**, ferramenta que deve ser usada pelo professor desde o início do curso e indispensável para o aprendizado da língua.*

*Essencial para a compreensão e plena aprendizagem do Português, a **Gramática** mereceu um apêndice dedicado à fixação de temas como conjugação de verbos, estruturação das frases e concordância verbal e nominal.*

*Os áudios que acompanham o **Novo Avenida Brasil** apresentam aos leitores a língua falada, viva, e seus diferentes sotaques. Ajudam também a perceber as "regionalidades" e a compreender a cultura múltipla do país.*

# Sumário

| Temas | Comunicação | Gramática | Livro-Texto | Livro de Exercícios |
|---|---|---|---|---|
| **Lição 1** | **Escola, universidade e carreiras** | | 1 | 77 |
| A escola e a universidade; a escolha de uma profissão, carreiras. | Expressar desejos, dúvidas e sentimento; definir claramente a localização de objeto no espaço. | Presente do Subjuntivo - formas regulares. Formas irregulares. Usos do Presente do Subjuntivo (1): verbos de desejo, dúvida e sentimentos + que. Pronomes demonstrativos + advérbios de lugar. | | |
| **Lição 2** | **O tempo e o clima** | | 9 | 81 |
| O tempo, o clima, a temperatura, sua influência sobre as atividades, fenômenos da natureza e paisagens. | Expressar agrado, desagrado, necessidade, possibilidade; conveniência, preferências; convidar; estimular uma ação. | Usos do Presente do Subjuntivo (2): Expressões impessoais + que. | | |
| **Lição 3** | **Vida econômica e financeira** | | 17 | 85 |
| Dinheiro e estabilidade econômica; serviços bancários; administração do dinheiro. | Expressar finalidade, concessão, oposição, condição. Dar sugestões. | Usos do Presente do Subjuntivo (3) – Subjuntivo com certas conjunções: para que, embora, até que, antes que, contanto que, a não ser que, sem que, caso, mesmo que. Usos do Presente do Subjuntivo (4): alguém que, alguma coisa que. | | |
| **Lição 4** | **Imaginário brasileiro** | | 25 | 91 |
| Superstições; simpatias, crendices populares. Lendas brasileiras. | Dar opinião; expressar indiferença, descrédito, indecisão, confiança. Formular hipóteses. | Imperfeito do Subjuntivo – forma. Usos do Imperfeito do Subjuntivo. Orações condicionais (se + Imperfeito do Subjuntivo). | | |
| **Revisão 1** | | | 33 | 97 |
| **Lição 5** | **Comércio e serviços** | | 37 | 99 |
| Comércio e serviços: possibilidades e problemas. SAC (Serviço de atendimento ao cliente). Procon – Proteção ao consumidor. | Dar opinião, expressar indiferença/descrédito, prometer, justificar-se, pedir alguma coisa, formular hipóteses. | Futuro do Subjuntivo - forma. Usos: 1. com certas conjunções: quando, enquanto, logo que, assim que, depois que, se, como, à medida que. 2. com orações relativas; 3. Tempos compostos do Subjuntivo: forma (tenha feito, tivesse feito, tiver feito). Uso. | | |
| **Lição 6** | **O trânsito** | | 45 | 105 |
| Trânsito urbano, comportamento no trânsito, meios de transporte, carro, seguro. | Aconselhar, argumentar, explicar, narrar. | Infinitivo Pessoal – forma. Usos. Verbo "haver" na forma impessoal (tempo e existência). | | |
| **Lição 7** | **Lazer** | | 53 | 109 |
| Atividades de lazer – excursões, música popular brasileira, futebol, personalidades brasileiras nas artes e nos esportes, televisão, mídia eletrônica. | Expressar estados de espírito por meio de interjeições. Pedir, dar, recusar, tomar a palavra. Interromper. Expressar condições possíveis e impossíveis. Familiarizar o/a aluno/a com o nível de linguagem popular. | Orações condicionais – com se + Imperfeito do Subjuntivo Composto. Pronome relativo: que, quem (o qual, a qual, os quais, as quais); onde; cujo, cuja... | | |
| **Lição 8** | **O português mundo afora** | | 61 | 113 |
| O português dos brasileiros; o português em Portugal. | Transmitir e repetir declarações, ordens ou perguntas proferidas por outros; estimular a continuação de uma conversa. | Discurso indireto – reprodução imediata: declarações e perguntas, ordens. Reprodução posterior. Tabela de tempos verbais na transição do discurso direto para o indireto. | | |
| **Revisão 2** | | | 71 | 117 |
| **Fonética** | | | | 121 |
| **Apêndice gramatical** | | | | 127 |
| **Textos gravados** | | | | 137 |
| **Soluções** | | | | 147 |
| **Vocabulário alfabético** | | | | 157 |

XIX

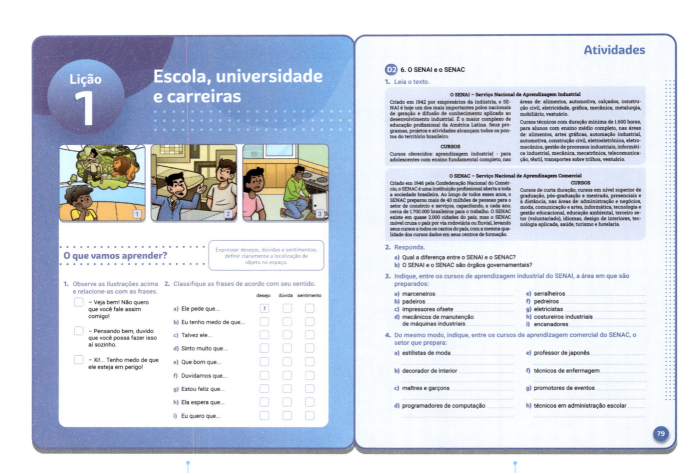

Ricamente ilustrado, o **Novo Avenida Brasil** destaca os aspectos lúdico e didático, tornando o aprendizado do Português mais interessante e intuitivo. Desenhos exclusivos e imagens icônicas completam a experiência na jornada da leitura.

> O ícone representado por um fone de ouvido indica que existem áudios disponíveis para aquele tema ou seção. Ouça! Acompanhe!

### A1 O que a gente vai fazer?

calor   chuva   vento   neve   tempestade   frio

1. Ouça o diálogo. Que figura corresponde a ele?
   - Puxa vida, que tempinho chato!
   - É mesmo. O que é que a gente vai fazer?
   - Eu queria ir à piscina, mas não vai dar.
   - Com chuva, prefiro ficar em casa e assistir a um filme.
   - Mas chuva é ideal para uma tarde no museu! Tem uma exposição nova na Pinacoteca.

2. Trabalhe com seu/sua colega: leiam o diálogo acima.
3. Fale com seu/sua colega.

   (Que tempo você prefere?)   (O que que você faz quando chove...?)   (O que você faz no verão?)

   Sugestões para resposta:

   | ficar em casa   jantar fora   assistir a uma série   lavar o carro   jogar tênis |
   | trabalhar no jardim   jogar futebol   ir ao museu   convidar amigos |
   | esquiar   correr   ouvir música   nadar   dormir |

4. Faça frases.

   | Adoro | calor. | Quando chove, | eu prefiro... |
   |---|---|---|---|
   | Detesto | frio. | Com chuva, | nós adoramos... |
   | Gosto muito de | horário de verão. | Quando faz (frio/sol), | ele detesta... |
   | Não suporto | trovão. | Quando o dia está (nublado/ensolarado/chuvoso/frio/quente), | eu não suporto... |

   *Adoramos calor. Quando faz sol, nós adoramos.*
   *Não suporto trovão. Quando o dia está chuvoso, eu não aguento.*

### A2 E essa agora!

1. Ouça o diálogo. Leia e faça variações.
   - E essa agora! O pneu tinha que furar no meio deste temporal.
   - E o que a gente faz agora?
   - É possível que haja alguém por aqui que conserte pneus.
   - Vamos perguntar lá na farmácia.

## B2 Usos do Imperfeito do Subjuntivo

**1. Compare os diálogos.**

- Por que você não **quer** que eu **fique**?
- É que eu **preciso** trabalhar em paz.

- Por que o Zé não **vem**?
- Não sei. Talvez **esteja** doente.

- O livro **está ajudando**?
- Não, não **encontro** nada que me **ajude**.

- Por que você não **quis** que eu **ficasse**?
- É que eu **precisava** trabalhar em paz.

- Por que o Zé não **veio** ontem?
- Não sei. Talvez **estivesse** doente.

- O livro **ajudou**?
- Não, não **encontrei** nada que me **ajudasse**.

**2. Fale com seu/sua colega. Responda com "talvez".**

> Por que a Clarissa não veio à aula ontem?

> Não sei, talvez ela estivesse doente.

| não poder sair | estar triste | precisar ir ao médico |
| não ter vontade de | estar chovendo | estar cansada |

**LEMBRE-SE**

O Imperfeito do Subjuntivo substitui o Presente do Subjuntivo quando o verbo da oração principal está num tempo do Pretérito.

**3. Complete com o Imperfeito do Subjuntivo.**

a) Eu fiquei muito feliz que *meu chefe concordasse comigo.*

b) Nunca achei que eu ............................................................

c) Sempre quis que minha família ............................................

d) Eu não saí da classe até que a professora ......................, embora ......................

e) Comecei a estudar Português para que eu ............................

f) Foi bom que você ........................................, antes que ..............................

## B3 Orações condicionais: se + Imperfeito do Subjuntivo

**Futuro do Pretérito na oração principal**
Eu faria o conserto hoje,

**Imperfeito do Subjuntivo na oração com "se"**
Se eu fosse italiano,

**Imperfeito do Subjuntivo na oração com "se"**
se eu tivesse tempo. Mas não tenho.

**Futuro do Pretérito**
eu comeria muito macarrão.

**1. Relacione as colunas.**

a) Se eu ficasse até o final de março,

b) Se ele tivesse carro,

c) Se ele gostasse dela,

d) Se hoje fosse domingo,

e) Se hoje estivesse chovendo,

f) Se ele vivesse na floresta,

g) Se ele acreditasse em simpatias,

| | ele conheceria muitos animais. |
| | ele levaria o guarda-chuva. |
| | não passaria debaixo da escada. |
| | ele seria mais gentil com ela. |
| *a* | iria à festa do Senhor do Bonfim. |
| | ele iria à igreja. |
| | ele não tomaria o metrô. |

**2. Complete as frases livremente.**

a) Tudo seria mais simples se...

b) Eu não faria negócio com ele se...

c) O mundo seria melhor se...

d) O diretor assinaria o contrato se...

**3. Jogue com suas/seus colegas. Faça perguntas e dê respostas. Cada pergunta correta vale um ponto, cada resposta correta também. Ganha quem primeiro fizer 8 pontos.**

| China greve salário metrô televisão |

> O que você faria se hoje não fosse feriado?

> Se hoje não fosse feriado, eu estaria no escritório trabalhando.

*Em cada Lição você encontrará quadros com lembretes que destacam algo bastante relevante sobre o idioma. Fique atento!*

28

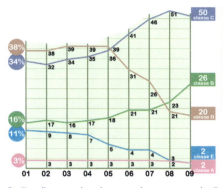

Talvez tenham descoberto petróleo.
Pode ser que tenham mudado a classificação das classes.
Acho que está errado. Nenhum país muda tão rápido.
Li que mudaram os impostos no Brasil.
Pode ser que tenham um novo governo.

**3.** Escolha uma das classes e descreva a evolução no gráfico.

> A classe... mudou bastante / pouco / quase nada. Começou com...% e chegou a...%. No ano de... começou a diminuir / crescer.

**Descubra sua classe**

Indique quais itens você possui e, depois, some os pontos de suas respostas.

*Este ícone indica que você deve exercitar a habilidade da escrita, que compõe a prática e a trilha de aprendizagem da língua.*

**4.** Trabalhe com seu/sua colega. Prepare um texto curto descrevendo as principais informações do gráfico.

> maior/menor variação
> estava na classe...
> curva descendente/ascendente/constante
> No início, a maioria/minoria
> no fim...
> No ano de...
> acontece forte variação...

Quantos dos seguintes bens/serviços você possui?

| | 0 | 1 | 2 | 3 | 4+ |
|---|---|---|---|---|---|
| Televisão | 0 | 1 | 2 | 3 | 4 |
| Celular | 0 | 1 | 2 | 3 | 4 |
| Automóvel de passeio | 0 | 4 | 7 | 9 | |
| Empregada doméstica fixa mensalista | 0 | 3 | 4 | 4 | 4 |
| Máquina de lavar roupas | 0 | 2 | 2 | 2 | 2 |
| Banheiro, inclusive lavabo | 0 | 4 | 5 | 6 | 7 |
| Geladeira | 0 | 2 | 3 | 4 | 4 |
| Freezer, sendo aparelho independente ou parte da geladeira | 0 | 1 | 2 | 2 | 2 |

Até que ano da escola o chefe da família estudou?

Analfabeto/primário incompleto
Ensino fundamental incompleto
Ensino fundamental completo
Ensino médio incompleto
Ensino médio completo
Superior incompleto
Superior completo
Pós-graduação

**Resultado**

| Pontos | Classe |
|---|---|
| 42 a 46 | A1 |
| 35 a 41 | A2 |
| 29 a 34 | B1 |
| 28 a 23 | B2 |
| 22 a 18 | C1 |
| 14 a 17 | C2 |
| 14 a 17 | D |
| 0 a 7 | E |

**5.** Entreviste seu/sua colega utilizando o formulário.

— Quantos celulares/carros/televisões... vocês têm?
— Vocês têm...? — Um/a ou mais?
— Temos... / — Não temos...
— Divido um... com... isso conta?
— Prefiro não fazer esta entrevista, acho muito pessoal!

> Ao encontrar este ícone, faça uma pausa para a leitura proposta. É mais uma importante habilidade do idioma a ser praticada. E o **Novo Avenida Brasil** selecionou amostras muito especiais e representativas do Português.
> Divirta-se enquanto aprende!

### D1 Como está a praia?

1. Fale com seus/suas colegas. Para que vocês usam a internet?

   | | | |
   |---|---|---|
   | Só uso as páginas de busca. | Normalmente, só leio notícias. | Publico minhas atividades... |
   | Prefiro um bom livro. | Uso a internet como meu diário. | Passo o dia inteiro conectado/a. |
   | | Acompanho a vida de meus amigos pela internet. | Só uso para o trabalho. |
   | | Escrevo um *blog* sobre... | |

2. Alex deixou um comentário na página da internet. Seus amigos responderam. Quem disse o quê?

   a) Está ficando frio muito rápido.
   b) Queria muito estar numa praia bonita.
   c) Não gosto de me queimar.
   d) O tempo não estava bom, ficamos em casa.
   e) Em São Paulo, está chovendo.

3. Deixe o seu comentário para Alex.

> Não se intimide com o dedo apontado para você! O ícone indica a oportunidade de exercitar a escrita em português **falando sobre você mesmo**. Aproveite e pratique!

Para os professores, em especial, a divisão das lições por blocos cadencia* a sequência de temas a serem ministrados e quais elementos devem ser desenvolvidos naquele determinado momento.

**A:** *apresenta o vocabulário, os elementos básicos de comunicação e as estruturas.*

**B:** *tem como meta conscientizar e automatizar as estruturas já vistas.*

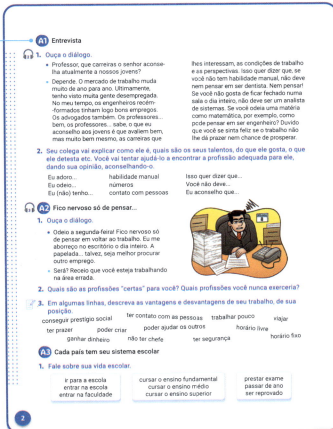

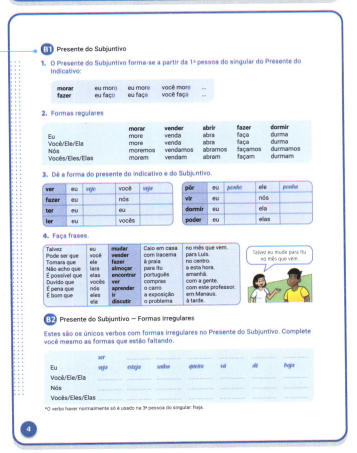

---

*Os blocos são sequenciais e recomenda-se obedecer à ordem alfabética, de A a E.

**C:** amplia e retoma os elementos de comunicação, o vocabulário e as estruturas estudadas.

**C** Titia morreu...

**1.** Leia o texto.

Titia morreu e deixou para mim e para meu irmão uma verdadeira fortuna. Você não pode imaginar! São prédios, dinheiro, casas, ações na Bolsa, aplicações... e muito, muito dinheiro. Meu irmão e eu não sabemos o que fazer com tudo isso. (Dinheiro para nós foi sempre muito curto...) O dia inteiro brigamos, discutimos, ontem quase nos pegamos. Nós que sempre fomos de muita paz!... Maldita herança!

**2.** Fale com seus/suas colegas.

**1.** O que as pessoas fazem no seu país quando têm dinheiro para poupar?

**2.** Você já comprou ações alguma vez? Ganhou dinheiro com isso?

**3.** Você poupa ou prefere gastar?

**4.** Imagine que você ganhou na loteria o equivalente ao seu salário de dez anos. Se não fosse apenas um sonho, o que você faria com esse dinheiro?

**3.** Fale com seus/suas colegas. O que o dinheiro representa para você? Traz conforto? Resolve tudo? Traz problemas? Escreva um parágrafo, justificando sua posição.

**D1** Crise? Que crise?

**1.** Ouça o texto e decida: certo (C) ou errado (E).

C   E

**a)** O comentarista realizou uma pesquisa.

**b)** A indústria de eletrodomésticos está muito satisfeita.

**c)** O número de famílias com máquina de lavar é menor do que aquelas com carro.

**d)** Muitas famílias pretendem comprar uma máquina de lavar no próximo ano.

**2.** Ouça o texto novamente e anote as quantidades.
*12 meses... antes: 59% máquina de lavar, agora ...*

**3.** Compare seus resultados com os dos seus/suas colegas. Corrija quando necessário. Depois ouça o texto novamente.

**D2** Você tem classe?

**1.** A classe social tem algum significado em seu país?

> Que coisa antiga...

> Claro! É muito útil para os economistas

> Tem, sim, temos muitas pessoas na classe...

> Não conheço ninguém que use esse termo!

**2.** Observe o gráfico na página seguinte.
O que você acha: qual classe descreve as pessoas mais ricas, qual as mais pobres? Que razões pode haver para mudanças tão grandes em 10 anos?

22

**D:** apresenta textos de leitura e de áudio, tendo em vista a expansão da compreensão escrita e oral do aluno.

**D2** Enchente

**1.** Ouça o texto e decida qual figura combina com ele.

**2.** Certo (C) ou errado (E)?

C   E

Ainda está chovendo muito.

Ainda há muita água na avenida.

O carro de D. Maria José parou no meio da água.

É normal haver chuvas fortes na cidade.

**E:** concentra-se na ampliação e no trabalho do vocabulário.

**E1** Campos de palavras

Consulte o dicionário e organize as palavras por categorias. Algumas podem aparecer em várias categorias.

| | | |
|---|---|---|
| **1.** o pé-d'água | **11.** o ciclone | **21.** o raio |
| **2.** o furacão | **12.** o maremoto | **22.** a inundação |
| **3.** o terremoto | **13.** a enchente | **23.** o deslizamento |
| **4.** a ventania | **14.** o trovão | **24.** a geada |
| **5.** a garoa | **15.** o granizo | **25.** o temporal |
| **6.** o aguaceiro | **16.** o tornado | **26.** a tromba-d'água |
| **7.** a brisa | **17.** a seca | **27.** o tufão |
| **8.** o relâmpago | **18.** a trovoada | **28.** o arco-íris |
| **9.** o pé de vento | **19.** o vendaval | **29.** o chuvisco |
| **10.** a chuvarada | **20.** a nuvem | **30.** a pancada de chuva |

| Chuva | Vento | Catástrofes |
|---|---|---|
| *o pé-d'água* | | |

**E2** Episódio

Escreva um episódio de sua vida, relacionado com o clima.

16

Para conhecer outros conteúdos de **Português como Língua Estrangeira** (PLE), acesse o *site* https://www.grupogen.com.br/catalogo-portugues.

Há mais de 60 anos, a Editora Pedagógica Universitária (E.P.U.) é pioneira na publicação de livros sobre PLE que, com metodologia consagrada, conquistaram o mercado mundial e são referência.

# Sumário

| Temas | Comunicação | Gramática | Livro-texto | Livro de Exercícios |
|---|---|---|---|---|
| **Lição 1** | **Escola, universidade e carreiras** | | **1** | **77** |
| A escola e a universidade; a escolha de uma profissão, carreiras. | Expressar desejos, dúvidas e sentimentos; definir claramente a localização de objeto no espaço. | Presente do Subjuntivo – Formas regulares. Formas irregulares. Usos do Presente do Subjuntivo (1): verbos de desejo, dúvida e sentimentos + que. Pronomes demonstrativos + advérbios de lugar. | | |
| **Lição 2** | **O tempo e o clima** | | **9** | **81** |
| O tempo, o clima, a temperatura, sua influência sobre as atividades, fenômenos da natureza e paisagens. | Expressar agrado, desagrado, necessidade, possibilidade; conveniência, preferências; convidar; estimular uma ação. | Usos do Presente do Subjuntivo (2): Expressões impessoais + que. | | |
| **Lição 3** | **Vida econômica e financeira** | | **17** | **85** |
| Dinheiro e estabilidade econômica; serviços bancários; administração do dinheiro. | Expressar finalidade, concessão, oposição, condição. Dar sugestões. | Usos do Presente do Subjuntivo (3) – Subjuntivo com certas conjunções: para que, embora, até que, antes que, contanto que, a não ser que, sem que, caso, mesmo que. Usos do Presente do Subjuntivo (4): alguém que, alguma coisa que. | | |
| **Lição 4** | **Imaginário brasileiro** | | **25** | **91** |
| Superstições; simpatias, crendices populares. Lendas brasileiras. | Dar opinião; expressar indiferença, descrédito, indecisão, confiança. Formular hipóteses. | Imperfeito do Subjuntivo – Forma. Usos do Imperfeito do Subjuntivo. Orações condicionais (se + Imperfeito do Subjuntivo). | | |
| **Revisão 1** | | | **33** | **97** |
| **Lição 5** | **Comércio e serviços** | | **37** | **99** |
| Comércio e serviços: possibilidades e problemas. SAC (Serviço de Atendimento ao Cliente). Procon – Proteção ao consumidor. | Dar opinião, expressar indiferença/descrédito, prometer, justificar-se, pedir alguma coisa, formular hipóteses. | Futuro do Subjuntivo – Forma. Usos: 1. com certas conjunções: quando, enquanto, logo que, assim que, depois que, se, como, à medida que. 2. com orações relativas. Tempos compostos do Subjuntivo – Forma (tenha feito, tivesse feito, tiver feito). Usos. | | |
| **Lição 6** | **O trânsito** | | **45** | **105** |
| Trânsito urbano, comportamento no trânsito, meios de transporte, carro, seguro. | Aconselhar, argumentar, explicar, narrar; transmitir o que foi dito. | Infinitivo Pessoal – Forma. Usos. Verbo "haver" na forma impessoal (tempo e existência). | | |
| **Lição 7** | **Lazer** | | **53** | **109** |
| Atividades de lazer – excursões, música popular brasileira, futebol, personalidades brasileiras nas artes e nos esportes, televisão, mídia eletrônica. | Expressar estados de espírito por meio de interjeições. Pedir, dar, recusar, tomar a palavra. Interromper. Expressar condições possíveis e impossíveis. Familiarizar o/a aluno/a com o nível de linguagem popular. | Orações condicionais – com se + Imperfeito do Subjuntivo Composto. Pronomes relativos: que, quem (o qual, a qual, os quais, as quais), onde, cujo, cuja... | | |
| **Lição 8** | **O português mundo afora** | | **61** | **113** |
| O português dos brasileiros; o português em Portugal. | Transmitir e repetir declarações, ordens ou perguntas proferidas por outros; estimular a continuação de uma conversa. | Discurso indireto – Reprodução imediata: declarações e perguntas, ordens. Reprodução posterior. Tabela de tempos verbais na transição do discurso direto para o indireto. | | |
| **Revisão 2** | | | **71** | **117** |
| **Fonética** | | | | **120** |
| **Apêndice gramatical** | | | | **123** |
| **Textos gravados** | | | | **133** |
| **Soluções** | | | | **145** |
| **Vocabulário alfabético** | | | | **161** |
| **Créditos** | | | | **168** |

XIX

# Lição 1
# Escola, universidade e carreiras

## O que vamos aprender?

> Expressar desejos, dúvidas e sentimentos; definir claramente a localização de objeto no espaço.

**1.** Observe as ilustrações acima e relacione-as com as frases.

- ☐ – Veja bem! Não quero que você fale assim comigo!
- ☐ – Pensando bem, duvido que você possa fazer isso aí sozinho.
- ☐ – Xi... Tenho medo de que ele esteja em perigo!

**2.** Classifique as frases de acordo com seu sentido.

|  | desejo | dúvida | sentimento |
|---|---|---|---|
| a) Ele pede que... | X | ☐ | ☐ |
| b) Eu tenho medo de que... | ☐ | ☐ | ☐ |
| c) Talvez ele... | ☐ | ☐ | ☐ |
| d) Sinto muito que... | ☐ | ☐ | ☐ |
| e) Que bom que... | ☐ | ☐ | ☐ |
| f) Duvidamos que... | ☐ | ☐ | ☐ |
| g) Estou feliz que... | ☐ | ☐ | ☐ |
| h) Ela espera que... | ☐ | ☐ | ☐ |
| i) Eu quero que... | ☐ | ☐ | ☐ |

## A1 Entrevista

🎧 **1.** Ouça o diálogo.

- Professor, que carreiras o senhor aconselha atualmente a nossos jovens?
- Depende. O mercado de trabalho muda muito de ano para ano. Ultimamente, tenho visto muita gente desempregada. No meu tempo, os engenheiros recém-formados tinham logo bons empregos. Os advogados também. Os professores... bem, os professores... sabe, o que eu aconselho aos jovens é que avaliem bem, mas muito bem mesmo, as carreiras que lhes interessam, as condições de trabalho e as perspectivas. Isso quer dizer que, se você não tem habilidade manual, não deve nem pensar em ser dentista. Nem pensar! Se você não gosta de ficar fechado numa sala o dia inteiro, não deve ser um analista de sistemas. Se você odeia uma matéria como matemática, por exemplo, como pode pensar em ser engenheiro? Duvido que você se sinta feliz se o trabalho não lhe dá prazer nem chance de prosperar.

**2.** Seu colega vai explicar como ele é, quais são os seus talentos, do que ele gosta, o que ele detesta etc. Você vai tentar ajudá-lo a encontrar a profissão adequada para ele, dando sua opinião, aconselhando-o.

Eu adoro...                 habilidade manual            Isso quer dizer que...
Eu odeio...                 números                       Você não deve...
Eu (não) tenho...           contato com pessoas           Eu aconselho que...

## 🎧 A2 Fico nervoso só de pensar...

**1.** Ouça o diálogo.

- Odeio a segunda-feira! Fico nervoso só de pensar em voltar ao trabalho. Eu me aborreço no escritório o dia inteiro. A papelada... talvez seja melhor procurar outro emprego.
- Será? Receio que você esteja trabalhando na área errada.

**2.** Quais são as profissões "certas" para você? Quais profissões você nunca exerceria?

 **3.** Em algumas linhas, descreva as vantagens e desvantagens de seu trabalho, de sua posição.

conseguir prestígio social    ter contato com as pessoas    trabalhar pouco    viajar
ter prazer    poder criar    poder ajudar os outros    horário livre
ganhar dinheiro    não ter chefe    ter segurança    horário fixo

## A3 Cada país tem seu sistema escolar

**1.** Fale sobre sua vida escolar.

| ir para a escola<br>entrar na escola<br>entrar na faculdade | cursar o ensino fundamental<br>cursar o ensino médio<br>cursar o ensino superior | prestar exame<br>passar de ano<br>ser reprovado |

2. Veja esta tabela. Ela mostra a linha central do sistema escolar brasileiro (escolas públicas e particulares).

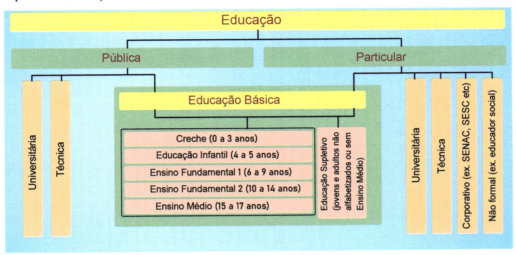

3. Interprete a tabela – resposta livre.

No sistema escolar brasileiro a Educação Infantil inicia entre 4 e 5 anos. Crianças até 3 anos vão à creche. De 4 a 5 anos... ..................................................................................
................................................................................................................................................................
................................................................................................................................................................
................................................................................................................................................................
................................................................................................................................................................

4. Compare o sistema escolar de seu país com o brasileiro.

No meu país, a gente...
Nossa! Entrar na universidade com 17, 18 anos?
Puxa! Entrar na escola com 6 anos!
Ótimo! Que bom poder começar a trabalhar cedo!

Quer dizer que...   Isso significa que...

Isso quer dizer que...

**A4** Duvido que você possa fazer isso aí...

- Duvido que você possa fazer isso aí sozinho. É necessário muito treinamento.
- Isto aqui? Isto aqui é fácil de fazer. Não tem problema. Aquilo ali é que é difícil. Nem com treinamento.

| Eu | isto aqui comigo, junto de mim. |
| Você | isso aí com você, perto de você |
| Ele/a | aquilo ali com ele/a, perto dele/a
aquilo lá com ele/a, perto dele/a |

Converse com seu colega. Aponte tudo o que está:

a) perto de você/isto aqui/livro
   *Isto aqui é meu livro.*

b) perto de seu colega/isso aí/carteira
   ................................................................

c) longe de você/aquilo ali/lixo
   ................................................................

d) mais longe de você/aquilo lá/quadro de avisos.
   ................................................................

e) perto de você/isto aqui/carro
   ................................................................

3

## B1 Presente do Subjuntivo

**1.** O Presente do Subjuntivo forma-se a partir da 1ª pessoa do singular do Presente do Indicativo:

| morar | eu moro | eu more | você more | ... |
| fazer | eu faço | eu faça | você faça | ... |

**2.** Formas regulares

|  | morar | vender | abrir | fazer | dormir |
|---|---|---|---|---|---|
| Eu | more | venda | abra | faça | durma |
| Você/Ele/Ela | more | venda | abra | faça | durma |
| Nós | moremos | vendamos | abramos | façamos | durmamos |
| Vocês/Eles/Elas | morem | vendam | abram | façam | durmam |

**3.** Dê a forma do presente do Indicativo e do Subjuntivo.

| ver | eu | *vejo* | você | *veja* |
|---|---|---|---|---|
| fazer | eu |  | nós |  |
| ter | eu |  | eu |  |
| ler | eu |  | vocês |  |

| pôr | eu | *ponho* | ele | *ponha* |
|---|---|---|---|---|
| vir | eu |  | nós |  |
| dormir | eu |  | ela |  |
| poder | eu |  | elas |  |

**4.** Faça frases.

| Talvez | eu | **mudar** | Caio em casa | no mês que vem. |
| Pode ser que | você | **vender** | com Iracema | para Luís. |
| Tomara que | ele | **fazer** | à praia | no centro. |
| Não acho que | Iara | **almoçar** | para Itu | a esta hora. |
| É possível que | elas | **encontrar** | português | amanhã. |
| Duvido que | vocês | **ver** | compras | com a gente. |
| É uma pena que | nós | **aprender** | o carro | com este professor. |
| É bom que | eles | **ir** | a exposição | em Manaus. |
|  | ela | **discutir** | o problema | à tarde. |

Talvez eu mude para Itu no mês que vem.

## B2 Presente do Subjuntivo — Formas irregulares

Estes são os únicos verbos com formas irregulares no Presente do Subjuntivo. Complete você mesmo as formas que estão faltando.

|  | ser |  |  |  |  |  |  |  |
|---|---|---|---|---|---|---|---|---|
| Eu | *seja* | *esteja* | *saiba* | *queira* | *vá* | *dê* | *haja* |  |
| Você/Ele/Ela |  |  |  |  |  |  |  |  |
| Nós |  |  |  |  |  |  |  |  |
| Vocês/Eles/Elas |  |  |  |  |  |  |  |  |

*O verbo haver normalmente só é usado na 3ª pessoa do singular: haja.

**B3** Usos do Presente do Subjuntivo (1)

| Verbos de desejo + que | Eu quero que você **pare** de fumar.<br>O diretor proíbe que os alunos **fumem** na escola.<br>Tomara que você **pare** de fumar.<br>Espero que ele **venha**. |
|---|---|
| Verbos de dúvida + que | Duvido que ele **viaje** para o Pantanal.<br>Não acho que eles **queiram** ir à festa.<br>Talvez **haja** outro restaurante aqui perto. |
| Verbos de sentimento + que | Sinto muito que Joel não **viaje** conosco.<br>Que pena que eu não **possa** ir com vocês.<br>Que bom que você **esteja** bem agora.<br>Estou contente que vocês **aceitem** minha sugestão. |

**1.** Faça frases

Exemplo: *Tomara que Raimundo não esteja com gripe.*

| Talvez<br>Que pena que<br>Não acho que<br>Tomara que<br>Sinto muito que | a sua mãe<br>Regina<br>Raimundo<br>eles<br>eu | **poder**<br>**querer**<br>**ir**<br>**estar**<br>**saber** | falar inglês<br>com gripe<br>ficar na festa<br>à sua casa<br>ir à festa | no domingo<br>conosco<br>hoje à noite<br>amanhã<br>.......................... |
|---|---|---|---|---|

**2.** Escolha as frases adequadas para cada situação. O que você diz?

**1. Seu amigo está doente**

- ☐ Sinto muito que você não esteja bem.
- ☐ Duvido que eles telefonem para mim.
- ☐ Tomara que você fique bom logo.
- ☐ Eles querem que ela vá embora.

**2. Seu amigo vai viajar.**

- ☐ Não acho que seja fácil esperar.
- ☐ Que pena que eu não possa ir com você.
- ☐ Espero que você mande logo boas notícias.
- ☐ Estou contente que você fique aqui comigo.

**B4** Pronomes demonstrativos + advérbios de lugar

| **Este** homem<br>**Esta** casa<br>**Isto** | aqui | **Esse** homem<br>**Essa** casa<br>**Isso** | aí | **Aquele** homem<br>**Aquela** casa<br>**Aquilo** | ali/lá |
|---|---|---|---|---|---|

**1.** Faça frases.

| Ele comprou<br>Eu vou falar com<br>Elas não fizeram<br>Ele não fez | este  aqueles<br>isto  aquilo<br>esse  estas<br>isso  aquela | cadeira(s)<br>carro(s)<br>tapete(s)<br>roupa(s) | meninos(s)<br>mulheres(s)<br>senhora<br>bagunça | aqui.<br>aí.<br>ali.<br>lá. |
|---|---|---|---|---|

*Ele comprou este carro aqui.*

## C1 A escola ideal

**1.** Leia o texto.

**Depoimento de uma criança**
Para mim, a escola ideal não deveria ter professores. Os que eu tenho são bravos demais e nunca nos deixam fazer o que queremos. No lugar deles, haveria um adulto amigo, que estaria sempre conosco, apitando os jogos, apartando as brigas... E haveria um quintal enorme, com muitos brinquedos.
Em dias de chuva ou de sol muito forte, iríamos para a sala de aula, onde não haveria aulas. Apenas jogos eletrônicos, todos *high tech*. Aí a escola seria o melhor lugar do mundo.

**Depoimento de um pai**
A escola deve preparar meu filho para o sucesso. Deve dar-lhe conhecimentos sólidos e atualizados e treiná-lo continuamente no uso de recursos eletrônicos. Deve, também, despertar-lhe a sensibilidade para as artes e línguas estrangeiras... deve, ao mesmo tempo, incutir-lhe os bons valores humanos: honestidade, solidariedade...
E, é óbvio, deve educá-lo para que seja uma pessoa de trato social fácil. Acredito muito no papel da escola. Minha esposa e eu estamos muito ocupados e não nos sobra tempo para nosso garoto. Nossa esperança é a escola.

**2.** Relacione

1. A criança
2. O pai

☐ não concorda com o modo como funciona a escola.
☐ não leva a sério a escola.
☐ é irresponsável.
☐ vê na escola uma solução para seus problemas.
☐ acredita que a escola pode ser melhor.

**3.** Na sua opinião, qual é o papel da escola? Para você, como é a escola ideal?

## C2 Um programa para você

**1.** Leia o texto. Converse com seus colegas: vale a pena fazer o curso? Por quê?

**2.** O que acha destas propostas? Você conhece outras formas de aprender uma língua?

De sua casa ou escritório, você liga o seu computador e pela internet conversa alguns minutos, todos os dias, com um professor especializado. Em pouco tempo, você adquire fluência e desinibição. Necessário conhecimento básico da língua. Para pessoas que não podem perder tempo. Ligue já: 96228-2844.

Aprenda enquanto dorme
INGLÊS – FRANCÊS – ALEMÃO
VOCÊ APRENDE A ENTENDER,
PENSAR E FALAR EM 60 DIAS.
*SLEEP LEARNING*
CEP 04034-000 SÃO PAULO – SP

## D  Pequeno Burguês – Martinho da Vila

**1.** O que é...? Use o dicionário.

passar no vestibular    formar-se    a formatura

a taxa    faculdade particular    o anel de formatura

a beca
o "canudo"

**2.** Ouça a música "O Pequeno Burguês" de Martinho da Vila. Quais fotos se relacionam com a letra da canção? Veja abaixo a primeira parte. Para resolver a questão, ouça a canção completa.

Felicidade! Passei no vestibular
Mas a faculdade é particular
Particular, ela é particular (bis)
Livros tão caros, tanta taxa pra pagar
Meu dinheiro muito raro
alguém teve que emprestar
O meu dinheiro alguém teve que emprestar (bis)
Morei no subúrbio, andei de trem atrasado
Do trabalho ia pra aula
sem jantar e bem cansado
Mas lá em casa à meia-noite
tinha sempre a me esperar
Um punhado de problemas e crianças pra criar
Para criar, só criança pra criar (bis)

**3.** De acordo com a letra da canção que ouviu, responda.
   a) O que você sabe sobre o rapaz da música, sobre sua condição social e sua vida familiar?
   b) Como é o dia a dia do rapaz entre o trabalho e a faculdade?
   c) Por que os outros acham que ele é um burguês muito privilegiado?
   d) O que o rapaz acha de si mesmo?

## E1 Palavras

**1.** Separe as palavras ligadas a profissões de acordo com as categorias indicadas.

agricultor  filmar  política externa  indústria  lei  juiz  empresa  visto  imprensa  cirurgia  análise  advogado  artes plásticas  justiça  banco  embaixada  laboratório  consulado  clínica  entrevista  consultório  jornalismo  economista  contrato  passaporte

| a) Economia | b) Diplomacia | c) Saúde | d) Mídia | e) Direito |
|---|---|---|---|---|
|  |  |  |  |  |

**2.** Complete as frases com as palavras da caixa.

questão  química  recreio  trimestre  reitor  reprovar  secretaria  semestre

a) Na aula de ................., aprendemos a utilizar o laboratório.
b) O ................. da universidade é eleito pelos professores e funcionários.
c) Algumas escolas dividem seu ano escolar em ................., outras em ..................
d) Eu fui à ................. durante o ..................
e) Na prova havia uma ................. que eu não soube responder.
f) Se as suas notas não melhorarem, o professor vai ................. você?

**3.** Relacione.

1. a prova
2. a classe
3. o intervalo
4. a recuperação
5. o curso
6. a aula
7. o diploma

☐ o reforço escolar
☐ a sequência
☐ a explicação
☐ o espaço físico
☐ a tensão
☐ o final
☐ a pausa

## E2 Escrever um *e-mail*

**Você quer fazer um curso na Polyglot (veja o anúncio na página 6), mas você quer informações adicionais. Escreva um *e-mail* em que você:**

– demonstra interesse
– menciona seus conhecimentos
– pede detalhes sobre o curso
– pede um orçamento
– pergunta se há certificado de conclusão

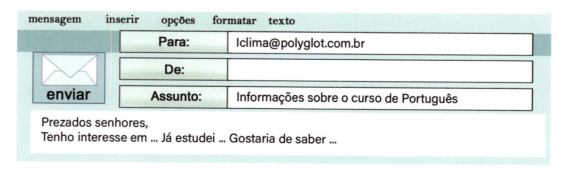

# Lição 2
# O tempo e o clima

## O que vamos aprender?

Expressar agrado, desagrado, necessidade, possibilidade; conveniência, preferências; convidar; estimular uma ação.

**1.** Relacione os verbos com as fotos.

**1.** a neve  **2.** a chuva  **3.** o frio  **4.** o calor

- [ ] esfriar
- [ ] nevar
- [ ] esquentar
- [ ] chover

**2.** Leia o texto e diga: certo (C) ou errado (E).

**O tempo**

Hoje é domingo. O tempo está bonito. Não está chovendo e não faz frio nem muito calor. O vento levou as nuvens para longe e o sol apareceu. Um dia bonito! Um domingo perfeito! É bom que eu saia. Quero encontrar alguém que esteja se sentindo tão bem quanto eu.

| C | E | |
|---|---|---|
| ☐ | ☐ | Tenho que trabalhar. |
| ☐ | ☐ | O tempo está agradável. |
| ☐ | ☐ | Faz sol, mas está frio. |
| ☐ | ☐ | Há nuvens no céu. Vai chover. |
| ☐ | ☐ | Um dia para sair. |
| ☐ | ☐ | Me sinto bem, mas estou sozinho/a. |

## A1 O que a gente vai fazer?

calor    chuva    vento    neve    tempestade    frio

**1.** Ouça o diálogo. Que figura corresponde a ele?

- Puxa vida, que tempinho chato!
- É mesmo. O que é que a gente vai fazer?
- Eu queria ir à piscina, mas não vai dar.
- Com chuva, prefiro ficar em casa e alugar um DVD.
- Mas chuva é ideal para uma tarde no museu! Tem uma exposição nova na Pinacoteca.

**2.** Trabalhe com seu/sua colega: leiam o diálogo acima.

**3.** Fale com seu/sua colega.

Que tempo você prefere?   O que que você faz quando chove?   O que você faz no verão?

Sugestões para resposta:

| ficar em casa    jantar fora    assistir a uma série    lavar o carro    jogar tênis |
| trabalhar no jardim    jogar futebol    ir ao museu    convidar amigos |
| esquiar    correr    ouvir música    nadar    dormir |

**4.** Faça frases.

| Adoro | calor. | Quando chove, | eu prefiro... |
| Detesto | frio. | Com chuva, | nós adoramos... |
| Gosto muito de | horário de verão. | Quando faz (frio/sol), | ele detesta... |
| Não suporto | trovão. | Quando o dia está (nublado/ensolarado/chuvoso/frio/quente), | eu não suporto... |

*Adoramos calor. Quando faz sol, nós adoramos.*
*Não suporto trovão. Quando o dia está chuvoso, eu não aguento.*

## A2 E essa agora!

**1.** Ouça o diálogo. Leia e faça variações.

- E essa agora! O pneu tinha que furar no meio deste temporal.
- E o que a gente faz agora?
- É possível que haja alguém por aqui que conserte pneus.
- Vamos perguntar lá na banca de jornais.

**2.** Crie um diálogo com seu/sua colega sobre as situações abaixo.

a gasolina acabou    o limpador de para-brisa parou de funcionar    a chave ficou dentro do carro    o carro quebrou

### A3 Com esta chuva

**1.** Escolha as melhores fotos para cada diálogo.

**Diálogo 1**
- Quer sair para passear?
- Com esta chuva?
- Ora, uma chuvinha assim não incomoda. E o jornal diz que hoje vai fazer sol.
- Não acredito. Olhe pela janela! Acho que não vai parar de chover até amanhã. É melhor que encontremos o que fazer em casa hoje.

**Diálogo 2**
- Que tal a gente ir à praia no fim de semana? Está um solzinho gostoso.
- Acho bom, mas é possível que o tempo vire. Detesto praia sem sol.
- Acho que eu vou mesmo que chova. Quero sair um pouco da cidade.
- Então vamos!

**2.** Fale com seu/sua colega. Vocês querem combinar alguma coisa: ir à piscina, assistir a um jogo de futebol, fazer um piquenique, andar de bicicleta...

## B  Usos do Presente do Subjuntivo (2) – Expressões impessoais + que

**1.** Leia os exemplos.

| | | |
|---|---|---|
| É melhor que | | façam sua parte. |
| É bom que | você | possamos ver o resultado. |
| É necessário que | eu | tenha cuidado. |
| É conveniente que | eles | fale com ele. |
| É possível que | alguém | preste atenção. |
| É importante que | nós | escute bem. |
| É um absurdo que | a gente | |
| Basta que | | |

É bom que esta ponte seja segura.

**2.** Nas situações abaixo, diga o que é necessário fazer, dê sua opinião ou aponte alternativas. Observe o exemplo.

Exemplo: – O céu está escuro e está ventando muito. Vai chover logo, logo, mas eu preciso sair.
– É *bom que você leve um guarda-chuva* ou – *É melhor que você espere a chuva passar.*

a) – Depois de vários dias de sol e calor, à noite choveu e o tempo mudou. Esfriou muito. Mas eu preciso sair.
– É ................................................................................................................................
................................................................................................................................

b) – O tempo mudou novamente. Está fazendo sol. Um calorão! Combinei de fazer uma caminhada com amigos, mas estou sem coragem. E agora?
– É ................................................................................................................................
................................................................................................................................

c) – Ela atravessou a cidade toda a pé, debaixo do maior temporal. Os sapatos dela estão muito molhados e ela está tremendo de frio. Ela vai ficar com uma bela gripe.
– É ................................................................................................................................
................................................................................................................................

**3.** Pré-requisitos. O que é necessário para que estes profissionais prestem serviços de boa qualidade? Observe o exemplo.

Exemplo: uma babá.
– É *necessário que ela goste de crianças e tenha muita paciência.*

1. um motorista de táxi
   – ................................................................................................................................

2. um dentista
   – ................................................................................................................................

3. um caixa de banco
   – ................................................................................................................................

4. um guia turístico
   – ................................................................................................................................

12

**4.** Complete as frases.

**a)** (saber) É melhor que você ......*saiba*...... a verdade.

**b)** (ter dinheiro) Para viajar, é necessário que a gente ......................

**c)** (querer saber) É possível que amanhã todo mundo ...................... o que aconteceu.

**d)** (sair bem cedo) Para não chegar lá atrasado, é melhor que você ......................

**e)** (saber dirigir) Um carro tão bonito! É uma pena que Mônica não ......................

**5.** Complete a frase. Escolha uma ou mais alternativas. Lembre-se de flexionar os verbos!

**a)** Para ter amigos, é necessário que a gente
- [ ] dispor de tempo
- [ ] ser tolerante
- [ ] gostar deles
- [ ] poder sair à noite

**b)** Para ser um bom motorista, basta que a gente
- [ ] conhecer bem a cidade
- [ ] saber os segredos do carro
- [ ] ver longe e ouvir bem
- [ ] ter carteira de motorista

**c)** Para ser um bom fotógrafo, é interessante que a gente
- [ ] ter uma máquina fotográfica
- [ ] conhecer a técnica
- [ ] querer tirar boas fotos
- [ ] ter sensibilidade artística

**d)** Para ser aeromoça (comissária de bordo), é bom que a pessoa
- [ ] gostar de pessoas
- [ ] ter prazer em se relacionar
- [ ] falar um segundo idioma
- [ ] ser prestativa

**e)** Para ser um bom profissional de vendas, é conveniente que a pessoa
- [ ] ter boa comunicação
- [ ] ter boa aparência
- [ ] conhecer o produto
- [ ] conhecer a necessidade do cliente

**f)** Para manter o peso, é melhor que você
- [ ] fazer exercícios físicos
- [ ] comer menos
- [ ] alimentar-se bem
- [ ] consultar um médico

**g)** Para aproveitar melhor o verão, é conveniente que a gente
- [ ] usar filtro solar
- [ ] tomar muita água
- [ ] preferir roupas leves
- [ ] utilizar hidratante

**h)** Se você tem problemas respiratórios durante o inverno, é importante que você
- [ ] evitar locais com pouca ventilação
- [ ] ter um purificador de ar
- [ ] evitar caminhar em ruas de muito trânsito e poluição
- [ ] não fumar

**i)** Para cultivar uma planta em casa, é necessário que a gente
- [ ] regar todo dia
- [ ] adubar
- [ ] preferir vasos de barro
- [ ] ter uma área com luz natural

## C1 Notícias do tempo

Leia as notícias e relacione-as com as imagens.

a) Nuvens carregadas que crescem no litoral de Pernambuco provocam pancadas de chuva em Recife.

b) São Paulo está ensolarada, com céu azul. Mesmo com muito sol, a temperatura não subiu muito até agora.

c) Um forte nevoeiro se formou sobre Belo Horizonte, por conta da baixa temperatura e da umidade alta do início da manhã.

d) Nuvens carregadas avançam do mar e provocam chuva fraca em Porto Alegre.

## C2 O que levar?

**1.** Em janeiro você tem duas semanas de férias.
Trabalhe com seu/sua colega. Escolham uma cidade ou região para visitar.

— Você prefere calor ou frio?
— O que vamos fazer? Esquiar ou nadar?
— Eu gostaria de ir para a praia. E você?
— Para o frio, eu não vou! Por que não escolhemos Natal?
— Adoraria conhecer a Floresta Amazônica, e você?
— Calor me faz mal, prefiro temperatura mais baixa, para poder passear à vontade.
— Frio não! Adoro praia!
— Para mim tanto faz, só não suporto chuva!
— Qualquer lugar serve, se tiver um bom hotel: vou ficar lendo o dia todo!
— Nem esquiar nem nadar: quero passear.
— Gosto de calor, mas não de umidade.

**2.** Pensando na cidade ou região que escolheram em "1", preparem uma lista de roupas para levar para uma viagem em janeiro. Apresentem os resultados a seus/suas colegas.

| comprida | saia | camiseta | cachecol | camisa |
| calção de banho | cueca | sapatos de caminhada | meias grossas |
| sunga | vestido de noite | short | terno | malha | casacão |

- Se vamos caminhar na Tunísia, só vou levar uma mochila pequena.
- Mas vamos ficar no hotel também! Eu vou levar uma mala com roupa leve e uma mochila com roupa de caminhada.
- E que roupa você vai usar na caminhada?

- Acho que um bom par de sapatos de caminhada, algumas meias grossas, talvez duas calças, algumas cuecas e camisetas.
- Será que não faz frio à noite?
- Não sei, é melhor a gente se informar bem!

## D1 Como está a praia?

**1.** Fale com seus/suas colegas. Para que vocês usam a internet?

> Só uso as páginas de busca.   Normalmente, só leio notícias.   Publico minhas atividades...
> Prefiro um bom livro.   Uso a internet como meu diário.   Passo o dia inteiro conectado/a.
> Acompanho a vida de meus amigos pela internet.   Só uso para o trabalho.
> Escrevo um *blog* sobre...

**2.** Alex deixou um comentário na página da internet. Seus amigos responderam. Quem disse o quê?

a) Está ficando frio muito rápido.
b) Queria muito estar numa praia bonita.
c) Não gosto de me queimar.
d) O tempo não estava bom, ficamos em casa.
e) Em São Paulo, está chovendo.

**ALEX**

*O que está fazendo?*

**Bom dia, amigos! A todos um excelente dia! E aí, vamos à praia?**

**AMIGOS**

às 09:09, Daives Vediani | disse:
Bom dia,
Esse, como dizia Ari Barroso, é coqueiro que dá coco? hehehe.

às 09:34:14, Claudia Eggert | disse:
apesar de estar quente, aqui tá nublado... e praia só a 60km... snif... mas curta por mim... e fotografe é claro... bjinhuxxx

às 09:32:41, Lady Lou | disse:
BOM DIA!!! A PRAIA??? SÓ SE FOR PRA PEGAR UMA GRIPE. AQUI, CHOVE, E CHOVE... E CONTINUA A CHOVER... A TEMPERATURA TÁ DESPENCANDO.

às 09:12:28, Nelson | disse:
Quem me dera estar numa praia tão bonita como essa... Aqui em Sampa, só chove...rs...rs

às 09:00:27, Mi ! | disse:
Nosso feriado foi "10", o sol não nos visitou, mas foi legal mesmo assim, porque a galera ficou unida, dentro de casa, curtindo muito.

às 08:50:13, Cecília de Paiva | disse:
hummm que brisa boa! Levantei-me, senti a maresia e vi o brilho do sol na imagem fixada pra sempre no tempo. Lindo!

às 08:30:21, Beatriz Andrade | disse:
Xiii, não vai dar... tá chovendo... de novo!!! Mas aproveita essa aí por mim...

às 08:02:08, Malu | disse:
Praia?!?! Adoro mar! Detesto ficar vermelha do sol... mas vale a pena! Curta por mim, estou muito longe,

**3.** Deixe o seu comentário para Alex.

15

**D2** Enchente

1. Ouça o texto e decida qual figura combina com ele.

2. Certo (C) ou errado (E)?

C  E
☐  ☐  Ainda está chovendo muito.
☐  ☐  Ainda há muita água na avenida.
☐  ☐  O carro de D. Maria José parou no meio da água.
☐  ☐  É normal haver chuvas fortes na cidade.

**E1** Campos de palavras

Consulte o dicionário e organize as palavras por categorias. Algumas podem aparecer em várias categorias.

1. o pé-d'água
2. o furacão
3. o terremoto
4. a ventania
5. a garoa
6. o aguaceiro
7. a brisa
8. o relâmpago
9. o pé de vento
10. a chuvarada
11. o ciclone
12. o maremoto
13. a enchente
14. o trovão
15. o granizo
16. o tornado
17. a seca
18. a trovoada
19. o vendaval
20. a nuvem
21. o raio
22. a inundação
23. o deslizamento
24. a geada
25. o temporal
26. a tromba-d'água
27. o tufão
28. o arco-íris
29. o chuvisco
30. a pancada de chuva

| Chuva | Vento | Catástrofes |
|---|---|---|
| *o pé-d'água* | | |
| | | |
| | | |
| | | |
| | | |
| | | |
| | | |

**E2** Episódio

Escreva um episódio de sua vida relacionado com o clima.

# Lição 3

# Vida econômica e financeira

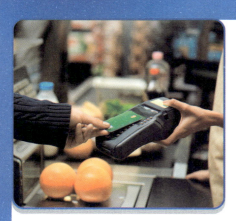

## O que vamos aprender?

Expressar finalidade, concessão, oposição, condição. Dar sugestões.

1. Leia os diálogos e sublinhe todas as palavras referentes à economia e às finanças.

   - Minha senhora, não há aplicação melhor!
   - É mesmo? E por quê?
   - É segura, totalmente segura! É lucro certo!
   - E as taxas de administração?
   - As mais baixas do mercado.
   - Não sei...
   - Não tenha receio, minha senhora. Nosso banco não conhece a palavra prejuízo. Não há nenhum outro banco com resultados tão positivos.

   - Imagine! Meu amigo não acreditou quando eu disse que ia aplicar toda a minha poupança em ações da companhia *Rock Show on the Road*.
   - E você aplicou?
   - Apliquei.
   - Deu certo?
   - Um desastre total! Perdi tudo!

2. Diga o que é. Relacione as colunas.

   1. aplicação
   2. lucro
   3. risco
   4. taxas
   5. juros

   - [ ] Compro por 10, vendo por 15, meu ............ é de 5.
   - [ ] Não deixe seu dinheiro em casa, melhor seria fazer uma ............ no banco.
   - [ ] No momento, as ............ de juros estão baixas. Aplicar não vale a pena.
   - [ ] Eu queria comprar uma casa, mas com ............ de quase 20% ao ano fica muito caro.
   - [ ] Eu não quero aplicar em ações desta empresa porque o ............ é muito alto.

### A1 Conversa de bar

- Os dias vão passando e nada de a economia melhorar... Já estou perdendo a esperança.
- Vai com calma, as coisas são lentas! O Brasil é um país grande, é muito difícil resolver tudo da noite para o dia.
- Eu sei. Garçom, mais uma rodada! Mas veja os impostos. Todo ano eles aumentam, todo ano o governo tira mais da gente, e para onde vai o dinheiro? Você vê para onde vai o dinheiro de seus impostos?
- Bom, eu sei, mas o que a gente pode fazer? São eles lá em Brasília que decidem.

**Fale com seu/sua colega. Como continua essa conversa? As palavras e expressões abaixo podem ajudá-lo/la.**

– Que tal...
– Eu acho que o governo deveria...
– E se eles...
– ... e aumentando os impostos?
– Como aumentar os impostos? Você sabe quantos dias temos de trabalhar só para pagar nossos impostos?
– Diminuir a inflação / o desemprego / a taxa de juros / os impostos...

– Aumentar os impostos / os investimentos sociais / os gastos com educação...
– Que tal diminuir os gastos com...
– O governo gasta demais. Assim não dá! É muita mordomia.
– E aumentando os impostos para os ricos?
– Mas o governo não faz nada. Ele deveria garantir os empregos / diminuir a burocracia, ...

### A2 Vida econômica

**Ouça os diálogos e relacione-os às manchetes.**

**Diálogo 1: Vamos montar um negócio?**

- Que tipo de negócio?
- Turismo. Uma agência de turismo alternativo. É um ramo difícil, mas o resultado pode ser pra lá de bom.
- Parece boa a ideia. Você tem capital?
- Não. E você?
- Também não.
- Então, esqueça!

**Diálogo 2: Você viu que absurdo?**

- Vamos ter de desembolsar mais dinheiro.
- Qual é o problema agora?
- São esses políticos. Agora estão querendo mais verba para a saúde.
- Ai, ai, ai... mais impostos!

☐ Muito arriscado, mas também muito lucrativo

☐ Dicas para investimentos

☐ Governo anuncia aumento de impostos

☐ Presidente assina decreto que distribui verba do Ministério da Saúde

## A3 Trocou de carro?

**1.** Ouça o texto e faça variações do diálogo com outros produtos.

- E aí, Vicente, trocou de carro?
- Pois é, rapaz, estive na loja, olhei bem, anotei os preços... Não sei não, acho que vou esperar mais um pouco.
- Muito caro, né?
- Não sei se o carro está caro ou se sou eu que ganho pouco. Só sei que o dinheiro anda curto.
- Para todo mundo está assim. Os preços sobem muito, os salários menos. E comprando a prazo?
- Fizeram o cálculo das prestações com juros e tudo, mas, mesmo dando o meu carro como entrada, fica difícil.
- É, não está fácil...

**2.** Você quer comprar um carro, uma moto, uma geladeira, móveis novos para sua sala... leia os diálogos e fale com seu/sua colega.

- O Jacinto faz aniversário este mês, queria tanto comprar um computador para ele, mas o dinheiro anda tão curto!
- Por que você não paga no cartão? No meu dá para pagar em até 10 vezes sem juros.

- Preciso de uma TV, a velha quebrou, mas você viu os preços?
- Eu conheço uma loja que aceita parcelamento em até 15 vezes no cartão de crédito. É muito prático.

- Quero comprar um carro maior, o bebê ocupa tanto espaço! Será que compro à vista ou a prazo?
- Acho que o melhor é você procurar seu banco. Eles podem fazer todos os cálculos para você.

**3.** Fale com seu/sua colega. Vicente decidiu comprar o carro e volta à loja. Como é o diálogo?

| abrir um crediário | fazer um financiamento | pagar em 10 vezes |
| --- | --- | --- |
| trazer comprovante de renda | | arranjar um fiador |
| conseguir descontos | | parcelar no cartão |

## B1 Usos do Presente do Subjuntivo (3) – Subjuntivo com certas conjunções

**1.** Leia as frases. São duas formas de dizer a mesma coisa.

Ele trabalha muito porque quer comprar uma casa.
Ele trabalha muito para que possa comprar uma casa.

Ela é inteligente, mas, às vezes, faz bobagens.
Ela, às vezes, faz bobagens, embora seja inteligente.

**2.** Conjunções que pedem o Subjuntivo. Para entender bem seu sentido, traduza-as para sua língua.

| | | |
|---|---|---|
| para que = a fim de que | — | Vou telefonar-lhe **para que** ela me **conte** as novidades. (**a fim de que**) |
| embora | — | Eles são felizes **embora sejam** muito pobres. |
| até que | — | Eles vão esperar **até que** ela **chegue**. |
| antes que | — | Faça alguma coisa **antes que seja** tarde. |
| contanto que = desde que | — | Vou ajudar você **contanto que** você me **ajude** também. (**desde que**) |
| a não ser que | — | Vamos à praia amanhã **a não ser que chova**. |
| sem que | — | Ele sempre sai **sem que** nos **dê** até logo. |
| caso | — | Telefone-me **caso venha** a nossa cidade. |
| mesmo que = nem que | — | Vou sair **mesmo que** ele **queira** ficar em casa. (**nem que**) |

**3.** Faça frases, combinando os elementos.

| | | |
|---|---|---|
| Vou ficar aqui | embora | os alunos façam silêncio. |
| Posso ajudar vocês | a não ser que | a perca. |
| A aula não pode começar | para que (a fim de que) | não queiram minha ajuda. |
| Guarde bem a chave | sem que | me diga aonde vai. |
| Não saia | até que | todos entendam o texto. |
| Ele vai repetir a explicação | antes que | você prefira que eu vá embora. |

**4.** Jovem empreendedor. Complete utilizando as conjunções acima.

Muitos jovens estão optando pelo empreendedorismo, ....*antes que*.... a rotina nas grandes empresas limite seus horizontes.

Sair dos bancos universitários direto para a cadeira de presidente traz um desafio óbvio: a falta de experiência prática de gestão. ................... a maioria conte com uma formação teórica, pouquíssimos jovens conseguem acumular alguma vivência administrativa ................... possam assumir a própria empresa.

Outro desafio é encontrar investidores que apliquem recursos no projeto, ................... a própria família ou amigos sejam os financiadores. Conseguir dinheiro é sempre difícil no Brasil. E vencer essa etapa é crucial ................... a atual onda de empreendedores não morra na praia.

**5. Complete as frases livremente.**

a) Vou embora antes que ele ......................................................................

b) Quero ficar até que vocês ......................................................................

c) Fale mais alto para que todos ......................................................................

d) Vamos viajar embora ......................................................................

## B2 Usos do Presente do Subjuntivo (4) – alguém que, alguma coisa que

**1. Observe o uso do Subjuntivo em frases indefinidas:**

- Você conhece **alguém que fale** dinamarquês?
- Sim, eu conheço **alguém que fala** dinamarquês.
- Há **algo** que eu **possa** fazer para ajudar?
- Sim, há **algo** que você **pode** fazer: chame o médico.

**2. Compare as perguntas e as respostas acima. Você consegue descobrir quando utilizar o Subjuntivo? Se não, fale com o seu/sua professor/a.**

**3. Fale com seu/sua colega, utilizando as palavras abaixo:**

**4. Faça frases.**

a) conhecer/ninguém/falar francês *Não conheço ninguém que fale francês.*

b) você/conhecer/alguém/ter amigos no Brasil? ......................................................................

c) saber/algo/poder ajudar/nós ......................................................................

d) preciso/comprar/um livro/fala sobre o Rio Grande do Sul ......................................................................

e) haver/alguém/ter carro/a álcool? ......................................................................

f) conhecer/ninguém/morar em Belém ......................................................................

g) quero falar/com alguém/estar pensando/em morar em Portugal ......................................................................

h) não ter/nada/ajudar você a sarar da gripe ......................................................................

**5. Fale com seu/sua colega. Observe o exemplo.**

Que tipo de jornal você quer ler?
Que tipo de chefe é bom?
Que tipo de amigos você procura?
Onde você vai passar suas férias?
Que tipo de mulher/homem você considera ideal?

*Em que tipo de casa você quer morar?*

*Quero morar numa casa que tenha um jardim grande, que fique num bairro bom e que tenha piscina.*

### C Titia morreu...

**1. Leia o texto.**

Titia morreu e deixou para mim e para meu irmão uma verdadeira fortuna. Você não pode imaginar! São prédios, dinheiro, casas, ações na Bolsa, aplicações... e muito, muito dinheiro. Meu irmão e eu não sabemos o que fazer com tudo isso. Dinheiro para nós foi sempre muito curto... O dia inteiro brigamos, discutimos, ontem quase nos pegamos. Nós que sempre fomos de muita paz... Maldita herança!

**2. Fale com seus/suas colegas.**

1. O que as pessoas fazem no seu país quando têm dinheiro para poupar?
2. Você já comprou ações alguma vez? Ganhou dinheiro com isso?
3. Você poupa ou prefere gastar?
4. Imagine que você ganhou na loteria o equivalente ao seu salário de dez anos. Se não fosse apenas um sonho, o que você faria com esse dinheiro?

**3.** Fale com seus/suas colegas. O que o dinheiro representa para você? Traz conforto? Resolve tudo? Traz problemas? Escreva um parágrafo, justificando sua posição.

### D1 Crise? Que crise?

**1. Ouça o texto e decida: certo (C) ou errado (E).**

C   E
☐   ☐   a) O comentarista realizou uma pesquisa.
☐   ☐   b) A indústria de eletrodomésticos está muito satisfeita.
☐   ☐   c) O número de famílias com máquina de lavar é menor do que aquelas com carro.
☐   ☐   d) Muitas famílias pretendem comprar uma máquina de lavar no próximo ano.

**2. Ouça o texto novamente e anote as quantidades.**

*12 meses... antes: 59% máquina de lavar, agora ...*

**3.** Compare seus resultados com os dos seus/suas colegas. Corrija quando necessário. Depois ouça o texto novamente.

### D2 Você tem classe?

**1. A classe social tem algum significado em seu país?**

Que coisa antiga...   |   Claro! É muito útil para os economistas.   |   Tem, sim, temos muitas pessoas na classe...   |   Não conheço ninguém que use esse termo!

**2. Observe o gráfico na página seguinte.**

O que você acha: qual classe descreve as pessoas mais ricas? E as mais pobres? Que razões pode haver para mudanças tão grandes em 10 anos?

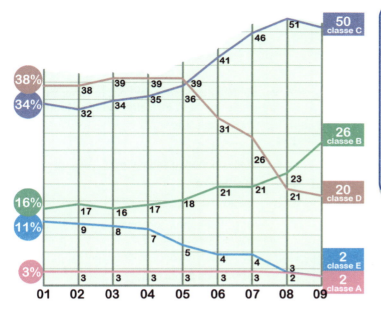

Talvez tenham descoberto petróleo.
Pode ser que tenham mudado a classificação das classes.
Acho que está errado. Nenhum país muda tão rápido.
Li que mudaram os impostos no Brasil.
Pode ser que tenham um novo governo.

**3.** Escolha uma das classes e descreva a evolução no gráfico.

> A classe... mudou bastante / pouco / quase nada. Começou com...% e chegou a...%. No ano de... começou a diminuir / crescer.

 **4.** Trabalhe com seu/sua colega. Prepare um texto curto descrevendo as principais informações do gráfico.

> maior/menor variação
>
> estava na classe...
>
> curva descendente/ascendente/constante
>
> No início, a maioria/minoria
>
> no fim...
>
> No ano de...
>
> acontece forte variação...

**5.** Entreviste seu/sua colega utilizando o formulário.

— Quantos celulares/carros/televisões... vocês têm?
— Vocês têm...? — Um/a ou mais?
— Temos... / — Não temos...
— Divido um... com... isso conta?
— Prefiro não fazer esta entrevista, acho muito pessoal!

**Descubra sua classe**

Indique quais itens você possui e, depois, some os pontos de suas respostas.

Quantos dos seguintes bens/serviços você possui?

| | 0 | 1 | 2 | 3 | 4+ |
|---|---|---|---|---|---|
| Televisão | 0 | 1 | 2 | 3 | 4 |
| Celular | 0 | 1 | 2 | 3 | 4 |
| Automóvel de passeio | 0 | 4 | 7 | 9 | 9 |
| Empregada doméstica fixa mensalista | 0 | 3 | 4 | 4 | 4 |
| Máquina de lavar roupas | 0 | 2 | 2 | 2 | 2 |
| Banheiro, inclusive lavabo | 0 | 4 | 5 | 6 | 7 |
| Geladeira | 0 | 4 | 4 | 4 | 4 |
| Freezer, sendo aparelho independente ou parte da geladeira | 0 | 2 | 2 | 2 | 2 |

Até que ano da escola o chefe da família estudou?

Analfabeto/primário incompleto
Ensino fundamental incompleto
Ensino fundamental completo
Ensino médio incompleto
Ensino médio completo
Superior incompleto
Superior completo
Pós-graduação

| Resultado | |
|---|---|
| Pontos | Classe |
| 42 a 46 | A1 |
| 35 a 41 | A2 |
| 29 a 34 | B1 |
| 23 a 28 | B2 |
| 18 a 22 | C1 |
| 14 a 17 | C2 |
| 8 a 13 | D |
| 0 a 7 | E |

## E Teste sua inteligência financeira

**Este teste indica a forma como você lida com seu dinheiro e se tem possibilidade de aumentar seu capital – resposta livre.**

**1.** Nos últimos 5 anos, seu patrimônio

**a)** ☐ cresceu

**b)** ☐ diminuiu

**c)** ☐ ficou na mesma

**2.** Você acha que, nos próximos 5 anos, seu patrimônio

**a)** ☐ vai crescer

**b)** ☐ vai diminuir

**c)** ☐ vai ficar na mesma

**3.** Em relação ao noticiário econômico da TV, rádio, internet, revistas e jornais, você

**a)** ☐ fica irritado/a

**b)** ☐ não presta atenção

**c)** ☐ presta atenção para poder conversar depois com amigos

**d)** ☐ presta atenção para tomar decisões pessoais

**4.** Você conversa sempre sobre aplicações financeiras e investimentos com sua família ou seus amigos?

**a)** ☐ com frequência

**b)** ☐ raramente

**c)** ☐ nunca

**5.** A maioria de seus familiares e amigos tem nível social econômico superior ou inferior ao seu?

**a)** ☐ superior

**b)** ☐ mesmo nível

**c)** ☐ inferior

**6.** Antes de o mês começar, você faz um planejamento financeiro, com previsões de gastos, receitas e investimentos?

**a)** ☐ Nunca faço planejamento financeiro antes de o mês começar.

**b)** ☐ Faço planejamento, mas considero só o gasto.

**c)** ☐ Faço planejamento dos gastos e das aplicações financeiras para poder comprar o que quero no futuro.

**d)** ☐ Faço planejamento dos gastos e das operações financeiras para poder comprar o que quero no futuro e para aumentar meu patrimônio.

**7.** Você está satisfeito/a com suas receitas financeiras atuais (ganhos), incluindo todas as fontes?

**a)** ☐ muito satisfeito/a

**b)** ☐ satisfeito/a

**c)** ☐ mais ou menos satisfeito/a

**d)** ☐ insatisfeito/a

**e)** ☐ muito insatisfeito/a

**8.** Quem você costuma consultar para decidir sobre aplicações financeiras?

**a)** ☐ consulta financeira independente

**b)** ☐ gerente da conta bancária

**c)** ☐ amigos e familiares

**d)** ☐ internet e publicações especializadas

**e)** ☐ ninguém

**9.** Quando você pensa no planejamento do orçamento mensal, o que sente?

**a)** ☐ prazer

**b)** ☐ angústia, preocupação

**c)** ☐ irritação, fico nervoso/a

**d)** ☐ não sinto nada

**10.** Como você se relaciona com suas dívidas?

**a)** ☐ Fazem parte de meu planejamento e poderei pagá-las tranquilamente.

**b)** ☐ Não tenho dívidas. Compro tudo à vista.

**c)** ☐ Estou preocupado porque elas estão aumentando.

**d)** ☐ Não durmo direito por causa delas.

|  | a | b | c | d | e |
|---|---|---|---|---|---|
| **1.** | 10 | 1 | 3 | | |
| **2.** | 10 | 1 | 3 | | |
| **3.** | 1 | 1 | 10 | 20 | |
| **4.** | 10 | 3 | 1 | | |
| **5.** | 10 | 3 | 1 | | |
| **6.** | 1 | 3 | 10 | 20 | |
| **7.** | 20 | 10 | 3 | 2 | 1 |
| **8.** | 20 | 10 | 10 | 10 | 1 |
| **9.** | 10 | 1 | 1 | 1 | |
| **10.** | 10 | 1 | 1 | 1 | |

### Some seus pontos

**de 120 a 150**
Parabéns! Você tem controle sobre sua vida financeira, mas ocupa-se em ter uma reserva e em investir para realizar seus sonhos e fazer crescer seu patrimônio.

**de 80 a 119**
Bom! Você ainda não controla sua vida financeira, mas pode melhorar.

**de 50 a 79**
Atenção! Você pode melhorar. Você sente que tem problemas, mas não sabe como resolvê-los. É hora de organizar sua vida financeira e definir os objetivos.

**menos de 49**
Cuidado! Você não sabe lidar com seu dinheiro, não tem planejamento, vive correndo para pagar suas dívidas.

# Lição 4

# Imaginário brasileiro

## O que vamos aprender?

> Dar opinião; expressar indiferença, descrédito, indecisão, confiança. Formular hipóteses.

**1.** Ouça os textos e relacione-os com as fotos.  13-14

### Texto 1

Na noite de ano-novo, milhares de pessoas vão às praias, vestidas de branco, para oferecer presentes a Iemanjá, a "Rainha do Mar": perfumes, comida, espelhos. Também no dia 2 de fevereiro comemoram-na, desta vez como a santa católica "Nossa Senhora dos Navegantes". Um dos exemplos do sincretismo religioso no Brasil.

### Texto 2

No Brasil temos santos para tudo: Santa Clara cuida do tempo, São Pedro ajuda com dinheiro, Santa Rita ajuda aqueles que querem o impossível. Alguns têm várias tarefas, como Santo Antônio: arranjar marido e achar algo que se perdeu. Todos fazem parte do dia a dia de muita gente.

**2.** Separe as expressões abaixo conforme seu sentido.

1. Você vai dar sua opinião.
2. Você está indeciso(a).
3. Você não tem interesse pelo assunto.

- ☐ Para mim...
- ☐ Eu sou contra...
- ☐ Sei lá...
- ☐ Não acho nada.
- ☐ Acho absurdo.
- ☐ Para mim tanto faz.
- ☐ Talvez, quem sabe?
- ☐ Não sei o que dizer.
- ☐ Mas que bobagem!
- ☐ Não ligo pra isso!
- ☐ Imagine só!
- ☐ E daí?

**3.** Você é supersticioso(a)? Dê sua opinião sobre a situação abaixo.

O que você faria se um gato preto atravessasse seu caminho?

### A1 Sorte ou azar?

**1.** Marque com o número 1 as coisas que trazem sorte. E com 2 as que trazem azar.

a) ☐ Simpatia para conquistar alguém
Se você quer conquistar alguém especial, escreva o nome completo da pessoa num papel e coloque-o numa panelinha com água e bastante açúcar. Leve ao fogo para ferver. Quando estiver fervendo, desligue. Depois jogue tudo num riacho qualquer e vá embora sem olhar para trás.

b) [2] sexta-feira 13

d) ☐ trevo-de-quatro-folhas

c) ☐ escada

e) ☐ figa

f) ☐ espelho quebrado

g) ☐ pé de coelho

h) ☐ ferradura

i) ☐ gato preto

j) ☐ bater na madeira

**2.** Você tem alguma superstição? O que você acha de tudo isso? Fale sobre o assunto, usando os elementos abaixo.

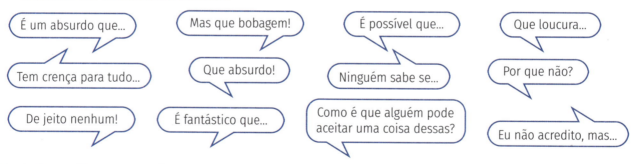

- É um absurdo que...
- Mas que bobagem!
- É possível que...
- Que loucura...
- Tem crença para tudo...
- Que absurdo!
- Ninguém sabe se...
- Por que não?
- De jeito nenhum!
- É fantástico que...
- Como é que alguém pode aceitar uma coisa dessas?
- Eu não acredito, mas...

**3.** Leia as frases. Você concorda ou discorda? Justifique sua opinião.

1. Você nunca passa por baixo de uma escada porque pode ser que...
2. Você não acredita em superstição, mas, de vez em quando, tem suas dúvidas.
3. Quando você diz algo muito bom sobre uma pessoa ou situação, você bate 3 vezes na madeira. Se não houver nada de madeira por perto, bate na própria cabeça 3 vezes, com o nó dos dedos.
4. Sexta-feira 13 é um dia como qualquer outro.
5. Antigamente, você não acreditava que existissem forças ocultas a nossa volta. Agora você não duvida disso.
6. No bolso, você leva uma figa. Para você, ela é apenas um objeto como outro qualquer.

## B1 Imperfeito do Subjuntivo – Forma

**1.** Observe a formação do Imperfeito do Subjuntivo e complete as lacunas de acordo com o primeiro exemplo.

> Pediram que eu trouxesse a carteira de trabalho.

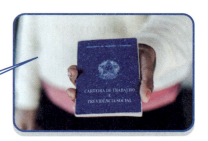

| Fazer | eles **fize**ram | → | eu **fizesse** | você **fizesse** | nós **fizéssemos**, | vocês **fizessem** |
| Poder | eles **pude**ram | → | eu **pudesse** | você **pudesse**... | | |
| Estar | eles **estive**ram | → | eu **estivesse**... | | | |
| Ser/Ir | eles **fo**ram | → | eu **fosse**... | | | |

### LEMBRE-SE

O Imperfeito do Subjuntivo é derivado da 3ª pessoa do plural do Perfeito do Indicativo.
Eles fizeram → fize + sse = fizesse
A formação do Imperfeito do Subjuntivo é sempre a mesma para verbos regulares e irregulares: falasse, quisesse, viesse, trouxesse, fosse, pagasse, decidisse, pudesse...

**2.** Complete, você mesmo, as formas que faltam.

|  | andar | vender | vestir | trazer | vir |
|---|---|---|---|---|---|
| Eu | *andasse* | *vendesse* | | | |
| Você/Ele/Ela | *andasse* | | | | |
| Nós | *andássemos* | | | | |
| Vocês/Eles/Elas | *andassem* | | | | |

**3.** Complete, seguindo o exemplo de formação.

| querer | *eles quiseram* | eu | *quisesse* | ver | ........... | você | ........... |
| ter | *eles* ........... | nós | ........... | saber | ........... | eu | ........... |
| preferir | ........... | ela | ........... | ficar | ........... | ele | ........... |
| comprar | ........... | vocês | ........... | vir | ........... | vocês | ........... |
| abrir | ........... | ele | ........... | dizer | ........... | nós | ........... |
| dar | ........... | elas | ........... | trazer | ........... | elas | ........... |

**4.** Jogue com seus/suas colegas.

– Preparem 5 bilhetes, cada um com um verbo no infinitivo, e ponham num saquinho.
– Alternadamente, retirem um bilhete do saquinho e deem a 3ª pessoa do plural do Pretérito Perfeito do Indicativo (falaram, escreveram, discutiram, puseram...) e o Pretérito Imperfeito do Subjuntivo (falasse, escrevesse, discutisse, pusesse...).

**B2 Usos do Imperfeito do Subjuntivo**

**1. Compare os diálogos.**

- Por que você não **quer** que eu **fique**?
- É que eu **preciso** trabalhar em paz.

- Por que o Zé não **vem**?
- Não sei. Talvez **esteja** doente.

- O livro **está ajudando**?
- Não, não **encontro** nada que me **ajude**.

- Por que você não **quis** que eu **ficasse**?
- É que eu **precisava** trabalhar em paz.

- Por que o Zé não **veio** ontem?
- Não sei. Talvez **estivesse** doente.

- O livro **ajudou**?
- Não, não **encontrei** nada que me **ajudasse**.

**2. Fale com seu/sua colega. Responda com "talvez".**

> Por que a Clarissa não veio à aula ontem?

> Não sei, talvez ela estivesse doente.

| não poder sair   estar triste   precisar ir ao médico |
| :--- |
| não ter vontade de   estar chovendo   estar cansada |

**LEMBRE-SE**

O Imperfeito do Subjuntivo substitui o Presente do Subjuntivo quando o verbo da oração principal está num tempo do Pretérito.

**3. Complete com o Imperfeito do Subjuntivo.**

a) Eu fiquei muito feliz que *meu chefe concordasse comigo.*
b) Nunca achei que eu ......................................................................................
c) Sempre quis que minha família ....................................................................
d) Eu não saí da classe até que a professora ........................................, embora ........................................
e) Comecei a estudar Português para que eu ......................................................
f) Foi bom que você ........................................................, antes que ........................................

**B3 Orações condicionais: se + Imperfeito do Subjuntivo**

| **Futuro do Pretérito na oração principal** | **Imperfeito do Subjuntivo na oração com "se"** |
| :--- | :--- |
| Eu faria o conserto hoje, | se eu tivesse tempo. Mas não tenho. |
| **Imperfeito do Subjuntivo na oração com "se"** | **Futuro do Pretérito** |
| Se eu fosse italiano, | eu comeria muito macarrão. |

**1. Relacione as colunas.**

a) Se eu ficasse até o final de março,
b) Se ele tivesse carro,
c) Se ele gostasse dela,
d) Se hoje fosse domingo,
e) Se hoje estivesse chovendo,
f) Se ele vivesse na floresta,
g) Se ele acreditasse em superstições,

- [ ] ele conheceria muitos animais.
- [ ] ele levaria o guarda-chuva.
- [ ] não passaria debaixo da escada.
- [ ] ele seria mais gentil com ela.
- [a] iria à festa do Senhor do Bonfim.
- [ ] ele iria à igreja.
- [ ] ele não tomaria o metrô.

**2. Complete as frases livremente.**

a) Tudo seria mais simples se...
b) Eu não faria negócio com ele se...
c) O mundo seria melhor se...
d) O diretor assinaria o contrato se...

**3. Jogue com suas/seus colegas. Faça perguntas e dê respostas. Cada pergunta correta vale um ponto, cada resposta correta também. Ganha quem fizer 8 pontos primeiro.**

| China   greve   salário   metrô   televisão |
| :--- |

> O que você faria se hoje não fosse feriado?

> Se hoje não fosse feriado, eu estaria no escritório trabalhando.

## C Você acredita?

- Neide, convidei meu amigo Amadeu para jantar. Você se lembra dele, o médico homeopata?
- Ele é homeopata? Não sabia. E eu que o recomendei para a Páti...
- Qual é o problema de ele ser homeopata? É médico como qualquer outro.
- Imagina! Pode até ser que tenha estudado Medicina, mas não trabalha como outros médicos. Eles receitam aqueles remedinhos esquisitos, muita água e álcool e pouco remédio.
- Não sei, para mim sempre funcionou bem. E os pacientes dele estão muito satisfeitos.
- Acho enganação. Não pode ser que uma aguinha qualquer funcione como remédio. Eu só vou a médico de verdade.
- Mas o Amadeu é médico de verdade! Só que ele prefere a medicina homeopática. Se ajuda, funciona. Certo? Se não ajudasse, ele não teria mais pacientes!
- Não sei não...

**1.** Leia o texto acima e marque com certo (C) ou errado (E).

C  E
☐ ☐  **a)** Os dois têm a mesma opinião sobre a homeopatia.
☐ ☐  **b)** Segundo ela, remédios com álcool não são bons.
☐ ☐  **c)** Segundo ele, a satisfação dos pacientes é o que mais importa.
☐ ☐  **d)** Ela se deixa convencer pelos argumentos dele.

**2.** Entre as perguntas abaixo, escolha 5 e entreviste seu/sua colega.

**a)** Você é supersticioso/a?
**b)** Você acredita em horóscopo?
**c)** Você é religioso/a?
**d)** Você iria a uma cartomante?
**e)** Se você estivesse muito doente, procuraria medicina alternativa como última saída?
**f)** Você tem certeza de que a medicina tradicional é a única que realmente funciona?
**g)** Você está com dor nas costas: você procura seu médico, um quiropata ou seu massagista?
**h)** Você está com azar financeiro: você procura seu gerente do banco, sua cartomante ou seu bar?
**i)** Você está com azar no amor: você começa a fazer ginástica, procura um perfume com poderes misteriosos ou decide desistir de tudo e virar monge/monja?

> Acho estas perguntas muito pessoais!

> Eu nunca iria a um/a...

> Não sou religioso/a, mas vou à igreja uma ou duas vezes ao ano.

> Não acredito realmente, mas talvez funcione.

> Prefiro não participar desta discussão.

> Claro, por que não? Acho tudo o que é espiritual válido.

> Para mim é charlatanismo!

> Claro, o importante é que ajude!

**3.** Faça sua escala de credulidade pessoal. Compare-a com a de seus/suas colegas.

> terapia de cristais   cartomancia   psicanálise   rezar para um santo
> medicina convencional   curandeiro   psicoterapia
> horóscopo   quiropatia   simpatias

## D1 O jogo do bicho

**1. Leia**

01 02 03 04
Avestruz

05 06 07 08
Águia

09 10 11 12
Burro

13 14 15 16
Borboleta

17 18 19 20
Cachorro

21 22 23 24
Cabra

25 26 27 28
Carneiro

97 98 99 00
Vaca

93 94 95 96
Veado

89 90 91 92
Urso

85 86 87 88
Tigre

81 82 83 84
Touro

77 78 79 80
Peru

29 30 31 32
Camelo

33 34 35 36
Cobra

37 38 39 40
Coelho

41 42 43 44
Cavalo

45 46 47 48
Elefante

Vila Isabel, bairro carioca imortalizado pelo genial Noel Rosa, é também o berço do jogo do bicho. Em 1888, o barão João Batista Vianna Drumond inaugurou um zoológico com subvenção do Imperador Pedro II. Um ano depois, o Império acabou, e acabou também a subvenção. Drumond, porém, era homem de ideias. Como um plebeu qualquer, começou a cobrar entradas no valor de 1.000 réis para manter a bicharada. Para atrair o público, sorteava, todos os finais de tarde, 20 mil réis. Quem tivesse em seu ingresso o desenho do animal sorteado, ganhava o prêmio. Eram, na época, 30 animais. Atualmente são 25, cada um com seu número: o cachorro é cinco, o peru é vinte etc. No início, como uma brincadeira, o jogo do bicho espalhou-se por todo o Brasil, desafiando a lei e a polícia. Atualmente, por meio dele, movimentam-se quantias imensas de dinheiro. Os bicheiros, indivíduos que controlam o jogo do bicho, fazem grandes fortunas.

Trabalhando na ilegalidade, eles estenderam suas atividades, principalmente no Rio de Janeiro, ao narcotráfico e a outras formas de crime organizado.

Antigamente, quase uma brincadeira, hoje é caso de polícia. Bom negócio para quem o controla, o jogo do bicho, para muita gente, é uma forma de entrar em contato com um mundo mágico, místico, em que bichos, sonhos, números, sorte e azar se misturam.

73 74 75 76
Pavão

69 70 71 72
Porco

65 66 67 68
Macaco

61 62 63 64
Leão

57 58 59 60
Jacaré

53 54 55 56
Gato

49 50 51 52
Galo

**2.** Certo (C) ou errado (E)? De acordo com o texto, o jogo do bicho

C    E
☐    ☐    nasceu no Rio de Janeiro
☐    ☐    é jogo de azar
☐    ☐    é praticado só por pessoas ricas
☐    ☐    é fonte de riqueza para quem o controla
☐    ☐    garante o funcionamento do jardim zoológico
☐    ☐    é ilegal
☐    ☐    envolve grandes quantias em dinheiro

*Eu vou jogar na borboleta porque gosto do número 13!*

**3.** Que bicho vai dar? Trabalhe com seus colegas. Consulte as ilustrações do texto e responda. Qual é o seu palpite? Por quê?

**4.** Quais são os jogos de azar mais populares em seu país? Descreva-os.

**D2** Quatro lendas brasileiras

**1.** Ouça as lendas e identifique as figuras.

a) Lobisomem    b) Iara    c) Saci-pererê    d) Curupira

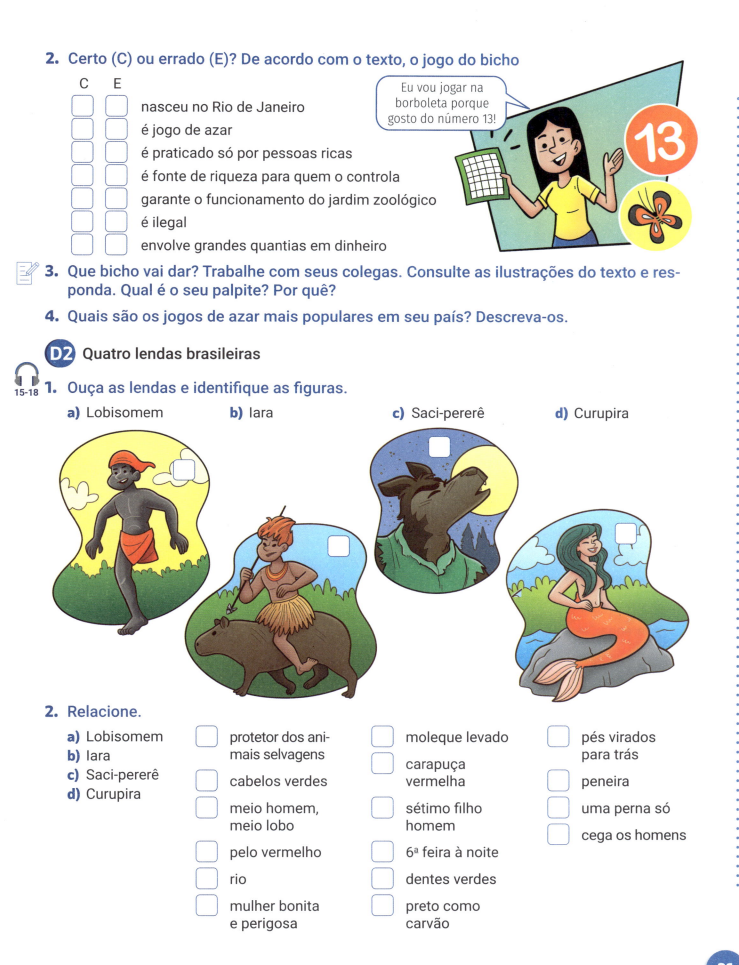

**2.** Relacione.

a) Lobisomem
b) Iara
c) Saci-pererê
d) Curupira

☐ protetor dos animais selvagens
☐ cabelos verdes
☐ meio homem, meio lobo
☐ pelo vermelho
☐ rio
☐ mulher bonita e perigosa
☐ moleque levado
☐ carapuça vermelha
☐ sétimo filho homem
☐ 6ª feira à noite
☐ dentes verdes
☐ preto como carvão
☐ pés virados para trás
☐ peneira
☐ uma perna só
☐ cega os homens

**3.** Organize as ilustrações para recompor duas das histórias.

**4.** Prepare com seu/sua colega a narração de uma lenda. Usem o dicionário se necessário.

### E  Bicharada

**1.** Relacione as palavras das duas colunas.

a) abelha — tecido
b) andorinha — leite
c) cachorro — transporte
d) cavalo — mel
e) ovelha — sopa
f) vaca — amigo
g) aranha — verão
h) peru — lã
i) pombo — queijo
j) mosca — Natal
k) rato — correio

**2.** Complete.

| Macho | Fêmea |
|---|---|
| cão | |
| | galinha |
| | égua |
| bode | |
| | ovelha |
| rato | |
| boi | |
| | pata |
| | pomba |

**3.** Que animais são caracterizados por estas palavras?

força ........................... vaidade ...........................
veneno ........................ sujeira ............................
fertilidade ................... amizade ..........................

**4.** Quais dos animais na lista do exercício 1...

a) têm penas ........................ d) têm pelo ........................
b) podem voar ..................... e) são insetos .....................
c) têm rabo .........................

# 1 Revisão

**R1** Jogo: sorte ou azar

### Instruções
Este jogo pode ser jogado sozinho em casa ou com os/as colegas em classe.

**1. Em casa: um só jogador.**
1. Você precisa de uma peça e de um dado.
2. Jogue o dado e responda à questão correspondente ao número que tirou.
3. Verifique as suas respostas imediatamente.
4. Some (+) os números de quadros com respostas certas. Subtraia (−) os números dos quadros com respostas erradas.
5. O jogo termina ao chegar ao quadro 59.
6. Jogue o jogo várias vezes até conseguir no mínimo 250 pontos.

### Como calcular os pontos?
Exemplo:

| | | |
|---|---|---|
| 1ª jogada: casa 6, certo | → | + 6 |
| 2ª jogada: casa 11, certo | → | + 11 |
| | | = 17 |
| 3ª jogada: casa 15, errado | → | − 15 |
| | | = 2 |
| 4ª jogada: casa 20, certo | → | + 20 |
| | | = 22 |

**2. Em classe: 2 a 6 jogadores.**
1. Cada jogador tem uma peça de cor diferente.
2. O primeiro jogador joga o dado e responda à questão correspondente ao número que tirou.
3. Se a resposta estiver certa, o jogador coloca sua peça nessa casa.
4. Se a resposta estiver errada, o jogador não avança.
5. Os outros jogadores fazem o mesmo.
6. Ganha quem chega à META primeiro com o número certo no dado.

### O jogo começa na página seguinte

1. Conjugue o verbo **vestir-se** no presente do indicativo.
2. Para ser jornalista é preciso que a pessoa ............... (conhecer) muito bem sua língua materna, ............... (escrever) bem e ............... (ser) informada.
3. É importante que você ............... (vir) ao encontro porque é provável que a gente ............... (ter) a oportunidade de conhecer os melhores profissionais da área.
4. Espero que ela tenha ............... (receber) a carta, tenha ............... (ler) com atenção, tenha ............... (concordar) comigo, tenha ............... (sentir) meu drama e não tenha ............... (ficar) chateada. É só isso que eu quero.
5. Complete: Eu espero que eles leiam o manual com atenção. Eu espero que ontem eles ............... o manual com atenção.
6. **Que sorte! Avance para o 10.**
7. A chave que você está procurando é esta aqui? Não. É ............... Não entre nesse carro aí! O meu é ............... .
8. Diga em que área atuam o vendedor, o arquiteto e o desenhista.
9. **Paciência! Descanse uma vez.**
10. Dê 5 verbos ligados à ideia de escola.

  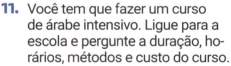

11. Você tem que fazer um curso de árabe intensivo. Ligue para a escola e pergunte a duração, horários, métodos e custo do curso.
12. Estou cansado(a) de tanta chuva. Tomara que amanhã ............... (fazer) sol.
13. O que você faz quando chove e faz frio no fim de semana? (3 atividades)
14. **Não se irrite! Volte 3 casas.**
15. Você pode usar minha sala ............... não fume.
16. Junte as frases: Não vou a essa festa. Podem me pedir de joelhos que eu não vou.
17. Conjugue o verbo **saber** no presente do subjuntivo.
18. **Que bom para você! Avance para a casa 25.**
19. Conjugue o verbo sair no presente do subjuntivo.
20. Quero um sócio que ............... , ............... , ............... , ............... , ............... .
21. Você conhece alguém que estude sânscrito? Não, ............... .
22. Há algo que eu possa fazer para ajudá-lo? Não, ............... infelizmente. (resposta completa)

32. **Que azar! Recue 5 casas.**
33. Eles pediram que nós ................ (ir) até o aeroporto buscá-los.
34. Talvez/ser melhor/esperar a chuva passar.
35. **Azar novamente. Passe sua vez.**
36. Complete: economia – economizar/pagamento – ................/saque – ................/negociação – ................ .
37. Foi bom que ele ................ (sair) do banco. Ele está muito melhor como representante comercial.
38. Ficar surpreso/José/tomar uma decisão tão radical.
39. É melhor que você ................ (sai) do banco. Você está sempre muito estressado(a).
40. Embora nós ................ (avisar), nada foi feito.
41. **Sorte! Avance uma casa.**
42. Sinto muito que vocês não ................ (poder) contar-me o que aconteceu.
43. Não lhe conte nada caso ela lhe ................ (perguntar).
44. **Ai! ai! ai! Você não bateu na madeira, deu azar. Volte 10 casas.**

23. **Hoje é seu dia! Jogue de novo.**
24. O clima na minha região é ................, ................, ................ .
25. Dê o contrário de: seco/................, calor/................, gelado/................ .
26. Fui ao banco pegar o ................ de crédito, ver o ................ da minha conta ................ e abrir uma ................ para passar um mês na Austrália no ano que vem.
27. **É, você não está com sorte! Espere 2 vezes antes de jogar de novo.**
28. Se você fosse eleito(a) Presidente da República de seu país, o que faria no primeiro ano de governo? (3 medidas)
29. Diga o mesmo de 2 formas diferentes: Estou com dor de dente / ir ao dentista ................ .
30. Você me deixou aqui sozinho e queria que eu estivesse contente? Não. Queria que você me ................ (perdoar/desculpar)
31. Fiquei chateada que o porteiro não me ................ (deixar) entrar com o cachorro.

45. Quando ele ............... (vir) aqui, eu fico contente. Antigamente, eu ficava nervosa quando ele ............... (vir) nos visitar.
46. Dê o antônimo. Ter lucro/..............., ganhar dinheiro/..............., depositar dinheiro na conta/............... da conta.
47. Dê o verbo: ............... exame, ............... de ano, ............... a taxa, ............... a matrícula.
48. **Se você conhece uma simpatia, é melhor fazê-la para ganhar este jogo, porque você vai ter de esperar mais uma vez.**
49. Cardápio em Portugal é ...............
50. Ele não tem tempo para nada. Se ele ............... (ter) tempo, ele ............... mais amigos. É uma pena!
51. Ele tem medo de que a empresa ............... (fechar) e ele ............... (ficar) desempregado.

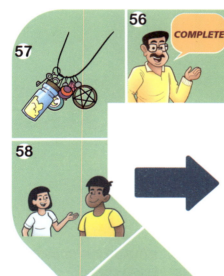

52. **Sorte no jogo, azar no amor? Jogue mais uma vez.**
53. Dê 5 expressões com palavras ligadas às atividades de um banco.
54. Qual é o intruso? Trabalhe/quisesse/tenha comprado/entende/saiba/fosse
55. Haver: — ............... quanto tempo você não tira férias?
56. Haver: Ontem não ............... aulas porque foi feriado.
57. **Não adianta apelar para todos os santos. Recue 3 casas.**
58. (Recuse) Por favor, o eletricista pode vir em casa consertar o chuveiro? ...............
59. (Deixe para depois) O senhor pode trocar a pilha do meu relógio agora? ...............
60. **Meus parabéns, você chegou ao destino final!**

Chegada! Parabéns! Viva! Fantástico! Excelente! Congratulação!

# Lição 5
# Comércio e serviços

## O que vamos aprender?

Dar opinião, expressar indiferença/descrédito, prometer, justificar-se, pedir alguma coisa, formular hipóteses.

**1.** Quem são as pessoas nas fotos? O que você acha?

– Eu acho que

– Na minha opinião,

– Parece que

– Tenho a impressão de que

fazendeiro
lavrador
costureira
dona de casa
jardineiro
garçom
cliente
dono de bar
costureiro

– Impossível!
– Não acho, não!
– Não me parece um...
– Por que você diz isso?
– Se a foto mostra um..., então ele/ela é um...
– Se ele estiver num..., então é um...

**2.** Faça frases, combinando elementos das 2 colunas.

1. Na semana que vem, quando vocês forem lá,
2. No ano que vem, se você tiver dinheiro,
3. Aproveite, enquanto você tiver tempo,
4. No futuro, sempre que puderem,

☐ faça a viagem dos seus sonhos.
☐ para pôr sua casa em ordem.
☐ deem lembranças nossas a todos.
☐ venham nos visitar.

### A1 Qual é o problema?

**1. Ouça o diálogo.**

- GS Assistência Técnica, bom dia!
- Bom dia, é o seguinte: minha geladeira quebrou e eu queria que vocês mandassem alguém para consertá-la.
- Qual é o problema?
- Está fazendo um barulho horrível. Estou com medo de que quebre de uma vez.
- E a tomada, a senhora verificou a tomada?
- Sem problema. Olha, já fiz de tudo, e nada! Acho que está desregulada mesmo.
- O técnico vai passar na sua casa depois de amanhã para dar uma olhada.
- Depois de amanhã? Não dá para vir antes?
- Estamos com muito serviço. Vou ver o que posso fazer, mas não prometo nada.

**2.** Trabalhe com seu/sua colega. Relacione o profissional do primeiro quadro mais adequado para resolver os problemas apresentados no segundo quadro. Ligue para ele e explique o problema.

**1.** Chaveiro  **2.** Pedreiro  ☐ estragar  ☐ furar

**3.** Pintor  **4.** Encanador  ☐ entupir  ☐ quebrar

### A2 Promessas, promessas, promessas

**1. Ouça o diálogo. Por que a cliente telefonou novamente?**

- Alô, é da GS Assistência Técnica? Quero falar com o gerente.
- Quem quer falar com ele?
- É uma cliente.
- Ele está ocupado no momento. Qual é o assunto?
- Ele prometeu mandar um técnico. Fiquei esperando o dia inteiro e ninguém apareceu.

- O rapaz vai na segunda-feira, sem falta.
- Como assim na segunda-feira? Quero alguém hoje. Não quero ficar sem geladeira mais um fim de semana.
- É que estamos com alguns problemas no momento.
- Por que não me telefonaram?
- O técnico vai na segunda, eu lhe garanto.

**2.** Trabalhe com seu/sua colega. Organizem as frases em três categorias: reclamando, justificando, prometendo. Depois simulem diálogos.

**1. Reclamação**    **2. Justificação**    **3. Promessa**

| **1** | É a terceira vez que... |
| | O pessoal está em greve. |
| | Não vai mais acontecer. |
| | Vou chamar a polícia! |
| | Vamos tomar providências. |
| | Com certeza vai estar pronto no sábado. |
| | Eu vou amanhã sem falta. Pode ficar tranquilo. |

| | A peça está em falta, fora de linha. |
| | Nosso empregado está doente. |
| | Quero falar com o chefe. |
| | Isso não pode acontecer. |
| | O senhor prometeu que... |
| | Não se preocupe, pode ficar sossegado. |
| | Vamos mandar o rapaz hoje à tarde, sem falta. |

**A3** Entrevista do mês

**1.** Ouça o texto e explique o que Maria da Glória diz sobre:

– as adaptações que ela fez
– as vantagens da lei
– as desvantagens da lei
– quem foi beneficiado
– quem saiu prejudicado

---

**Como Dona Maria da Glória adaptou o seu restaurante à lei antifumo**

Nesta segunda, o governo anunciou: a lei antifumo entrará em vigor. A uma semana da lei, baladeiros fumantes criticam proibição de cigarro. Blitzes antifumo surpreendem donos de bares e restaurantes.

Conversamos com Dona Maria da Glória, que tem seu restaurante em Moema, para saber como ela está se adaptando à nova lei.

**Repórter –** Reduziu o número de frequentadores de seu restaurante?

**Dona Maria da Glória –** Não tivemos problemas. Adaptamos os fundos do estabelecimento para que os fumantes possam sair e fumar num ambiente aberto. Tivemos que investir nesta reforma, mas valeu a pena.

**Repórter –** Houve problemas com seus clientes?

**Dona Maria da Glória –** Uma ou duas pessoas ficaram um pouco irritadas; outras constrangidas, mas acabaram respeitando. Mas os que não fumam gostaram muito.

**Repórter –** A senhora concorda com esta lei?

**Dona Maria da Glória –** Eu concordo. Não considero este um hábito saudável, e prejudica os que não são fumantes. Não deveria, porém, ser algo tão drástico.

---

**2.** Converse com seu/sua colega. Se você tivesse que procurar uma outra atividade lucrativa sem sair de casa, o que você faria e por quê? Relacione as sugestões de atividade abaixo com a opinião que lhe parecer adequada.

**1.** costurar para fora
**2.** fazer bijuterias
**3.** fazer programação de computador
**4.** pintar porcelanas, quadros
**5.** dar aula de tango, de ginástica
**6.** fazer tapetes
**7.** dar aula de idiomas

| | acho relaxante |
| | é um bom negócio |
| | é muito criativo |
| | adoro desafios |
| | para mim é divertido |
| | dá (algum, muito, pouco) dinheiro |
| | é muito útil |

39

**B1** Futuro do Subjuntivo — Forma

**1.** Observe a formação do Futuro do Subjuntivo.

| **fazer** | eles fizer**am** | ⟶ eu fizer | você fizer | nós fizermos | eles fizerem |
|-----------|------------------|------------|------------|--------------|--------------|
| **poder** | eles puder**am** | ⟶ eu puder | você puder | nós pudermos | eles puderem |
| **estar** | eles estiver**am** | ⟶ eu estiver | você estiver | nós estivermos | eles estiverem |
| **ser/ir** | eles for**am** | ⟶ eu for | você for | nós formos | eles forem |

**2.** Complete, você mesmo, as formas regulares que faltam.

|  |  | **andar** | **vender** | **partir** |
|--|--|-----------|------------|------------|
| Eu | ⟶ | *andar* | *vender* | *partir* |
| Você/Ele/Ela | ⟶ | *andar* | | |
| Nós | ⟶ | *andarmos* | | |
| Vocês/Eles/Elas | ⟶ | *andarem* | | |

> **LEMBRE-SE**
>
> O Futuro do Subjuntivo é derivado da 3ª pessoa do plural do Pretérito Perfeito do Indicativo:
> Eles **fizeram**... (fizer**am**) quando eu **fizer**...

**3.** Complete.

| 1. querer | *eles quiseram* | ⟶ eu *quiser* | 7. ver | | ⟶ você |
|-----------|----------------|---------------|--------|--|--------|
| 2. ter | eles ........... | ⟶ nós ........... | 8. saber | ........... | ⟶ eu ........... |
| 3. preferir | ........... | ⟶ ela ........... | 9. ficar | ........... | ⟶ ele ........... |
| 4. comprar | ........... | ⟶ vocês ........... | 10. vir | ........... | ⟶ vocês ........... |
| 5. abrir | ........... | ⟶ ele ........... | 11. dizer | ........... | ⟶ nós ........... |
| 6. dar | ........... | ⟶ elas ........... | 12. trazer | ........... | ⟶ elas ........... |

**B2** Futuro do Subjuntivo — Usos

**1. Uso do Futuro do Subjuntivo com certas conjunções**
Quando expressa ação no futuro, é usado depois das seguintes conjunções:

| quando | — | Venha **quando** quiser. |
|--------|---|--------------------------|
| enquanto | — | Não vou sair **enquanto** estiver chovendo. |
| sempre que | — | Visite-nos **sempre que** estiver por aqui. |
| se | — | **Se** chover amanhã, ficaremos em casa. |
| como | — | Farei isso **como** puder. |
| logo que = assim que | — | Telefone-me **logo que** tiver notícias deles. **(assim que)** |
| à medida que | — | Seu português vai melhorar **à medida que** você for estudando. |
| depois que | — | Vá para casa **depois que** terminar seu trabalho. |

> **LEMBRE-SE**
>
> O Futuro do Subjuntivo com essas conjunções é usado apenas quando a ação é futura. Se não for ação futura, usa-se o Indicativo:
> Ela fica contente quando **vai** visitá-la.
> Ela ficou contente quando **foi** visitá-la.
> Ela ficava contente quando **ia** visitá-la.
> Ela ficará contente quando **for** visitá-la.

**2. Uso do Futuro do Subjuntivo com orações relativas**

Exemplo:
Comprarei **o que puder**.
Comprarei **tudo o que quiser**.
Comprarei **quanto quiser**.
Comprarei **todas as blusas que a loja tiver**.

Receberemos **todas as pessoas que vierem**.
Receberemos **todos os amigos que aparecerem**.
Receberemos **tudo o que você mandar**.
Receberemos **o que você mandar**.
Receberemos **quem chegar**.

## 3. Complete as frases.

(querer) **1.** Vou falar tudo o que eu ...........................................

(precisar) **2.** Ajudarei a todos os que ...........................................

(poder) **3.** Levem o que vocês ...........................................

(trazer) **4.** Receba todas as coisas que eles ...........................................

(estar) **5.** Por favor, cumprimente quem ........................... lá.

(ter) **6.** Daremos a vocês o que nós ...........................................

> Receba todas as coisas que eles trouxerem.

## B3 Tempos compostos do Subjuntivo — Forma

### Forma. Observe estas frases.

- Ele telefonou?
- Não sei. Talvez **tenha telefonado**.

- Você pagou a conta?
- Não. Talvez Júlia **tenha pago**.

- Você está triste?
- Estou. Se ele **tivesse telefonado**, eu não estaria triste.

- Você foi lá?
- Não fui.
- Teria sido bom se você **tivesse ido**.

- Quando podemos sair?
- Só depois que vocês **tiverem feito** todas as tarefas.

- Só casaremos quando **tivermos pago** todas as nossas dívidas.
- Ihh! Vai demorar...

| Subjuntivo | | Perfeito | Mais-que-perfeito | Futuro composto |
|---|---|---|---|---|
| Eu | ⟶ | *que eu tenha falado* | *se eu tivesse falado* | *quando eu tiver falado* |
| Você/Ele/Ela | ⟶ | | | |
| Nós | ⟶ | | | |
| Vocês/Eles/Elas | ⟶ | | | |

## B4 Uso dos tempos compostos do Subjuntivo

Os três tempos indicam ação terminada.

**Exemplos:** Que pena que <u>ontem</u> ela não tenha visto o que eu vi!

Se você tivesse telefonado, eu teria esperado.

Só vá para casa depois que tiver terminado seu trabalho.

> **LEMBRE-SE**
>
> Os tempos compostos do Subjuntivo seguem as mesmas regras dos tempos simples do Subjuntivo.

## 1. Organize as frases com estes elementos:

**a)** Estávamos cansados ☐ embora tivéssemos dormido a tarde inteira.

**b)** A polícia não apareceu ☐ que eu já tivesse estado no Brasil.

**c)** Ele duvidou ☐ quando tiverem dito a verdade.

**d)** Eu duvido ☐ embora tenham tido um dia difícil.

**e)** Vocês só sairão daqui ☐ embora nós a tivéssemos chamado.

**f)** Ele está preocupado ☐ que ontem ele tenha resolvido o problema.

**g)** Elas estão felizes agora à noite ☐ porque talvez tenha feito uma bobagem.

## 2. Combine os elementos das duas colunas, formando frases.

**a)** A polícia teria prendido os ladrões, ☐ se vocês tivessem lido as instruções.

**b)** A impressora não teria quebrado, ☐ se um bom advogado tivesse analisado o contrato.

**c)** O *show* teria sido um sucesso, ☐ se tivesse chegado logo.

**d)** Eu não teria feito o negócio, ☐ se não tivesse chamado o chaveiro.

**e)** Eu não teria entrado em casa, ☐ se não tivesse chovido o tempo todo.

### C1 Consertos e serviços em geral

**Trabalhe com seu/sua colega. Você comprou uma casa velha por um preço muito baixo, mas tem de fazer uma grande reforma. Você tem muita pressa e pouco dinheiro. Procure na lista abaixo os profissionais de que precisará. Em que ordem você fará os consertos?**

– O encanador conserta vazamentos, troca canos, desentope.
– O frentista põe gasolina no carro, calibra pneus, lava carros.
– O empreiteiro comanda e fiscaliza o andamento das obras.
– O jardineiro planta flores, corta grama, cuida do jardim.
– O eletricista conserta e instala aparelhos elétricos.
– A costureira costura e conserta roupas em geral.
– O decorador decora casas, salões de festas, vitrines.
– O sapateiro conserta sapatos e artigos de couro.
– O marceneiro faz móveis, portas, janelas.
– O tintureiro lava e passa roupas delicadas.
– A cabeleireira lava, corta e penteia cabelos.
– O serralheiro põe grades na janela, faz portões.
– O chaveiro faz chaves, coloca fechaduras.
– O borracheiro troca e conserta pneus.
– O pintor pinta paredes, muros, letreiros.
– O pedreiro troca azulejos, constrói casas.
– O mecânico conserta carros.

### C2 Promessas

**Leia as frases e imagine a situação. Simule alguns diálogos em que as respostas serão estas frases.**

– Dou-lhe minha palavra de que isso não vai acontecer de novo.
– Devolvo na semana que vem, sem falta.
– Isso não vai ficar assim, pode estar certo.
– Faremos o possível, eu lhe garanto.
– Amanhã, sem falta, mandaremos alguém a sua casa.
– Pode ficar tranquilo/descansado/sossegado.
– Vou cuidar do seu caso pessoalmente.

> Paulo, o contrato que você redigiu está cheio de erros.

> Ai, eu me esqueci de rever. Dou-lhe minha palavra de que isto não vai acontecer de novo.

### C3 *E-mail* de reclamação

**Escolha abaixo um dos defeitos e escreva um *e-mail* pedindo providências.**

Na semana passada, o profissional acabou seu trabalho. Você pagou o seu serviço e ele deu um ano de garantia. Porém, nem tudo está como você quer:

– cada vez que você liga a máquina de lavar e alguém está tomando banho, a casa toda fica sem luz
– a pintura do muro do jardim está descascando
– alguns azulejos no banheiro caíram

Limeira, 23 de janeiro de 20...
Prezados Senhores,

Conforme nossa conversa telefônica de ontem, mando minha reclamação por escrito.
Na semana passada, o Sr. Claudio, pedreiro, colocou azulejos novos no banheiro da minha casa. O serviço ficou pronto na terça-feira e ele nos pediu que deixássemos o banheiro sem uso por 24 horas, o que fizemos. No sábado, percebi que dois azulejos estavam soltos, no domingo vários outros caíram. Estou muito insatisfeito com isso e peço que mandem alguém para refazer o serviço ainda esta semana. Aguardo uma resposta o mais cedo possível.

Atenciosamente,

Fernando Morais

## D1 Procon – Proteção ao consumidor

**1.** Leia o texto e escolha, entre estas sugestões, um título para ele.

Falar de prestação de serviços é falar de diversas atividades que estão presentes em nossa vida diariamente.

Do encanador ao jardineiro, da escola aos bancos, da luz elétrica à água encanada, todas essas atividades são regulamentadas.

O importante é prestar atenção a todos os detalhes que envolvem os serviços que você está contratando. Sempre que puder, faça um contrato por escrito, guardando com você uma cópia desse documento. Ele será muito útil no caso de surgir algum problema.

Esses são exemplos típicos de serviços que normalmente são prestados por pequenas firmas ou profissionais autônomos. Grande ou pequeno, o problema que levou você a chamar um eletricista, um pedreiro ou quem quer que seja, precisa ser bem solucionado. Mas como controlar a qualidade desses trabalhos? E como pagar um preço justo?

Para isso, siga estas regras básicas:

1 – Pergunte aos amigos e parentes se eles conhecem algum bom profissional.

2 – Solicite um orçamento por escrito, discriminando custo de mão de obra e material. No item material, deve constar detalhadamente tudo o que será usado, e os respectivos preços.

3 – Compare pelo menos com mais um orçamento.

4 – Acompanhe, sempre que possível, o conserto e a utilização do material combinado.

5 – Pagamentos: se for à vista, pague só no final do serviço. Se for a prazo, vincule os pagamentos às etapas do serviço, deixando os maiores valores para depois do serviço concluído. Se o profissional exige sinal, procure dar o mínimo possível. De qualquer forma, exija recibo em cada pagamento.

6 – Verifique todo o serviço realizado antes de liberar a última parte do pagamento.

7 – Se o serviço não for satisfatório, reclame com o profissional que o executou.

**2.** Releia o texto e resolva as questões.

a) Dê exemplos de profissionais que prestam pequenos serviços domésticos.
b) Como amigos e parentes podem ajudar você a solucionar o problema da prestação de serviços domésticos?
c) Quais são os dois itens necessários na preparação de um orçamento?
d) Se você quer pagar o serviço à vista, por que é melhor pagá-lo no final do trabalho?

## D2 Vida moderna

**1.** Ouça os textos e relacione:

Texto 1 ☐ Uma companhia aérea

Texto 2 ☐ Uma loja de produtos para a casa

Texto 3 ☐ Um banco

**2.** Ouça novamente os textos. Em cada uma das situações, o que você deve fazer para falar diretamente com uma pessoa?

**3.** Ouça os textos novamente. Qual opção escolher?

1. Você perdeu uma mala no voo de Belo Horizonte para Brasília.
2. Você quer mudar a data de sua passagem.
3. Você comprou uma cama faz uma semana, mas a loja ainda não a entregou.
4. Você quer saber quanto dinheiro tem na sua conta.
5. O fogão que você comprou não cabe em sua cozinha.
6. O banco fez um depósito em sua conta corrente, e você não sabe de onde é.
7. Seu amigo vai viajar, mas precisa esticar a perna que está engessada. Tente conseguir-lhe uma poltrona na altura da saída de emergência.

## E Formando palavras

**1.** Dê o nome do profissional.

a) costura *a costureira*
b) sapato
c) eletricidade
d) cabelo
e) jardim
f) pneu (borracha)
g) chave
h) carro
i) carta
j) piano
k) violino
l) cozinhar

m) escrever *o escritor*
n) violão
o) ler
p) cantar
q) compor (música)
r) pintar
s) decorar
t) conduzir
u) esculpir
v) falar
w) reger
x) pesquisar

**2.** Entre as atividades acima, escolha 5 que você gostaria de exercer. Explique por quê.

**3.** Escolha 5 atividades profissionais que você detestaria exercer. Explique por quê.

# Lição 6

# O trânsito

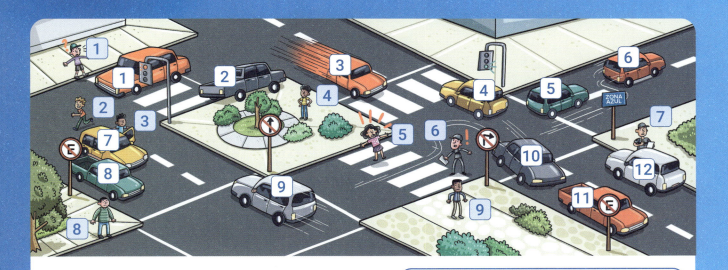

## O que vamos aprender?

Aconselhar, argumentar, explicar, narrar; transmitir o que foi dito.

1. Qual dos itens não aparece na ilustração acima?

   - [ ] **1. guarda de trânsito** – pessoa que organiza o movimento de veículos e pedestres na cidade.
   - [ ] **2. cruzamento** – intersecção de duas ruas.
   - [ ] **3. lombada** – obstáculo para redução forçada da velocidade de veículos.
   - [ ] **4. semáforo ou sinal** – poste de sinalização que orienta o tráfego por meio da mudança de cor das luzes.
   - [ ] **5. ilha** – espécie de calçada mais alta que o nível da rua, erguida no meio desta a fim de separar as mãos de direção e dar proteção aos pedestres.
   - [ ] **6. faixa de pedestres** – área demarcada para travessia de pedestres.
   - [ ] **7. zona azul** – estacionamento rotativo pago, em áreas e locais estabelecidos pela companhia de tráfego.

2. Carros e pedestres estão numerados. Identifique quem está cometendo a infração e qual seu número.

| PEDESTRE | CARRO | |
|---|---|---|
| [ ] | [1] | invadir a faixa de pedestres |
| [2] | [ ] | atravessar fora da faixa |
| [ ] | [ ] | não obedecer ao sinal, ao semáforo |
| [ ] | [ ] | estacionar sobre a calçada |
| [ ] | [ ] | estacionar em fila dupla |
| [ ] | [ ] | estacionar na zona azul sem cartão |
| [ ] | [ ] | dirigir na contramão |
| [ ] | [ ] | estacionar em local proibido |
| [ ] | [ ] | fazer conversão proibida |
| [ ] | [ ] | dirigir com excesso de velocidade |
| [ ] | [ ] | ultrapassar pela direita |

## A1 O trânsito urbano

**1.** Ouça o texto: Esquina movimentada.

- Esta esquina é a esquina mais movimentada da cidade. Há carros demais! Chegando aqui, é necessário esperarmos o sinal abrir. Quando o sinal abrir, depois de olhar para a esquerda e para a direita, podemos atravessar a avenida. Vamos, agora dá!
- Ai, me espera!

**2.** Utilize a lista de palavras abaixo. Que elementos você encontra na ilustração?

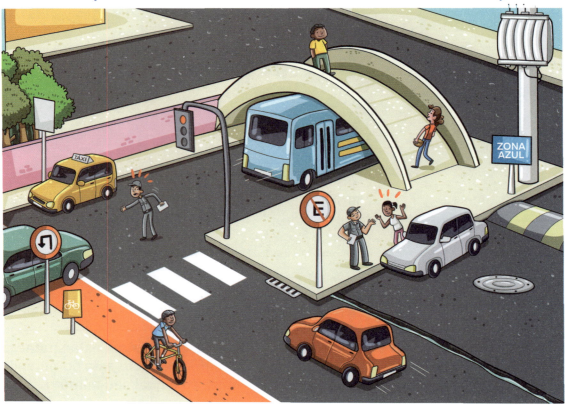

1. o cruzamento
2. a esquina
3. a calçada
4. a placa de trânsito
5. a valeta
6. as tartarugas
7. a vaga
8. a pista exclusiva para bicicleta
9. o retorno
10. a faixa exclusiva para ônibus
11. a passarela
12. a ponte
13. o viaduto
14. o poste
15. o ponto de ônibus
16. o ponto de táxi

**3.** Com as palavras acima, faça pequenos diálogos.

Por que estou levando uma multa?

Porque você parou ao lado da placa de proibido estacionar.

46

## A2 É proibido!

**1.** Ouça a gravação e acompanhe a história pelos quadrinhos abaixo.

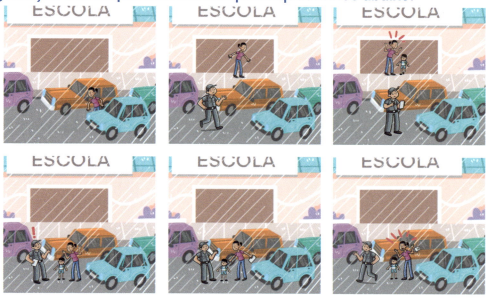

**2.** Trabalhe com seu/sua colega. Imaginem e apresentem o diálogo entre a moça e o guarda. A moça tenta convencer o guarda a não aplicar a multa. Ele não aceita seus argumentos e apresenta os dele.

- Assim não dá!
- Não adianta discutir. Lei é lei!
- É um absurdo!
- Eu não tinha outro jeito.

## A3 O trânsito do bairro

**1.** Fale com seu/sua colega e dê sugestões para melhorar o trânsito de sua cidade.

- O pior ponto é a Rua Camões! Os caminhões parados atrapalham muito.
- Tem razão. Que tal proibirmos o estacionamento de caminhões?
- Não vai dar certo. As lojas lá precisam dos caminhões para receber mercadoria.
- E se nós permitíssemos o estacionamento de caminhões só por 15 minutos?
- Boa ideia! Mas precisamos fiscalizar os motoristas de caminhão o dia todo.

| Reclamação | Discussão | Sugestões e propostas |
|---|---|---|
| O pior ponto é... A avenida... tem trânsito lento à noite. É impossível ir ao bairro... de manhã. | A rua... é muito perigosa! Tenho uma ideia! Que tal colocarmos... E se nós bloqueássemos... É uma boa ideia, mas... Não vai dar certo. Genial, ótimo! Não vai funcionar porque... | Em primeiro/segundo lugar... Daí... Depois... Finalmente... Melhorar a sinalização (placas de rua)/fazer campanha de educação/melhorar o estado dos carros/Via exclusiva de bicicletas/cobrar pedágio/circulação de motos e bicicletas/ fiscalizar a documentação dos motoristas/ colocar faixa de pedestres/fiscalizar o estacionamento de caminhões (carga e descarga) |

**2.** Organizem o que foi discutido e resolvido e apresentem a seus/suas colegas um plano geral para melhorar as condições de trânsito do bairro estudado.

## B1 Infinitivo Pessoal

### 1. Forma

|  | falar | ir |
|---|---|---|
| Eu/Você/Ele/Ela | falar | ir |
| Nós | falarmos | irmos |
| Vocês/Eles/Elas | falarem | irem |

> **LEMBRE-SE**
>
> O Infinitivo pessoal é o Infinitivo que tem sujeito.
>
> Exemplo: Ele nos convidou para nós conhecermos sua casa.

### 2. Usos

O Infinitivo Pessoal é usado quando:

**a)** os sujeitos das duas orações são diferentes:    João parou para (nós) passarmos.
  Ele assinou o contrato sem nós o lermos.

**b)** o sujeito do Infinitivo está expresso:    Por elas não terem convite, não puderam entrar.
  Em outros casos, o uso é facultativo:    Por não ter convite, elas não puderam entrar.
  Por não terem convite, elas não puderam entrar.

**1.** Complete com o Infinito Pessoal.

**a)** Para nós ..................... (ver) melhor, usamos binóculos.
**b)** Por ..................... (ser) nossos amigos, não reclamaram.
**c)** Ouvi os rapazes ..................... (sair).
**d)** É necessário nós ..................... (ter) paciência.
**e)** Ele pediu para você ..................... (ficar) em casa.
**f)** Sem eles ..................... (assinar) o documento, nada poderemos fazer.

**2.** Complete o diálogo. Siga o exemplo.

- Então, você foi com ele?
- Fui. Ele pediu *para eu ir* .

**a)** • Então, eles deram outra chance para você?
  • Deram. Eu pedi para eles ..................... .
**b)** • Então, vocês explicaram a situação para ela?
  • Explicamos. Ela pediu ..................... .
**c)** • Então eles compraram os ingressos?
  • Compraram. Eu pedi ..................... .

**3.** Complete o diálogo. Siga o exemplo.

O guarda está olhando para nós.
É verdade. É melhor nós *irmos embora* .

**a)** • O guarda está olhando para você.
  • É verdade. É melhor eu ..................... .
**b)** • O guarda está observando os meninos.
  • É verdade. É melhor eles ..................... .
**c)** • Veja! O guarda está olhando para o Júlio e o Ronaldo.
  • É verdade. É melhor eles ..................... .

## B2 Há carros demais na rua

**1.** Leia o quadro. O verbo haver na forma impessoal pode ter valor de:

| Tempo | Existência |
|---|---|
| Estou no Brasil **há** um mês. | **Há** carros demais nas ruas. |
| Estive na Argentina **há** cinco anos. | **Houve** um acidente na esquina. |
|  | **Vai haver (haverá)** uma festa amanhã. |

**2.** Relacione.

**a)** Estou esperando o sinal verde    [ ] há muitos anos.
**b)** Você sabe se    [ ] há no mínimo 5 anos.
**c)** Ganhei minha última multa    [a] há uns 2 minutos.
**d)** Cuidado,    [ ] há séculos que há uma placa proibindo!
**e)** Li no jornal que    [ ] deveria haver uma faixa de pedestres aqui.
**f)** Não vamos ao centro    [ ] há guardas de trânsito por aqui a esta hora?
**g)** Que perigo!    [ ] vai haver obras nesta rua a partir de sábado.
**h)** Olhe lá o caminhão estacionado!    [ ] há um radar logo ali, depois da curva.

### C1 O que é que está errado?

**1.** Examine cada ilustração e diga o que está errado. Consulte a página 45 – Infrações de trânsito, para conhecer algumas delas.

**2.** Considerando novamente cada uma das ilustrações, diga por que não se deve, por exemplo, estacionar na esquina.

> Por que a gente precisa usar capacete?

> A gente precisa usar capacete para proteger a cabeça em caso de acidente.

**3.** Das infrações que aparecem nas 8 ilustrações, quais você acha mais graves? Por quê? Você comete infrações? Quais?

### C2 Você é testemunha!

**1.** Observe as ilustrações e responda.

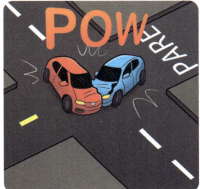

1. Você estava na esquina e viu o acidente. Como testemunha, conte o que viu.
2. Converse com seus/suas colegas: quem teve culpa?
3. Como poderia ter sido evitado o acidente?

> O acidente poderia ter sido evitado se o motorista tivesse observado o sinal "pare".

49

**D1** O que é, o que é? Adivinhe!

**27-28**

**1.** Ouça a definição e identifique o meio de transporte descrito.

**2.** Ouça as instruções e desenhe o meio de transporte. Identifique-o em seguida

**3.** Relacione.

| | | |
|---|---|---|
| **a)** o carrinho de mão | | ☐ veículos e pessoas |
| | | ☐ pedras |
| **b)** a ambulância | transporta | ☐ doentes |
| **c)** o trenó | | ☐ o astronauta |
| **d)** a balsa | | ☐ o Papai Noel |
| **e)** a nave espacial | | |

| | | |
|---|---|---|
| **a)** a bicicleta | | ☐ pelo vento |
| **b)** a carroça | | ☐ por remos |
| **c)** a canoa | é movido(a) | ☐ por um motor |
| **d)** o trenó | | ☐ por renas |
| **e)** o barco a vela | | ☐ por pedais |
| **f)** o caminhão | | ☐ por um cavalo |

**D2** Seguro de automóvel

**1.** Antes de ler o texto, leia só o título e o subtítulo. De que trata o texto? Converse com seus/suas colegas e tente adivinhar.

## Homens pagam até 30% mais por seguro de carro

*16/07/2009*

Mulheres provocam menos acidentes, segundo pesquisa. Levantamento aponta que homens se envolvem em 80% dos acidentes. As estatísticas comprovam: a maioria dos acidentes de trânsito é provocada por homens, de acordo com levantamento do Sindicato das Corretoras de Seguros do Distrito Federal. Enquanto os homens insistem em chamar as mulheres de "barbeiras", as companhias de seguro cobram mais caro deles.

O exemplo é um carro popular. Um homem de 30 anos vai pagar um seguro de R$ 2,7 mil. Já a mulher, da mesma idade, vai pagar um seguro de R$ 1,9 mil. A economia é de R$ 800, quase 30% menos do que os homens pagam. O número de mulheres ao volante cresceu 44% nos últimos quatro anos.

"Os acidentes em que as mulheres se envolvem são, geralmente, pequenos. É um arranhãozinho aqui, um arranhãozinho acolá. Por outro lado, os acidentes em que os homens se envolvem são realmente expressivos", afirma Dorival Alves, presidente do Sindicato das Corretoras de Seguros do Distrito Federal.

O Distrito Federal tem 1,2 milhão de motoristas habilitados. Como em todo o mundo, os homens são a maioria: 64%. As mulheres, 36%. Mas quando o assunto é acidentes, a proporção é bem maior: eles estão envolvidos em 80% das colisões. "A gente tem um número maior de homens habilitados. Em segundo lugar, esses dados têm uma relação, sim, com a questão de comportamento, com aceitação de risco maior da parte do sexo masculino, que é um dado cultural, muito provavelmente ligado à socialização", diz o especialista em trânsito da UnB, Victor Pavani.

"As mulheres são mais prudentes, mais cautelosas, menos agressivas. Tudo o que o homem não é", confessa um motorista.

As mulheres lideram multas por usar celular ao volante, mas, em compensação, dão menos perda total nos carros.

*Reportagem publicada no site G1.*
*Autorizado por Globo Comunicação e Participações S.A.*

**2.** Explique os números: 64%, 36%, 80%, 30%. O que diz o texto sobre eles?

**3.** Responda certo (C) ou errado (E) de acordo com o texto.

C    E

☐   ☐   as mulheres, quando dirigem, se envolvem menos em acidentes porque são menos agressivas.

☐   ☐   as motoristas dão menos prejuízos às companhias seguradoras porque, entre outras coisas, ao baterem, danificam menos o carro.

☐   ☐   para as companhias seguradoras seria ótimo ter apenas mulheres como clientes.

**4.** Relacione os sinônimos.

**a)** desconto    ☐ desastre

**b)** batida    ☐ embriagado

**c)** bêbado    ☐ abatimento

**d)** sinistro    ☐ destruição

**e)** perda total    ☐ choque

**5.** Converse com seus/suas colegas. O que você acha pessoalmente sobre o assunto do texto? As mulheres dirigem melhor do que os homens?

> Eu (não) acho que mulheres...

> Uma das razões pode ser que...

> Provavelmente, os homens...

**E1** Carro

Identifique as partes numeradas. Trabalhem em grupo.

☐ o ar-condicionado

☐ o porta-malas

☐ o tanque de gasolina

☐ o para-lama

☐ o motor

☐ o volante, a direção

☐ o para-choque

☐ o painel

☐ o pneu

☐ a placa

☐ o farol

☐ o retrovisor externo

☐ a buzina

☐ o porta-luvas

**E2** Se não sabe, descubra o que é

a) o porta-luvas
b) a roda
c) o pneu
d) o farol baixo
e) o extintor
f) o estepe
g) o quebra-ventos
h) o macaco
i) o banco de trás
j) o câmbio
k) o acelerador
l) o biodiesel
m) o ar-condicionado

**E3** Carta para a seguradora

Você dirigia um dos carros do acidente em C2. Preencha o formulário para a sua seguradora. Os elementos abaixo podem ajudar.

velocidade normal/baixa/alta    outro carro pela direita/esquerda

vir pela rua    ter preferência    bater    dirigir

acelerar    placa "Pare"    semáforo    brecar

evitar    avenida    atravessando cruzamento

lataria
para-choque
porta
lateral amassado/a
farol
lanterna
espelho externo
para-brisa
janela
roda
quebrado/a

| COMUNICAÇÃO DE REGISTRO |||||
|---|---|---|---|---|
| Segurado: | Apólice: | Fone: || SGR Seguros |
| DADOS DO CONDUTOR |||||
| Nome: || RG: | CPF: | Nasc: |
| Registro: || Categoria: | Habilitação: | Validade: |
| DADOS DA OCORRÊNCIA |||||
| Dia: |||||
| Local: |||||
| Bairro: || Cidade/Estado: || Referência: |
| DESCRIÇÃO DETALHADA DO SINISTRO |||||
| |||||
| DADOS APARENTES NO VEÍCULO SEGURADO |||||
| |||||
| DADOS DO TERCEIRO |||||
| Nome: || RG: | CPF: | Fone: |
| Marca: | Tipo: ||| Placa: |

# Lição 7

# Lazer

## O que vamos aprender?

Expressar estados de espírito por meio de interjeições. Pedir, dar, recusar, tomar a palavra. Interromper. Expressar condições possíveis e impossíveis. Familiarizar o/a aluno/a com o nível de linguagem popular.

**1.** Ouça os diálogos e indique a que desenhos correspondem.

29-31

☐ **Diálogo 1**

– Pegou tudo?
– Peguei, já vou indo. O jogo começa daqui a meia hora.
– Levou bronzeador? O sol está torrando!
– Levei sim. Qualquer coisa, a gente para o jogo e dá um mergulho!
– Tomara que vocês ganhem! Quem sabe vão para as Olimpíadas? Se vocês ganharem, vamos comemorar.

☐ **Diálogo 2**

– Xi, e essa chuva que num para, Zé!
– É, a gente devia ter ficado em casa. Ainda bem que eu trouxe guarda-chuva!
– E esse jogo que num anda! Olha o ponta, paradão! Se eu pudesse, mandaria o cara pro chuveiro.
– Nossa! Cê viu aquilo? Quase que a bola entrou! Ô louco!
– A gente escapamos por pouco! Se a bola tivesse entrado, o jogo teria acabado pra gente. Já imaginou?

☐ **Diálogo 3**

– Está pronta? Precisamos sair logo! Para onde vamos?
– Encontrar a Cidinha e o Marcos, lembra?
– Puxa vida! Esqueci totalmente. Estou com uma preguiça...
– Chegando lá você se anima. Vamos!
– Não dá para a gente desmarcar? Deixar para sábado que vem?
– Imagina! O Marcos já comprou ingresso para nós. É aquela peça, lembra, daquele diretor carioca...
– Tá, vamos lá então...

**2.** Qual é a atividade de lazer mais chata, divertida ou mais "louca" que você já fez? Indique uma de cada tipo.

### A1 Tipos de lazer

1. Troque ideias com seus colegas.

    - Para você, o que é lazer?
    - É a parte mais importante da minha vida!
    - É mesmo?
    - É! Eu dedico pelo menos 3 horas por dia a minha coleção de selos.

    | Em sua rotina diária, há espaço para praticar lazer? | Para você, o que é lazer? | Distribua suas horas ativas durante o dia: horas de trabalho, horas de lazer. |

    distribuir lazer e trabalho   fazer parte da vida   ser fundamental
    ser irrelevante   dedicar 1 hora por dia a

2. Entre os tipos de lazer nas fotos, indique os que

    a) são praticados individualmente
    b) são perigosos
    c) são praticados em grupo
    d) exigem treinamento anterior
    e) são musicais
    f) são praticados ao ar livre
    g) exigem coragem
    h) exigem grande dose de atenção

3. Converse com seu/sua colega sobre essas formas de lazer. Entre todas elas, quais as que você mais aprecia? Quais as que você desenvolve em suas horas livres?

### A2 Excursão de fim de semana

#### O QUE LEVAR PARA AS CAMINHADAS

- Mochila pequena (que deixe os braços livres)
- Cantil ou recipiente plástico que não vaze
- Repelente de insetos e filtro solar
- Lanterna pequena
- Roupa de banho e, se quiser, toalha
- Saco plástico para lixo
- Roupa para trocar (deixar no ônibus)
- Chapéu ou boné

#### NÍVEL DE DIFICULDADE

**LEVE**
É uma caminhada fácil, recomendada às pessoas que estão iniciando a atividade.

**MÉDIA**
Não exige experiência anterior, mas é recomendável a pessoas que já façam algum tipo de esporte ou atividade física.

**SEMIPESADA**
É uma caminhada que requer um preparo físico razoável e destinada às pessoas que já fizeram caminhadas anteriormente. Às vezes, é necessária a utilização de equipamentos mais adequados.

#### 360 graus de aventura — Extrema a Bragança

Uma magnífica caminhada na divisa do estado de São Paulo com Minas Gerais, no alto da Serra da Lapa e Pedra da Lapa, muitas vezes acima das nuvens. Desse ponto, temos uma surpreendente visão de 360 graus, avistando vales profundos e pequenas cidades ao longe. No final da caminhada, um bom banho em uma cachoeira em forma de ducha para recuperar as forças.

#### Travessia Serrote dos Pilões

Uma caminhada de 32 km partindo de Campos do Jordão até Pedrinhas, um bairro rural de Guaratinguetá. Acamparemos em um bosque de pinheiros. Passaremos por um povoado, onde a luz elétrica ainda não chegou. Um superbanho de cachoeira e de rio durante o percurso também faz parte do programa.

#### Sombra e água fresca Cachoeiras do Capivari

Uma caminhada partindo dos trilhos de uma estrada de ferro e penetrando em um belíssimo bosque de pinheiros. Poucos obstáculos e muitos espetáculos: cachoeiras e imensas piscinas naturais.

Trabalhe com seu/sua colega. Examinem as sugestões do folheto na página anterior e escolham uma excursão para o próximo fim de semana. Não deixem de ler as recomendações. Discutam o nível de dificuldade das excursões oferecidas.

– Você prefere caminhadas leves ou pesadas?
– Qual nível de dificuldade é seu máximo?
– Você acha o nível "leve" chato demais?
– Que tal a gente escolher...
– Acho ótimas todas as caminhadas, mas detesto subidas e descidas.
– Acho que as "leves" já estão boas para mim.
– Pesado? Não é para mim!
– Por que não escolhemos algo leve?
– Na verdade, prefiro a...

- Você prefere a leve ou a média?
- Na verdade, prefiro a pesada. As leves são tão chatas!
- Eu não. As médias já estão boas para mim.
- Então que tal...

### A3 Ouvindo música no fim de semana: MPB

**1. Ouça o texto**
- Adoro ficar em casa ouvindo rádio. A gente ouve música, notícias... ontem ouvi um cantor diferente: Adoniran Barbosa! Você conhece?
- Conheço e gosto muito dele. Ele é muito original. Superinteressante. E fala tudo errado.

**2. Ouça a música "As Mariposa" de Adoniran Barbosa, com o grupo Demônios da Garoa, e diga do que trata a letra.**

**3. Ouça novamente a música e reproduza a letra, verso por verso, em linguagem padrão culto.**

### A4 No domingo, futebol pela TV

**1. Ouça o texto**
- Oba! A gente vai ganhá esse jogo.
- Tomara!
- Epa! Tá perigoso.
- Ai! Meu coração!
- Xi! Outro gol!

- Assim num dá!
- É. Esse goleiro só toma frango!
- Droga! Num sei por que ele tá jogano.
- É um perna de pau.
- É! Num dá pra entendê.

**2. Trabalhe com seu/sua colega. Vocês entenderam o diálogo? Do que se trata?**

55

## B1 Orações condicionais

Exemplos:
- Ele estaria rico hoje se tivesse feito bons investimentos quando era jovem. (mas não fez...)
- Ela poderia ler jornal agora, se não tivesse quebrado os óculos. (mas quebrou...)
- Se ela tivesse casado com ele, ela agora seria feliz. (mas não casou...)
- Se você tivesse me telefonado, eu o teria esperado. (mas não telefonou...)

**1. Combine os elementos das duas colunas.**

**a)** Se o piloto tivesse feito o que era necessário,  ☐ não teria perdido a reunião da firma.

**b)** Se você fosse mais organizado,  ☐ se não tivesse recebido aumento.

**c)** Eu teria dito o que penso,  ☐ o avião não teria caído.

**d)** Ela teria deixado a firma,  ☐ se, naquela hora, eu tivesse tido coragem.

**2. Diga de outro modo.**

Exemplo:
- Ele queria fazer o trabalho, mas ninguém lhe deu as informações necessárias.
- Ele teria feito o trabalho se alguém lhe tivesse dado as informações necessárias.

**1.** Ele caiu da bicicleta porque não viu o buraco.

.......................................................................................................................

**2.** Ele não passou no exame, por isso não pôde entrar na faculdade.

.......................................................................................................................

**3.** Ele chegou muito atrasado porque não conseguiu pegar logo um táxi.

.......................................................................................................................

**4.** Eles foram dormir no hotel porque tinham perdido a chave de casa.

.......................................................................................................................

## B2 Pronomes relativos: que, quem (o qual, a qual, os quais, as quais), onde

| Este é | o livro | **que** comprei. |
|--------|---------|---------|
| Estas são | as cadeiras | |

> **LEMBRE-SE**
>
> **Que**, **quem** podem ser substituídos por **o qual**, **a qual**, **os quais**, **as quais**.
> **Quem** refere-se à pessoa e vem sempre precedido de preposição.
> **Onde** pode ser substituído por **em que**, **no qual**.

Este é o livro **com o qual** estudei.
Esta é a mesa **da qual** lhe falei.
Estes são os livros **com os quais** estudei.
Estas são as mesas **das quais** lhe falei.
Esta é a Carla **com quem** vou trabalhar no novo projeto.
Os estudantes **com quem** falamos são da Nigéria.

**1. Faça frases.**

| Este é o carro | para | que | você cumprimentou? |
|---|---|---|---|
| Ela não é a garota | a | quem | comprei ontem. |
| Quem é o rapaz | de | o/a qual | falamos na festa ontem? |
| Esta é a canção | com | os/as quais | vamos ajudar a estudar. |
| É ele | | onde | lhe falei. |
| Aquelas pessoas | | | viajamos são todas ex-colegas de escola. |
| Este é o lugar | | | ele escondeu o dinheiro. |

### B3 Pronome relativo: cujo, cuja...

**1. Observe o exemplo:**

Este é o Pedro. Você conheceu as filhas do Pedro ontem.
Este é o Pedro **cujas** filhas você conheceu ontem lá em casa.

Todas as pessoas **cuja** bagagem não foi encontrada devem dirigir-se ao balcão de informações.
Os passageiros **cujo** voo está atrasado devem ir ao balcão da companhia aérea.
Aquele é o Paulo **cujos** livros são publicados no mundo inteiro.

**2. Complete.**

a) Os alunos .................. carros estão na frente da escola devem deixar a chave na secretaria.
b) A Denise, .................. filhos estudam com os meus, vem jantar hoje.
c) Os passageiros .................. bagagem ainda está na alfândega devem esperar no balcão.
d) Preciso de um carro .................. consumo de combustível seja baixo.
e) Paulo, .................. notas foram muito baixas, vai repetir de ano.

### C Gente

**1.** Aqui está uma lista de nomes de brasileiros famosos, ligados ao esporte, à música, à literatura etc. Identifique cada nome. O que você sabe sobre eles?

> 1. Música  2. Cinema  3. Esportes  4. Desenho  5. Literatura  6. Arquitetura  7. Pintura/escultura

| | | | |
|---|---|---|---|
| [3] Ayrton Senna | [ ] Tom Jobim | [ ] Dorival Caymmi | [ ] Villa Lobos |
| [ ] Jorge Amado | [ ] Guimarães Rosa | [ ] Oscar Niemeyer | [ ] Carmen Miranda |
| [ ] Machado de Assis | [ ] Pixinguinha | [ ] Pelé | [ ] Lygia Fagundes Telles |
| [ ] Paulo Coelho | [ ] Chico Buarque | [ ] Portinari | [ ] Vinícius de Moraes |
| [ ] Aleijadinho | [ ] Victor Brecheret | [ ] Caetano Veloso | [ ] Di Cavalcanti |
| [ ] Sônia Braga | [ ] Lúcio Costa | [ ] Gustavo Kuerten | [ ] Carlos Drummond de Andrade |
| [ ] Noel Rosa | [ ] Cecília Meireles | [ ] Nelson Freire | [ ] Graciliano Ramos |

**2.** Fale sobre pessoas famosas de seu país e a que atividade estão ligadas.

**3.** Escolha uma personalidade, brasileira ou de seu país, e prepare uma apresentação sobre ela. Elementos visuais ou auditivos podem torná-la mais interessante!

Palavras e verbos que poderão ajudar você em sua apresentação:
Escolhi...  porque...  Vou falar sobre...,  meu...  preferido.  Esta é...,  uma  grande...
escrever  pintar  compor  refletir  jogar  vencer  lutar  morrer  inspirar
publicar  vender  competir  lecionar  revolucionar  descobrir  inventar

*Alberto Santos Dumont. Ele era brasileiro, mas foi para a França em 1891. Entre 1898 e 1910, construiu várias "máquinas voadoras", primeiro, balões, depois aviões. Seu primeiro avião foi o "14 bis", o primeiro "mais pesado que o ar", que voou em Paris em 1906. Com ele, ganhou vários prêmios. Além dos aviões, foi responsável por popularizar o relógio de pulso: com ele podia cronometrar seus voos e manter as mãos nos controles. Em 1916 ou 1918, voltou para o Brasil, onde morreu em 1932. No Brasil, é indiscutivelmente considerado o Pai da Aviação, um herói nacional.*

### D1 Noel Rosa: Conversa de Botequim

**1.** Ouça a música "Conversa de Botequim", de Noel Rosa, com a cantora Teresa Cristina, e leia um trecho da letra a seguir.

Seu garçom,
faça o favor de me trazer depressa
Uma boa média que não seja requentada,
Um pão bem quente
com manteiga à beça.
Um guardanapo
e um copo d'água bem gelada.
Feche a porta da direita
com muito cuidado.
Que não estou disposto
a ficar exposto ao sol.
Vá perguntar ao seu freguês do lado
Qual foi o resultado do futebol.

**2.** De acordo com o trecho da música, decida: certo (C) ou errado (E).

C  E
☐  ☐  o rapaz está falando com o garçom
☐  ☐  ele pede café com leite
☐  ☐  ele pede pão com pouca manteiga
☐  ☐  o jogo de futebol do dia já acabou

**3.** Ouça novamente a música "Conversa de Botequim", de Noel Rosa, na voz da cantora Teresa Cristina, e relacione. O rapaz pede o que para quem?

1. garçom          4. charuteiro
2. dono do bar     5. Sr. Osório
3. freguês do lado 6. gerente

☐ uma média        ☐ pão
☐ tinteiro         ☐ resultado do futebol
☐ fechar a porta   ☐ para telefonar
☐ guarda-chuva     ☐ copo d'água
☐ caneta           ☐ envelope e cartão
☐ guardanapo       ☐ cigarro
☐ revista          ☐ isqueiro
☐ dinheiro         ☐ palito
☐ cinzeiro         ☐ "pendurar a conta"

**4.** Com atenção à letra da música que ouviu, associe as frases abaixo aos versos originais da canção.

a) ele não vai pagar a conta
b) o dia está bonito
c) pode chover mais tarde
d) ele vai ficar algum tempo no café, fumando e lendo
e) o garçom não parece muito interessado em atender o rapaz

**5.** Relacione os sinônimos

1. depressa ☐ cliente
2. média ☐ enviar
3. à beça ☐ gasto
4. freguês ☐ café com leite
5. despesa ☐ mandar
6. ordenar ☐ em grande quantidade
7. mandar ☐ rápido

**6.** O que significa?

a) pendurar a despesa
b) espantar mosquito
c) estar disposto a

## D2 Televisão brasileira

**1.** Leia o texto. Qual é o melhor título?

TV REÚNE FAMÍLIAS PAULISTANAS
MAIS TV, MENOS CONVERSA
OS JOVENS PREFEREM INTERNET

Uma pesquisa concluída há alguns anos sobre os hábitos da família paulistana diante da TV indicou que a maioria das famílias da cidade assiste à televisão em grupo.

O hábito familiar de reunir-se diante da televisão é mais forte durante a semana: quase metade dos entrevistados diz que sempre vê televisão com os filhos de segunda a sexta-feira, enquanto um terço das famílias o faz aos sábados. Aos domingos, o número sobe para 41%.

O costume da reunião familiar na frente da televisão é mais acentuado nas famílias de classes sociais menos favorecidas (C.D.E.): 56% delas assistem à TV em grupos sempre, durante a semana. Das famílias de maior renda, 35% mantêm esse hábito nos dias de semana, enquanto das famílias de classe B, 43%. Fatores como espaço físico doméstico, além de variedade de ocupação e de lazer, diferentes em cada classe social, devem influir diretamente nesses resultados.

**2.** A que fatos se referem estas quantidades?

a) 41%   b) a maioria   c) quase metade   d) 56%   e) 35%   f) 43%

**3.** Conversem sobre o tema "televisão e família". Considerem estes pontos:

a) a influência da televisão sobre a família em seu país
b) as possibilidades que a televisão tem de divertir e de educar
c) a televisão e as crianças
d) a televisão ideal para você
e) a influência da internet nas relações familiares

**4.** Escreva um texto sobre os hábitos televisivos no seu país.

Como no Brasil, também no/a...    Ao contrário do Brasil, no meu país...
notícias são populares?    gostam de assistir à TV com amigos
assistem a muita TV a cabo    a TV perde espaço para a internet
preferem assistir à TV sozinhos    assistem à TV e leem ao mesmo tempo
programas musicais são os preferidos entre jovens/idosos
Seriados pela internet são mais populares do que TV
crianças veem muita/pouca TV    há/não há propaganda
reclamam do nível dos programas

**E1** Campos de palavras

**Distribua as palavras nos campos: Rádio, TV, Imprensa e Mídia eletrônica.**

> ouvir   ligar   mensagem   acompanhar   clicar   programa
> canal   artigo   desligar   assistir   entrevistar   caixa de entrada
> música   notícia   locutor   apresentador   bate-papo   ver   enviar *e-mail*
> imprimir   ouvinte   informar   imagem   anexar   abaixar e aumentar o volume
> revista   banca   recado   noticiário   conectar   publicar   *scrap*   estação
> antena   controle remoto   história em quadrinhos   transmitir   WhatsApp
> postar   assinar   apresentar   navegar   surfar   ler   editar
> propaganda   jornal   escrever   *link*

| Rádio | TV | Imprensa | Mídia eletrônica |
|---|---|---|---|
| | | | |
| | | | |
| | | | |
| | | | |
| | | | |
| | | | |

**E2** Mensagens de texto

**1.** Leia o texto do dicionário e relacione.

> WhatsApp: 1. Aplicativo de mensagens instantâneas. 2. Mensagem de texto entre um telefone celular e outro.

> Quando escrevem um WhatsApp, muitos utilizam abreviações ou substituem letras. Observe alguns exemplos:
> quantos = qtos/qtas          abraço = abs
> muito = mto                  vocês = vcs
> o que = o q                  que = q
> você = vc                    fim de semana = fds
> beijo = bjs, bj              beleza = blz, belê
> tudo bem? = td bem?          hoje = hj

**2.** Escreva mensagens de WhatsApp para seus/suas colegas. Os assuntos abaixo podem ajudar.

— Você não vem para jantar.
— Você quer saber se ele quer ir ao cinema.
— Você está assistindo a um programa interessante na TV e avisa sua amiga.
— Você está preso no trânsito e vai chegar atrasado/a.

# Lição 8

# O português mundo afora

## O que vamos aprender?

Transmitir e repetir declarações, ordens ou perguntas proferidas por outros; estimular a continuação de uma conversa.

**1.** Examine o mapa e responda. É certo (C) ou errado (E)?

| C | E | |
|---|---|---|
| ☐ | ☐ | O português é língua oficial apenas em Portugal e no Brasil. |
| ☐ | ☐ | Fala-se português em grandes extensões territoriais da Ásia. |
| ☐ | ☐ | Fala-se português em mais de um país africano. |

**2.** É certo (C) ou errado (E)? Os portugueses

| C | E | |
|---|---|---|
| ☐ | ☐ | espalharam a língua portuguesa pelo mundo afora. |
| ☐ | ☐ | com suas caravelas chegaram a várias partes da Ásia. |
| ☐ | ☐ | ao espalharem sua língua pela África e pela Ásia, uniram esses povos. |

**3.** Numa palestra sobre a situação da língua portuguesa. Ouça o texto.

**Professor:** – Bem mais de 200 milhões de pessoas falam português como língua oficial. Não só em Portugal ou no Brasil o português é língua oficial, mas também em alguns pontos da África e Ásia.

**Terê:** – Eu não entendi, Dadá. O que foi que ele disse?

**Dadá:** – O professor disse que bem mais de duzentos milhões de pessoas falam português como língua-mãe e que o português é língua oficial não só em Portugal e no Brasil, mas também em vários pontos da Ásia e da África.

(Eu não entendi. O que foi que ele disse?)

(Ele disse que...)

**A1** Continuando a palestra...

**Aluno** – Mas, professor, por que povos tão diferentes, tão distantes uns dos outros, falam a mesma língua?

**Prof.** – Porque os portugueses, grandes navegadores, ao longo dos séculos XV e XVI, chegaram, em suas caravelas, a diferentes partes do mundo, estabelecendo aí, sob seu domínio, sua língua.

**Terê** – Eu não entendi, Dadá. Eu me distraí outra vez. Desculpe! Você pode repetir o que ele disse?

**Dadá** – Desculpe, Terê. Mas desta vez eu não vou repetir nada. Quero ouvir o professor.

**Terê** – Ah! Dadá...

**Aponte nos dois diálogos (p. 61 e 62) as passagens que dizem:**

1. O português é língua oficial de países de vários continentes.
   ............................................................

2. Os portugueses conquistaram o mundo pelo mar.
   ............................................................

3. Os portugueses fizeram com que os povos dos países conquistados e por eles colonizados passassem a falar português.
   ............................................................

 **A2** Diz-que-diz-que

- Terê está aborrecida com você, Dadá.
- Por quê?
- Porque você não a ajudou na palestra do outro dia.
- Como assim? O que ela disse?
- Ela disse que, na palestra, ela tinha se distraído e tinha pedido sua ajuda, mas você não a tinha ajudado.

- O que foi mesmo que ela disse?
- Ela disse: "Estou muito aborrecida com Dadá. Eu lhe pedi ajuda. Eu queria entender o que o professor estava dizendo, mas ela se recusou a ajudar-me. Ela é muito chata, arrogante, uma grande egoísta". Foi isso mesmo o que ela disse.

**B1** Discurso indireto

Exemplo:  Discurso direto:     Ele disse: Já é tarde.
          Discurso indireto:   Ele disse que já era tarde.

Há dois momentos diferentes para a reprodução do que foi dito:
1. reprodução imediata
2. reprodução posterior

**1. Reprodução imediata**

### Declarações e perguntas

– Vocês precisam esperar.
– O que ele disse?
– Ele disse que nós precisamos esperar.

– Ninguém entendeu nada.
– O que ele está dizendo?
– Ele está dizendo que ninguém entendeu nada.

– Quando puder, virei ver você.
– O que ele disse?
– Ele disse que, quando puder, virá me ver.

– Vocês querem saber o que aconteceu?
– O que ela está perguntando?
– Ela está perguntando se nós queremos saber o que aconteceu.

– Quem chegou?
– O que ele está perguntando?
– Ele está perguntando quem chegou.

### Ordens

– Feche a janela e abra a porta!
– O que ele lhe disse?
– Ele me disse para fechar a janela e abrir a porta.
  que feche a janela e abra a porta.

– Não faça nada!
– O que ele está dizendo para você?
– Ele está dizendo para eu não fazer nada.
  que eu não faça nada.

> **LEMBRE-SE**
>
> Na reprodução imediata, os tempos verbais não se alteram na passagem do discurso direto para o indireto.

**1.** Trabalhe com seu/sua colega. Faça a pergunta e reproduza a fala em discurso indireto. (Reprodução imediata.)

**a)** – Ela não está aqui.

*O que foi que ele disse?*

Ele disse que *ela não está aqui.*

**b)** – Ninguém me deu uma explicação.

.................................................?

.................................................

.................................................

**c)** – Você quer ir ao teatro conosco?

.................................................?

.................................................

.................................................

**d)** – Quando vocês voltaram de viagem?

.................................................?

Nós perguntamos quando .................................................

.................................................

**e)** – Fique quieto e escute!

.................................................?

Ele disse para você .................................................

**f)** – Leve o guarda-chuva porque vai chover.

.................................................?

Ele está dizendo .................................................

.................................................

**g)** – É importante ler o jornal todos os dias.

.................................................?

Ele sempre diz que .................................................

.................................................

**h)** – O que você está querendo dizer com isso?

– O que ele perguntou?

– Ele perguntou .................................................

.................................................

## 2. Reprodução posterior

- Ontem ele disse: **Vou viajar**.
- O que ele disse ontem?
- Ele disse que **ia viajar**.

> **LEMBRE-SE**
>
> Na reprodução posterior, alguns tempos verbais se modificam na passagem do discurso direto para o indireto.

### O tempo verbal na passagem do discurso direto para o indireto

| Discurso direto | | Discurso indireto |
|---|---|---|
| **Presente do Indicativo ou do Subjuntivo** | ⟶ | **Pretérito Imperfeito do Indicativo ou Subjuntivo** |
| Exemplo: <br> – Eu **quero** que vocês me **expliquem** a situação. | | – O que ele disse? <br> – Ele disse que **queria** que nós lhe **explicássemos** a situação. |
| **Pretérito Perfeito do Indicativo** | ⟶ | **Pretérito Mais-que-Perfeito do Indicativo** |
| Exemplo: <br> – Ele perguntou: – Você **comprou** o que eu **pedi**? | | – O que ele perguntou? <br> – Ele perguntou se eu **tinha comprado** o que ele **tinha pedido**. |
| **Pretérito Perfeito do Subjuntivo** | ⟶ | **Pretérito Mais-que-Perfeito do Subjuntivo** |
| Exemplo: <br> – Ele disse: – Talvez Mariana **tenha levado** as bebidas para a festa. | | – O que ele disse? <br> – Ele disse que talvez Mariana **tivesse levado** as bebidas para a festa. |
| **Futuro do Presente do Indicativo** | ⟶ | **Futuro do Pretérito do Indicativo** |
| Exemplo: <br> – Ele disse: – Não **estarei** aqui amanhã. | | – O que ele disse? <br> – Ele disse que não **estaria** lá no dia seguinte. |
| **Futuro do Subjuntivo** | ⟶ | **Pretérito Imperfeito do Subjuntivo** |
| Exemplo: <br> – Ele disse: – Se vocês **quiserem**, poderão ficar. | | – O que ele disse? <br> – Ele disse que, se nós **quiséssemos**, poderíamos ficar. |

> **ATENÇÃO!**
>
> Tempos não indicados nesta tabela não sofrem alteração na passagem do discurso direto para o indireto.

> **LEMBRE-SE**
>
> Presente do Indicativo ou do Subjuntivo ⟶ Imperfeito do Indicativo ou do Subjuntivo
> Perfeito do Indicativo ou do Subjuntivo ⟶ Mais-que-Perfeito do Indicativo ou do Subjuntivo
> Futuro do Presente do Indicativo ⟶ Futuro do Pretérito do Indicativo
> Futuro do Subjuntivo ⟶ Imperfeito do Subjuntivo

**Outras modificações na passagem do discurso direto para o indireto, reprodução posterior (se necessárias).**

| Discurso direto | Discurso indireto |
|---|---|
| aqui | lá |
| ontem | no dia anterior, na véspera |
| amanhã | no dia seguinte |
| hoje | naquele dia |
| agora | naquele momento |
| ano que vem | ano seguinte |
| ano passado | ano anterior |
| este ano | aquele ano |
| este, esse | aquele |
| isto, isso | aquilo |
| ir lá | vir aqui |
| vir aqui | ir lá |
| levar lá | trazer aqui |
| trazer aqui | levar lá |

Exemplos:
– Venha aqui, por favor!
– Ele pediu para eu ir lá.
                    que eu fosse lá.

– Esta solução não é definitiva.
– Ele avisou que aquela solução não era definitiva.

– Amanhã, isto será lembrado.
– Ele disse que no dia seguinte aquilo seria lembrado.

O que ele disse?

**2. Passe as frases para o discurso indireto (reprodução posterior).**

**a)** Ele disse: – Não quero que vocês façam bobagem.

.................................................................

.................................................................

**b)** Ele prometeu: – Vou fazer tudo para que nosso plano dê certo.

.................................................................

.................................................................

**c)** Ele avisou: – Vou estar aqui novamente na semana que vem.

.................................................................

.................................................................

**d)** Eles me perguntaram: – Você é feliz aqui, vivendo desse jeito?

.................................................................

.................................................................

**e)** Ela quis saber: – Vocês querem que eu venha amanhã?

.................................................................

.................................................................

**f)** Ela me perguntou: – O que você fez ontem?

.................................................................

**g)** Ele gritou: – Saia daqui!

.................................................................

**h)** Ele me aconselhou: – Não faça nada agora! Pense melhor!

.................................................................

**i)** Ela sussurrou: – Esqueça o que eu disse ontem.

.................................................................

**j)** Ele informou: – Você vai levar mais serviço, não é somente isso.

.................................................................

65

## B2 Gritos e sussurros

**a)** Verbos de dizer

| dizer<br>falar<br>gritar<br>falar alto<br>cochichar<br>murmurar<br>falar baixo | comunicar<br>avisar<br>anunciar<br>declarar<br>contar<br>explicar<br>repetir | perguntar<br>responder<br>propor<br>sugerir<br>observar<br>acrescentar<br>comentar | aceitar<br>recusar<br>afirmar<br>(não) concordar<br>confirmar<br>insistir | pedir<br>exigir<br>mandar<br>implorar | resmungar<br>choramingar<br>reclamar<br>queixar-se | cumprimentar<br>desculpar-se<br>agradecer<br>despedir-se |
|---|---|---|---|---|---|---|

Vou chegar tarde. – Ele disse que ia chegar tarde.
falou
avisou
afirmou
declarou

**b)** Verbos de opinião – achar, pensar, acreditar, crer...

**1.** Trabalhe com seu/sua colega: um lê a frase e o outro a passa para o discurso indireto (reprodução posterior).

   **1.** – Quero o divórcio.
      Minha mulher *gritou que* .

   **2.** – A viagem foi cancelada por causa do mau tempo.
      O locutor .

   **3.** – Já disse mais de uma vez que não estou sabendo de nada.

   **4.** – Saiam imediatamente do meu quarto!

   **5.** – Você quer jantar comigo?

   **6.** – Cuidado com a escada! Ela está quebrada!

   **7.** – Você não quer mesmo sair comigo?

**2.** Passe para o discurso indireto, interpretando a situação (reprodução posterior). Observe o exemplo.

   – Droga, eu não vou lá sozinha!
   *Irritada, ela disse que não ia lá sozinha* ou... *Furiosa, ela avisou que não ia lá sozinha.*

   **1.** – Puxa! Que fila enorme!

   **2.** – Ah, que alegria! Estou de férias!

   **3.** – Parabéns pelo seu aniversário!

   **4.** – Que frio!

   **5.** – Que pena! O Léo acabou de sair!

   **6.** – Chiiiiiiu! Ela vai começar a cantar.

   **7.** – Desculpe! Não há outro jeito?

   **8.** – Rápido! Ele está chegando!

### C1 O português dos brasileiros

**1.** Leia as perguntas abaixo, depois ouça o texto e responda.
   a) Há 30 anos, todas as noites, se ouve um som na TV brasileira. Que som é esse?
   b) O Brasil é um país grande, com diferenças regionais na língua falada. Verdadeiro ou falso?
   c) Segundo o texto, todos entendem os apresentadores porque:
      1. foram à escola       2. falam um português padrão       3. falam claramente
   d) No texto, aparece a expressão "do Oiapoque ao Chuí". Você consegue adivinhar seu significado? (Um mapa do Brasil pode ajudar...)
   e) Na gravação, quantas pessoas dão exemplos de como se fala em suas regiões?

**2.** Ouça o texto novamente e fale com seus colegas.

> Acho difícil entender a...       Não percebi diferenças, e você?
> Só entendi o nome, mais nada.       A segunda pessoa é a mais fácil de entender.

**3.** Ouça novamente o texto e complete.

| Expressão | Nome | Origem |
|---|---|---|
| a) Legal pacas! | | |
| b) Eta coisa boa! | | |
| c) Pense uma coisa prestando! | | |
| d) Ê trem bom, sô! | | |

### C2 Vários depoimentos

**1.** Ouça o primeiro texto. Sobre que região brasileira fala Maria?

**2.** Certo (C) ou errado (E)?

C   E
☐  ☐  Todos os gaúchos são iguais.
☐  ☐  Ser gaúcho é comer churrasco e tomar chimarrão.
☐  ☐  Ela toma chimarrão para animar-se.

**3.** O que Maria diz sobre o português que paulistas e cariocas falam?

**4.** Ouça o segundo texto.
   1. De que cidade Ana Paula e Marina falam?
   2. O que elas dizem sobre os habitantes típicos de sua cidade?
   3. O que dizem sobre o português falado em sua região e em outras regiões do Brasil?

**5.** Ouça o terceiro texto.
   1. De que região fala Emma?
   2. O que é ser paulista, segundo ela?
   3. O que Emma diz sobre o português falado em outras regiões do país? De qual deles ela gosta mais? Quais são as diferenças que ela aponta?

**6.** Ouça os textos novamente e preste atenção às diferenças no modo de falar de cada uma das pessoas.

**7. Fale com seus/suas colegas. Qual é mais difícil (ou mais fácil) de entender? Por quê?**

| falar | chiado |
|---|---|

cantado
anasalado
rápido
devagar

usar palavras diferentes

engolir letras/palavras

| pronunciar as vogais mais | abertas |
|---|---|

fechadas

ser mais melodioso – duro

**D1  O português em Portugal**

**1. Ouça a primeira parte do áudio. Qual é o nome do programa de rádio?**

**2. Leia as perguntas e ouça a segunda parte para respondê-las.**

1. Qual é o nome do entrevistado?
2. Onde ele nasceu?
3. Onde morou?
4. O que estudou?

5. Em que se especializou?
6. Onde mora agora?
7. Ele pensa em voltar à África?

**3. Fale com seus/suas colegas sobre o texto: o que chamou a atenção na língua falada?**

Achei difícil de entender.

Acho mais fácil que o português do Brasil.

Falam muito rápido!

Parece que não falam todas as letras.

**D2  Português ou brasileiro?**

**1. Leia o texto.**

Reconhecer a existência de um português brasileiro é importante, para que a gente comece a ver e ouvir a nossa língua com olhos e ouvidos de brasileiros, e não mais pelo filtro da gramática portuguesa de Portugal.

Dizer que a língua falada no Brasil é somente "português" implica um esquecimento sério e perigoso: o esquecimento de que há coisa nessa língua que é característica nossa, de que essa língua é parte integrante da nossa identidade nacional, construída a duras penas, com o extermínio de centenas de nações indígenas, com o monstruoso massacre físico e espiritual de milhões de afrodescendentes trazidos para cá como escravos, e com todas as lutas que o povo brasileiro enfrentou e continua enfrentando para se constituir como nação.

Por outro lado, dizer que nossa língua é simplesmente o "brasileiro" significa também operar outros esquecimentos, outros silenciamentos: o esquecimento do nosso passado colonial, que não pode ser apagado porque é história, e a história não é passado: é presente, premente, insistente. Somos um país nascido de um processo colonial, com tudo o que isso significa.

Estamos numa etapa intermediária na história da nossa língua. Quinhentos anos atrás, ela podia ser chamada simplesmente de português. Hoje, ela pode e deve ser chamada de português brasileiro. Daqui a mais quinhentos anos, ela sem dúvida só poderá ser chamada de brasileiro. Até lá, temos de lutar para que o peso da colonização sobre nossa sociedade não seja tão grande quanto é ainda hoje.

*(Marcos Bagno, Português ou Brasileiro?*
*(quarta capa) Parábola Editorial.*

**2. Explique.**

a) Quinhentos anos atrás, ela podia ser chamada simplesmente de português. Hoje, ela pode e deve ser chamada de português brasileiro. Daqui a mais quinhentos anos, ela sem dúvida só poderá ser chamada de brasileiro.

b) Até agora os brasileiros têm ouvido sua língua "pelo filtro da gramática portuguesa de Portugal".

**E1** Brasileiro e português

Trabalhe com o dicionário. Relacione as palavras com o mesmo significado.

1. andar
2. lugar
3. bobo
4. média, café com leite
5. bolsa
6. meias de homem
7. bonde
8. moça
9. café da manhã
10. morder
11. cafezinho
12. pedestre
13. cardápio
14. privada
15. conserto
16. saúde!
17. criança
18. trapaça
19. encanador
20. suco
21. entender
22. trem
23. geladeira
24. vermelho
25. xícara
26. k

bica
parvo
canalizador
peão
capa
pequeno almoço
carro elétrico
perceber
chávena
peúgas
comboio
piso
ementa
rapariga
encarnado
reparação
frigorífico
retrete
galão
santinho!
mala
sítio
aldrabice
sumo
miúdo
trincar

**E2** "Traduza" para o português brasileiro

*Caro editor*

*Sou um leitor antigo de seu jornal. Todos os dias, eu o leio ou em casa, no pequeno almoço, ou mais tarde, no restaurante, depois de examinar a ementa e, geralmente, pedir uma chávena de chá, ou um copo de sumo. Nunca uma bica ou um galão. No final, um copo de água lisa e fresca.*

*É meu momento de paz!*

*Não percebo, no entanto, e não sou parvo, por que as notícias que seu jornal publica têm sido tão negativas ultimamente. São só tragédias: carros elétricos que atropelam peões, comboios que saem dos trilhos, miúdos que se trancam nos frigoríficos de sua cozinha, aldrabices de nossos políticos... parece que não há sítio nenhum neste país livre disso. Valha-nos Deus! Não há mesmo boas notícias ou elas não estão mais no foco de seu jornal?*

## E3 Portugal e Brasil – Outras diferenças

### Pronúncia

Os sons são praticamente os mesmos no Português Brasileiro e no de Portugal, mas os brasileiros falam mais devagar, sendo cada sílaba muito bem pronunciada. Para os estrangeiros, sem dúvida, é mais fácil entender os brasileiros, que não engolem vogais nem sílabas.

Mas, mesmo para os brasileiros, a comunicação com os portugueses é, frequentemente, difícil, por causa das características de sua pronúncia.

### Gramática

São poucas as diferenças importantes entre as duas variantes:

| Em Portugal | | No Brasil | |
|---|---|---|---|
| tu – informal | Tu vais? | você – informal | Você aceita? |
| você – formal | Você vai? | o senhor – formal | O senhor aceita? |
| | | a senhora – formal | A senhora aceita? |

| Em Portugal | No Brasil |
|---|---|
| Pode-me ajudar? | Você pode me ajudar? |
| Estou a estudar. | Estou estudando. |
| Estou a ler o jornal. | Estou lendo o jornal. |
| Estou a descansar. | Estou descansando. |
| Dar-te-ei tudo. | Eu lhe darei tudo. |
| Ele deixou seu fato no hotel. | Ele deixou o terno dele no hotel. |
| Quero falar consigo. | Quero falar com você. |
| Penso sempre em si porque gosto muito de si. | Penso sempre em você porque gosto muito de você. |

### Vocabulário

| Portugal | Brasil |
|---|---|
| bilheteria | guichê |
| autocarro | ônibus |
| comboio | trem |
| elétrico | bonde |
| casa de banho | banheiro |
| criado, empregado | garçom |
| camisa de noite | camisola |
| camisola | suéter |
| fato de banho | maiô |
| guiar, conduzir | dirigir |
| fato | terno |
| carteira | bolsa |
| rapariga | moça |
| bicha | fila |
| constipação | resfriado |
| relva | grama, gramado |
| fumo | fumaça |

# 2 Revisão

O jogo é: telefone sem fio. Ligue para o/a seu/sua amigo/a e faça os exercícios. Depois é só contarem os pontos.

## 1. O assunto é comércio e serviços

**1.** Complete com o verbo. (2 pontos)

**a)** Lembrem-se de mim quando ........................ (estar) sozinhos!

**b)** Eles nunca se lembram da gente quando ........................ (estar) por aqui.

**2.** Forme frases completas. (6 pontos)

**a)** Ele vai trabalhar bem ☐ das bobagens que eu faço.

**b)** Ele nunca reclama ☐ esteja onde estiver.

**c)** Nós vamos encontrá-la, ☐ quando morávamos em Londres.

**d)** Nunca precisei ajudá-lo ☐ para quem quiser ouvir.

**e)** Vou contar meus problemas ☐ enquanto eu for chefe dele.

**f)** Enquanto tivermos paciência, ☐ esperaremos.

**3.** Separe reclamações (1) de promessas (2). (5 pontos)

**a)** ☐ Isso não vai mais acontecer.

**b)** ☐ Esta é a terceira vez que lhe telefono hoje.

**c)** ☐ Claro! Amanhã sem falta.

**d)** ☐ Vou me queixar ao PROCON.

**e)** ☐ Cheeeeeeeeeeeeeeega!

**4.** Escreva ao SAC (Serviço de Atendimento ao Cliente) da maior loja de eletrodomésticos de sua cidade. Há 5 semanas, você comprou uma geladeira e a pagou à vista, mas até hoje não a entregaram. (10 pontos)

## 2. O assunto é trânsito

**1.** Relacione 5 tipos de infração de trânsito. (5 pontos)

a) ...........................................................................................................
b) ...........................................................................................................
c) ...........................................................................................................
d) ...........................................................................................................
e) ...........................................................................................................

**2.** Responda rápido. O que é, o que é? (5 pontos)

a) Você usa para parar o carro.
...........................................................................................................

b) Você usa à noite para ver melhor, quando está dirigindo.
...........................................................................................................

c) Você guarda a bagagem nele.
...........................................................................................................

d) Num acidente, sem ele o prejuízo seria maior.
...........................................................................................................

e) A gasolina fica dentro dele.
...........................................................................................................

**3.** Complete com o Infinitivo Pessoal. (6 pontos)

a) Ele trouxe sanduíches para nós ..................... (comer).
b) Ninguém vai entender a mensagem sem eles ..................... (explicar).
c) Vocês foram? – Fomos. Ele pediu para nós ..................... (ir).
d) Eles puseram o dinheiro no banco? — ..................... . Eu pedi para eles ..................... .
e) É quase impossível nós ..................... (ter) todos os documentos em ordem agora.

**4.** O trânsito em seu bairro está complicado demais. Faça uma visita ao diretor do Departamento de Trânsito e dê a ele sugestões para melhorar a situação. Organize suas ideias. Diga-lhe que, em primeiro lugar, é necessário... (5 pontos)

Em primeiro lugar...

Em segundo lugar...

Depois...

Daí...

Finalmente...

### 3. O assunto é lazer

**1.** O que levar para uma caminhada? (10 pontos)

1. ......................................
2. ......................................
3. ......................................
4. ......................................
5. ......................................

6. ......................................
7. ......................................
8. ......................................
9. ......................................
10. ......................................

**2.** Dê o nome de personalidades brasileiras. (9 pontos)

1 pintor

1 poeta

1 romancista

2 cantores

1 compositor de música popular

2 esportistas

1 ator ou atriz

**3.** Faça frases completas, combinando elementos da 1ª coluna com outros da 2ª coluna (5 pontos)

1. Se vocês tivessem medo,

2. Ela viria aqui, frequentemente,

3. Se você morasse no Pará,

4. Se vocês nos dessem uma chance,

5. Eu sairia para dar uma volta,

☐ nós lhes mostraríamos que somos competentes.

☐ se não estivesse chovendo.

☐ não teriam entrado sozinhos na casa.

☐ reclamaria do calor.

☐ se morasse mais perto.

### 4. O assunto é língua portuguesa mundo afora

**1.** Responda. (4 pontos)

1. Por que, em países para nós remotos, como o Timor-Leste, se fala português?

......................................

2. Aproximadamente, quantas pessoas falam português no mundo?

......................................

3. Por que a língua portuguesa não é falada exclusivamente dentro do território português?

......................................

4. O que possibilitou sua expansão?

......................................

**2.** Passe para o discurso indireto (reprodução posterior). (14 pontos)

– Quer sair para passear?
– Com esta chuva? Vamos esperar até que pare.
– Ora, uma chuvinha assim não incomoda ninguém. E o jornal diz que hoje vai fazer sol.
– E você acreditou? Olhe pela janela!

**3.** Reescreva o diálogo. (14 pontos)

Ela parou diante dos rapazes que conversavam num canto do bar e perguntou quem podia ajudá-la a levar aquelas caixas para o carro. Pelo trabalho ela daria uma ótima gorjeta para quem a ajudasse. Com ajuda, ela explicou, seria fácil. Quem se candidatava?

Resultado final
　　　95 a 100 – Excelente. Parabéns!
　　　75 a 94 – Ótimo
　　　51 a 74 – Bom
　　　30 a 50 – Suficiente
　　　menos de 30 – Insuficiente
**Total 100 pontos**

Seu resultado não foi bom? Paciência! Estude mais um pouco e faça o teste novamente! Boa sorte!

# Novo Avenida Brasil 3

**Curso Básico de Português para Estrangeiros**

## Exercícios

# 1 Lição

## A3 1. A escola

**Relacione.**

1. a educação básica

2. a educação infantil

3. o ensino fundamental

4. o ensino médio

5. a educação de jovens e adultos (o ensino supletivo)

6. a educação profissional

7. a educação superior

8. a educação especial

☐ consolidação e aprofundamento dos conhecimentos adquiridos no ensino fundamental

☐ meios básicos para o pleno domínio da leitura, escrita e do cálculo

☐ para educandos portadores de necessidades especiais

☐ destinada aos que não tiveram acesso ou continuidade de estudos no ensino fundamental e médio na idade própria

☐ formada pela educação infantil, ensino fundamental e ensino médio

☐ creches e pré-escola

☐ estimula a criação cultural e o desenvolvimento do espírito científico e do pensamento reflexivo

☐ conduz ao permanente desenvolvimento de aptidões para a vida produtiva

## B4 2. Pronomes demonstrativos + advérbios de lugar

1. **Complete com este(s), esta(s), isto.**

............... sala ............... sofá ............... poltronas

Que horror! Eu não vou comprar ...............!

2. **Complete com esse(s), essa(s), isso.**

............ cursos ............ matérias ............ testes

Que horror! Eu não vou estudar ...............!

3. **Complete com aquele(s), aquela(s), aquilo.**

............ salários ............... chefe ............... greve

Que horror! Eu não vou aceitar ...............!

## B4 3. Este(s), esta(s), esse(s), essa(s), aquele(s), aquela(s)

1. **Complete.**

> Este livro aqui comigo é muito bom.

| Este | lápis | *aqui comigo.* | |
|------|-------|----------------|---|
| | carro | | aqui comigo |
| | papéis | | |
| | fotos | | aí com você |
| | *e-mails* | | |
| | moça | | ali/lá com ele |
| | documentos | | |

2. **Complete as frases com isto, isso, aquilo.**

1. Eu não entendo ............... aqui.
2. Ela explicou tudo sobre ............... lá.
3. Não me traga ............... que está aí com você.

4. O que é ............... ali?
5. Não quero experimentar ............... que está ali com ele.

# Atividades

**3.** Complete a frase livremente.

    **a)** Não quero que você ............................................................................................ .

    **b)** Todo mundo tem medo de que ..................................................................... .

    **c)** Talvez vocês ......................................................................................................... .

    **d)** Eu duvido muito que ela ................................................................................... .

    **e)** Sinto muito que ................................................................................................... .

**4.** Complete as frases com o verbo indicado.

    **a)** (saber) Não quero que ninguém ...................... o que aconteceu.

    **b)** (querer) Ele duvida que minhas amigas ...................... ajudar-me.

    **c)** (estar) Sinto muito que seu pai não ...................... bem.

    **d)** (ir) É uma pena que você não ...................... conosco.

    **e)** (ser) O advogado está pedindo que nós ...................... mais pacientes.

## 4. Pesquisa mostra causas da evasão escolar no país

**1.** Leia o texto.

Pesquisa sobre motivos da evasão escolar no país, entre jovens de 15 a 17 anos, destrói alguns mitos.

O estudo procura saber, por meio de perguntas diretas, por que o jovem não está na escola: pela necessidade de trabalhar, por não ter vaga ou escola perto de casa, por dificuldade de transporte ou por que não quer a escola que ali está?

A primeira surpresa: aproximadamente 40% dos jovens que não estão na escola dizem ter abandonado os estudos por falta de interesse, e não por motivos econômicos ou por falta de escolas.

A segunda surpresa: o maior abandono escolar não está nos lugares mais pobres, mas sim entre famílias pobres morando em cidades com maior oportunidade de trabalho. Jovens em grandes cidades, como São Paulo e Porto Alegre, com economias em crescimento, preferem entrar no mercado de trabalho mais rápido.

A principal conclusão da pesquisa: construir escolas ou oferecer assistência financeira já não é suficiente. É necessário um esforço para atrair os jovens de volta às salas de aula, por meio da melhora da qualidade e do conteúdo das aulas. Muitos dados comprovam a ligação direta entre educação e qualidade de vida. O desafio está em convencer os jovens desse fato.

*Baseado na pesquisa "Motivos da evasão escolar",*
*Marcelo Neri, Centro de Políticas Sociais, Fundação Getulio*
*Vargas, 2009 – http://www.fgv.br/cps/tpemotivos/*

**2.** No seu país, é diferente? Escreva um pequeno texto, apontando as diferenças e semelhanças na situação de jovens da mesma faixa etária.

## 5. O dia do pendura

Ouça o texto e assinale certo (C) ou errado (E) para cada alternativa.

| C | E | |
|---|---|---|
| ☐ | ☐ | É organizado pela direção da faculdade. |
| ☐ | ☐ | É brincadeira muito antiga. |
| ☐ | ☐ | Ficou mais violento com o passar dos anos. |
| ☐ | ☐ | Não era tolerado pelos restaurantes. |
| ☐ | ☐ | É bem-humorado. |
| ☐ | ☐ | No final do banquete de "casamento", os noivos e seus convidados surpreenderam a direção do hotel. |
| ☐ | ☐ | No episódio do casamento, o hotel, no fim, não teve nenhum prejuízo. |
| ☐ | ☐ | Na delegacia, a atitude do delegado foi completamente neutra. |

# Atividades

**D2** 6. O SENAI e o SENAC

1. Leia o texto.

### O SENAI – Serviço Nacional de Aprendizagem Industrial

Criado em 1942 por empresários da indústria, o SENAI é, hoje, um dos mais importantes polos nacionais de geração e difusão de conhecimento aplicado ao desenvolvimento industrial. É o maior complexo de educação profissional da América Latina. Seus programas, projetos e atividades alcançam todos os pontos do território brasileiro.

#### CURSOS

Cursos oferecidos: aprendizagem industrial – para adolescentes com ensino fundamental completo, nas áreas de: alimentos, automotiva, calçados, construção civil, eletricidade, gráfica, mecânica, metalurgia, mobiliário, vestuário.

Cursos técnicos com duração mínima de 1.600 horas, para alunos com ensino médio completo, nas áreas de: alimentos, artes gráficas, automação industrial, automotiva, construção civil, eletroeletrônica, eletromecânica, gestão de processos industriais, informática industrial, mecânica, mecatrônica, telecomunicação, têxtil, transportes sobre trilhos, vestuário.

### O SENAC – Serviço Nacional de Aprendizagem Comercial

Criado em 1946 pela Confederação Nacional do Comércio, o SENAC é uma instituição profissional aberta a toda a sociedade brasileira. Ao longo de todos esses anos, preparou mais de 40 milhões de pessoas para o setor de comércio e serviços, capacitando, a cada ano, cerca de 1.700.000 brasileiros para o trabalho. O SENAC existe em quase 2.000 cidades do país, mas o SENAC móvel cruza o país por via rodoviária ou fluvial, levando seus cursos a todos os cantos do país, com a mesma qualidade dos cursos dados em seus centros de formação.

#### CURSOS

Cursos de curta duração, cursos em nível superior de graduação, pós-graduação e mestrado, presenciais e a distância, nas áreas de: administração e negócios, moda, comunicação e artes, informática, tecnologia e gestão educacional, educação ambiental, terceiro setor (voluntariado), idiomas, design de interiores, tecnologia aplicada, saúde, turismo e hotelaria.

2. Responda.
   a) Qual a diferença entre o SENAI e o SENAC?
   b) O SENAI e o SENAC são órgãos governamentais?

3. Indique, entre os cursos de aprendizagem industrial do SENAI, a área em que são preparados:
   a) marceneiros
   b) padeiros
   c) impressores *offset*
   d) mecânicos de manutenção de máquinas industriais
   e) serralheiros
   f) pedreiros
   g) eletricistas
   h) costureiros industriais
   i) encanadores

4. Do mesmo modo, indique, entre os cursos de aprendizagem comercial do SENAC, o setor que prepara:
   a) estilistas de moda
   b) decorador de interior
   c) *maîtres* e garçons
   d) programadores de computação
   e) professor de japonês
   f) técnicos de enfermagem
   g) promotores de eventos
   h) técnicos em administração escolar

79

# Atividades

**5.** Entre os cursos oferecidos pelo SENAC, quais desenvolvem programas nas áreas de:

**a)** confeitaria .................................................

**b)** fotografia .................................................

**c)** sistemas de inteligência e automação predial .................................................

**d)** programação de computadores ................

**e)** gestores pedagógicos ...............................

**f)** enfermagem .............................................

**g)** decoração .................................................

**h)** maquetes .................................................

**i)** ecoturismo .................................................

**j)** administração de organização social ........

**k)** atividades em ambientes naturais ............

**l)** japonês – conversação ...............................

**m)** cozinha profissional .................................

**n)** criação e *design* de roupas .......................

**6.** Como são formados os profissionais técnicos de nível médio em seu país? Há instituições como o SENAI e o SENAC em seu país?

**E** 7. Relacione

> 1. fazer    2. passar    3. receber    4. frequentar
> 5. participar    6. faltar    7. perder

☐ no exame, no teste    ☐ as aulas, uma escola    ☐ o ano    ☐ da formatura

☐ um teste, um exame    ☐ um diploma    ☐ à aula

## 8. Explique. O que é...

> terminar o ensino médio    matricular-se num curso    a matéria
>
> formar-se em Medicina, em Direito    ser superdotado    pular um ano

## 9. Separe por categorias

| 1. Comércio | 2. Trânsito | 3. Escola |
|---|---|---|

☐ buzinar    ☐ o cartaz    ☐ o camelô    ☐ o capital    ☐ as ciências    ☐ a gorjeta

☐ a engenharia    ☐ o diploma    ☐ a cooperativa    ☐ grátis    ☐ o certificado

☐ a bomba de gasolina    ☐ a encomenda    ☐ a esferográfica    ☐ copiar    ☐ o troco

☐ o engarrafamento    ☐ a filosofia    ☐ (pagar) comissão    ☐ o giz

## 10. Relacione

| 1. escova | 5. evolução | 9. comprimento | 12. caber | 15. dona |
|---|---|---|---|---|
| 2. o ferro | 6. durar | 10. interrompido | 13. ida | 16. carta |
| 3. coleção de | 7. informática | 11. energia solar | 14. lava | 17. céu |
| 4. fazer | 8. discoteca | | | |

☐ música    ☐ de casa    ☐ de dentes    ☐ centímetros/decímetros

☐ três dias    ☐ incompleto    ☐ progresso    ☐ desenvolvimento

☐ louça    ☐ na mala    ☐ computador    ☐ de passar roupa

☐ destinatário    ☐ selos    ☐ sol    ☐ e volta

# 2 Lição

**A1\2\3**  1. O clima e nós

## 1. Preencha com as palavras da caixa.

a) Use protetor solar. O ..................... do meio-dia é muito forte!
b) Não gosto de .....................: sempre fico resfriado.
c) Tomara que o ..................... pare. Acabei de me pentear.
d) Mãe, a ..................... vai passar logo? Tenho medo de trovão.
e) Esta ..................... é irritante! Por que não chove ou faz sol?
f) Que ..................... gostoso. Acho que vou ficar aqui no jardim.
g) Que ..................... chata! Acho que não vou sair.

| |
|---|
| chuvinha |
| sol |
| tempestade |
| solzinho |
| vento |
| frio |
| garoa |

## 2. Organize os diálogos.

☐ Ora, eu só vou até a casa da Vera. Não preciso de malha!

☐ Nem pensar! Com este frio, quero ficar em casa.

☐ Esse menino...

☐ Ou então eu volto para Manaus...

☐ Carlinhos, leve a sua malha!

☐ Frio? Está gostoso! Deve estar fazendo uns 20ºC.

☐ Carlinhos, olhe pela janela! Está frio, vai chover.

☐ Então você vai ficar em casa o inverno todo!

☐ Como não? E, além disso, você ainda está com aquela tosse...

☐ Que tal a gente sair para tomar uma cerveja?

☐ Não vai chover, mãe. Tchau, até de noite.

☐ Para mim está frio. Prefiro não sair.

☐ Para quê, mãe? Não está frio.

**B**  2. Presente do Subjuntivo com expressões impessoais + que

### Complete as frases.

a) (saber) É melhor que você ..................... a verdade.
b) (ter dinheiro) Para viajar, é necessário que a gente ......................
c) (querer saber) É possível que amanhã todo mundo ..................... o que aconteceu.
d) (sair bem cedo) Para não chegar lá atrasado, é melhor que você ......................
e) (saber dirigir) Um carro tão bonito! É uma pena que Mônica não ......................

**B**  3. Requisitos

### Complete.

| | | |
|---|---|---|
| Para ser dentista, é necessário que | | facilidade de expressão oral. |
| Você quer ser advogado? Então é importante que | | bem-informado. |
| Para ser relações públicas é preciso que | (ter) | habilidade manual. |
| Quer ser um bom médico? Então é bom que | | disponibilidade para viajar. |
| Jornalista é o que você quer ser? Então é fundamental que | | conhecimento de informática. |
| Você quer ser analista de sistemas? Então é importante que | você | hábil no tratamento com as pessoas. |
| Quer ser político... | | domínio da língua materna. |
| Quer ser professor... | (ser) | bons contatos. |
| Arquiteto é o que você... | | talento para desenho, matemática. |
| Para ser agrônomo, é... | | ótimo conhecimento de línguas estrangeiras. |

# Atividades

**B** **4. Complete com uma expressão impessoal.**

a) .................... que comece a chover para o trânsito ficar ruim!
b) .................... que crianças pequenas tenham de pagar entrada.
c) .................... que você procure um médico logo.
d) .................... que você estude muito para seu exame.
e) .................... que a Zilda também venha. Sem ela, a reunião não faz sentido.
f) Não .................... que você fique perto do Fábio, ele está gripado.

**C1** **5. Palavras cruzadas**

**Horizontais**

1) No Saara tem muito pouco.
2) Normalmente, vem depois do relâmpago.
3) Não é pequeno, mas é gostoso na praia.
4) Não é muito frio nem muito quente.
5) Os rios correm num desses.
6) Quando ele vem, faz muito frio.
7) Você quer fazer alpinismo? Tem que subir numa...

**Verticais**

8) Não está molhado, mas também não está seco.
9) É quando, na Europa, as árvores perdem suas folhas.
10) Na Amazônia, ele é muitas vezes terrível.
11) Quando cai, tudo fica branco.
12) No Brasil, é em dezembro, janeiro e fevereiro.
13) Tem água por todos os lados.

**D1** **6. A magia da ilha**

Leia o texto logo após a imagem e decida se as seguintes afirmações estão certas (C) ou erradas (E).

C   E
☐   ☐   Fernando de Noronha já teve vários nomes.
☐   ☐   Há pessoas morando em todas as ilhas.
☐   ☐   Fernando de Noronha mudou muito desde a visita de Darwin.
☐   ☐   As praias do "mar de dentro" ficam no continente.
☐   ☐   Os golfinhos seguem o barco quando ouvem seu motor.

82

# Atividades

## Um paraíso de beleza natural escondido no meio do mar

Ao visitar o arquipélago de Fernando de Noronha em 1832, o naturalista inglês Charles Darwin ficou maravilhado com aquilo que descreveu como "um paraíso de rochas vulcânicas incrustado no verde do Atlântico". Mais de um século depois, a definição darwiniana ainda vale: Noronha permanece quase intocado. Fernando de Noronha já foi a Ilha de São João dos Portugueses, a Pavônia dos holandeses e as Isles des Delphines – as ilhas dos golfinhos – durante o domínio francês. Mas o que chama a atenção ao descer do avião depois de uma hora e meia de viagem a partir de Recife são as cores: o céu azul cobalto em contraste com o negro das rochas vulcânicas e o verde do mato bravo. Além da ilha principal, que dá o nome ao arquipélago e é a única habitada, há outras quatro menores: Rasa, Sela Gineta, do Meio e Rata – e mais 23 ilhotas. Para se integrar rapidamente à ilha, a primeira providência é acertar o relógio: Fernando de Noronha está uma hora adiantado em relação ao continente. Depois disso, o principal é não ter pressa para conhecer a paisagem. Nos primeiros dias, é conveniente seguir o roteiro tradicional que sai toda manhã, com guias, do hotel Esmeralda do Atlântico. Assim você poderá conhecer a geografia local. Dentro do roteiro básico, não perca o passeio de barco à ponta da Sapata. Durante a travessia, você terá uma vista geral das praias do "mar de dentro" (o lado da ilha que é voltado para o continente). Ao voltar da ponta da Sapata você entenderá por que os franceses, ao invadirem o arquipélago em 1736, o rebatizaram de Isles des Delphines. Noronha é o *habitat* do golfinho rotador, mamífero que atinge 2m de comprimento e chega aos 90kg de peso. Na Baía dos Golfinhos, dentro dos limites do Parque Nacional Marinho, não se pode entrar. Mas, alertados pelo barulho do motor na água, eles deixam a enseada às dezenas, seguindo o barco num verdadeiro festival de piruetas e acrobacias.

## 7. Fernando de Noronha

**Leia o texto novamente e indique as palavras com os significados abaixo.**

> ilha pequena
> dar um novo nome
> marcar a hora certa no relógio
> classe de animais que geralmente não nascem de ovos
> grupo de ilhas

## D2 8. Boletim meteorológico

**1. Ouça o texto e complete as informações.**

A previsão é de tempo ......................... .

A temperatura vai ficar entre ......................... e ......................... graus na capital.

Na praia, a temperatura é mais ......................... do que na capital.

Uma ......................... está sobre o Atlântico.

**2. Ouça o texto novamente e decida se as frases estão certas (C) ou erradas (E).**

C   E

☐ ☐ Vai chover principalmente no leste e sul do estado.

☐ ☐ Vai chover o dia inteiro.

☐ ☐ A temperatura na cidade de São Paulo é de 16 graus.

☐ ☐ Na Região Centro-Sul, a temperatura está caindo.

# Atividades

**(E)** 9. Relacione

**1.**

| 1. rápido | 4. gelado | 7. branco | 10. suave | 13. assustador |
|---|---|---|---|---|
| 2. lento | 5. quente | 8. duro | 11. bonito | 14. perigoso |
| 3. frio | 6. molhado | 9. grande | 12. útil | 15. tropical |

- [ ] chuva
- [ ] neve
- [ ] brisa
- [ ] tempestade
- [ ] Amazônia
- [ ] geleira
- [ ] montanha
- [ ] serra
- [ ] lago
- [ ] baía da Guanabara
- [ ] trovão
- [ ] verão
- [ ] relâmpago
- [ ] rocha
- [ ] orvalho

**2.**

| 1. vermelho | 3. vinho | 5. assar | 7. dar conta |
|---|---|---|---|
| 2. pôr | 4. garrafa | 6. pílula | |

- [ ] a mesa
- [ ] vazia
- [ ] como um pimentão
- [ ] tinto
- [ ] o frango
- [ ] da tarefa
- [ ] anticoncepcional

**3.**

| 1. boas | 3. vencimento | 5. margem | 7. interruptor |
|---|---|---|---|
| 2. conferência | 4. voo | 6. proprietário | |

- [ ] do pássaro
- [ ] da casa
- [ ] sobre criminalidade
- [ ] intenções
- [ ] da conta
- [ ] do rio
- [ ] de luz

## 10. Responda ao *e-mail*

messagem    inserir    opções    formatar    texto

| programar | anexar | salvar rascunho | cancelar |

**Para:** elsa@hotmail.com
**De:** quico@hotmail.com
**Assunto:** Vou em Novembro...

enviar

Oi, Irmãzinha! 😊

Decidi: vou mesmo visitar você em novembro!!! 🏖 Fico duas semanas, já comprei a passagem para o dia 2, volto dia 13.

Só tenho uma dúvida: 🤔 o que levar de roupa?

Não faço ideia do clima aí! 🌴 ☀

Responde logo, assim dá tempo de comprar o que falta.
Beijão, 💋

Quico.

Resposta: ...................................................................................................................

................................................................................................................................

................................................................................................................................

84

# 3 Lição

**A1\2\3**   1. Sugestões

**Nos diálogos do livro-texto, você viu algumas formas de dar sugestões:**

A1... Que tal...?   A3 Só sei que o dinheiro anda curto.
A1... Eu acho que... deveria...   A3... E comprando a prazo?

**1. Utilize essas formas para dar sugestões.**

a) A viagem para o Brasil está muito cara. Acho que não posso ir agora. (pagar a prazo)
*E pagando a prazo? (Que tal você pagar a prazo?) Eu acho que você poderia pagar a prazo.*

b) Estou me sentindo mal. (ir ao médico)

....................................................................................................................

c) Queremos ir à festa, mas como vamos fazer com as crianças? (deixar com a sua irmã)

....................................................................................................................

d) O Wanderlei está tão preocupado! No ano que vem, vai para o Canadá e não fala inglês. (fazer um curso)

....................................................................................................................

e) Não suporto mais o meu chefe. Todo dia tenho algum problema com ele. (procurar outro emprego)

....................................................................................................................

**A1\2\3**   2. Vocabulário

| ~~impostos~~   inflação   depósito   poupança |
| economia   sacar   sobem   prestações |

**Complete com as palavras ao lado.**

a) No mundo todo, as pessoas reclamam dos ........*impostos*........ .
b) Quero .................... algum dinheiro da minha conta.
c) Quando há .................... alta, os preços ................. todos os meses.
d) Você não precisa me dar o dinheiro. Faça um .................... direto na minha conta.
e) Muitas pessoas fazem uma .................... para comprar uma casa.
f) Você pode pagar seu curso em até 4 .................... .
g) A .................... de um país como o Brasil é muito dinâmica.

**A1\2\3**   3. Vocabulário

| entrada   impostos   capital   desembolsar |
| fiador   cheque |

**Complete com as palavras ao lado.**

a) Tenho um pequeno .................... , estou pensando em abrir um negócio.
b) Nesta época, muitas lojas vendem a prestações sem .................. . Você só começa a pagar no mês que vem!
c) Com a economia do jeito que está, ninguém quer .................... um centavo.
d) Ninguém gosta de pagar .................. , mas todo mundo reclama que o governo não gasta com saúde.
e) Pouca gente paga com .................... , a maioria prefere cartão.
f) Para poder alugar um apartamento, você vai precisar de um .................. .

# Atividades

**B1** **4. Conjunções + Presente do Subjuntivo**

**1.** **Diga de outra forma.**

**a)** Eu quero ir à praia, mas não vou com chuva. (desde que)

...................................................................................................................................

**b)** Está chovendo, mas vamos à praia. (embora)

...................................................................................................................................

**c)** Vamos ao Brasil no verão. Queremos que nossos filhos aprendam português. (para que)

...................................................................................................................................

**d)** Se Paula vai à festa, então eu não vou! (contanto que)

...................................................................................................................................

**e)** Ele vai insistir. Ele quer que ela mude de ideia. (até que)

...................................................................................................................................

**2.** **Complete com a conjunção adequada.**

**a)** Já são quase 7 horas! Espero que o Ivan chegue .................... comece o concerto.

**b)** Mas esta casa é horrível! Não vou comprá-la .................... seja grátis!

**c)** Fale mais alto .................... todos possamos ouvi-lo.

**d)** .................... Mariana seja uma pessoa simpática, não tenho o que conversar com ela.

**e)** Posso ir à festa .................... eu encontre alguém para ficar com meus filhos.

**3.** **Escolha a alternativa com o mesmo sentido.**

**1.** Eu não viajo com ele nem que ele pague a passagem!
 **a)** Ele paga a passagem? Então eu vou!
 **b)** Mesmo que ele pague a passagem, eu não vou.
 **c)** Ele não paga a passagem? Então eu não vou.

**2.** Não vamos ao Brasil este ano a não ser que ganhemos na loteria.
 **a)** Vamos ao Brasil este ano, embora não ganhemos na loteria.
 **b)** Mesmo que ganhemos na loteria, não vamos ao Brasil este ano.
 **c)** Sem ganhar na loteria, não podemos ir ao Brasil este ano.

**3.** Embora Janete sempre vá às aulas de alemão, ela fala muito mal.
 **a)** Janete sempre vai embora das aulas de alemão. Por isso, fala muito mal.
 **b)** Janete sempre vai às aulas de alemão. Mesmo assim, fala muito mal.
 **c)** Janete fala muito mal porque sempre vai às aulas de alemão.

**B2** **5. Alguém que, alguma coisa que... + Subjuntivo**

**1.** **Responda**

**a)** Que tipo de carro você quer? (ser grande e confortável / andar rápido)

...................................................................................................................................

**b)** Que tipo de secretária você está procurando? (trabalhar rápido / falar português / ser simpática)

...................................................................................................................................

**c)** Que tipo de livro você quer comprar? (ser interessante / não ser muito grosso / ter fotos)

...................................................................................................................................

**d)** Que tipo de marido/mulher você sonha em ter? (ter muito dinheiro / ser bonito/a / saber cozinhar)

...................................................................................................................................

**e)** O que você quer comer? (ser gostoso / não engordar / vir rápido)

...................................................................................................................................

# Atividades

**2.** Responda negativamente.

**a)** Há algo que eu possa levar para a festa?

..............................................................................................

**b)** Você sabe de alguém que conheça bem a Amazônia?

..............................................................................................

**c)** Você tem algum livro que mostre fotos de Porto Alegre?

..............................................................................................

**d)** Vocês conhecem alguém que tenha uma casa na praia?

..............................................................................................

**e)** Você conhece alguém que já tenha terminado o curso de português?

..............................................................................................

**f)** Vocês sabem de alguém que já tenha ido para Xique-Xique?

..............................................................................................

**3.** Complete com o Presente do Indicativo ou do Subjuntivo.

**a)** Só tenho um amigo que .................. (conhecer) o Brasil, o Paulo.

**b)** Nesse livro, não há nada que .................. (poder) nos ajudar.

**c)** Paula não tem ninguém que a .................. (ajudar) com as crianças.

**d)** Por favor, quero que você me indique um livro que .................. (trazer) informações sobre a Costa Rica.

**C** **6. Caça-palavras**

Encontre 18 palavras relacionadas com banco e economia.

```
Z X C T A L Ã O D E C H E Q U E S X D F S A C A R Y Z T A
É R T Y E X T R A T O G V C D C O N T A C O R R E N T E O
D E P O S I T A R X C H D G T A G Ê N C I A É L Õ P R T Y
C V K I L Ó D E P Ó S I T O N V R Á F I L A U R T U P A I
N U E R O M N Ú M E R O D A C O N T A U T O P I A S B R A
X O I M P O S T O S B I N F L A Ç Ã O B R A J U R O S T Ú
E C O N O M I A X V C U R Í D I N H E I R O N M O P S D I
C R E A L I R O N J I O P D Ó L A R J I E M C P L A K I R
D E D O S S A L D O G A S P A G A M E N T O S X C I P L O
```

| 1. | 2. | 3. | 4. | 5. |
|----|----|----|----|----|
| 6. | 7. | 8. | 9. | 10. |
| 11. | 12. | 13. | 14. | 15. |
| 16. | 17. | 18. | | |

# Atividades

**D1** **7. No caixa automático**

1. Ouça o áudio e decida qual das frases abaixo descreve a situação.
   a) O caixa automático não está funcionando direito.
   b) O senhor não sabe direito como tirar dinheiro do caixa.
   c) A moça tem problemas para tirar dinheiro do caixa.

2. Ouça o áudio novamente e marque certo (C) ou errado (E).

   C   E
   ☐   ☐   O senhor está pondo o cartão na posição errada.
   ☐   ☐   Ele não sabe ler.
   ☐   ☐   A moça digita o código para ele.
   ☐   ☐   Ele não tem dinheiro suficiente na conta.
   ☐   ☐   No final, ele consegue tirar o dinheiro.

**8. O golpe do caixa automático**

1. Leia o texto e decida qual dos desenhos combina com ele.

Se você é daqueles que se atrapalha todo quando vai tirar dinheiro nos caixas automáticos espalhados pela cidade, cuidado: aquela pessoa gentil que se oferece para ajudar pode estar querendo mais do que ser um bom samaritano. Nas últimas semanas, cresceu o número de queixas de roubo de cartões. Segundo o delegado Silvio Caconde, só no mês passado foram registradas 15 queixas desse tipo nas delegacias policiais do estado.

O golpe é simples e funciona da seguinte forma: o ladrão entra na fila do caixa automático e observa as pessoas que esperam. Ao perceber alguém com dificuldades, oferece-se gentilmente para ajudar. Toma o cartão das mãos do usuário e o introduz na máquina. Pergunta pelo código secreto e o digita. A pessoa fica tão aliviada que pede para que ele realize a operação toda. Ao terminar, o "gentil" rapaz devolve o cartão para a vítima, que vai embora agradecendo efusivamente. Só que o cartão foi trocado por outro, roubado também, que não tem mais utilidade para o ladrão.

De posse do cartão e tendo memorizado a senha, fica fácil para ele zerar a conta-corrente em poucos dias. A maioria das vítimas demora dois ou três dias para perceber a troca de cartão e os saques inexplicáveis de sua conta. Então já é tarde.

Paulo Gontijo, gerente de uma agência bancária, sugere: "Só peça ajuda aos funcionários do banco. Se não houver funcionários à disposição, evite dar seu cartão na mão de estranhos. E nunca dê seu código. É ele que garante a sua segurança". Gontijo ainda lembra que "o banco não pode se responsabilizar pelos prejuízos, pois foi você mesmo que forneceu o código para o ladrão"!

2. Leia novamente o texto e coloque as frases na sequência adequada.

   ☐ Os bancos não podem fazer nada, pois a pessoa deu o código ao ladrão.
   ☐ O roubo é simples.
   ☐ Aumentou o número de roubo de cartões.
   ☐ Ele pega o cartão, pede o código e faz a operação.
   ☐ O ladrão oferece ajuda no caixa automático.
   ☐ Depois o ladrão não devolve o cartão das pessoas, mas um outro.
   ☐ Assim pode sacar todo o dinheiro da vítima.

# Atividades

**E** **9. Organize as palavras**

Numere as palavras segundo as 6 categorias abaixo.

| 1. escola | 2. universidade | 3. clima | 4. geografia | 5. bancos | 6. profissão |
|---|---|---|---|---|---|

- [ ] administração de empresas
- [ ] professor
- [ ] saldo
- [ ] seco
- [ ] serra
- [ ] primeiro grau
- [ ] vale
- [ ] depósito

- [ ] análise de sistemas
- [ ] arquiteto
- [ ] banco
- [ ] carreira
- [ ] curso
- [ ] poupança
- [ ] segundo grau
- [ ] faculdade

- [ ] cartão de débito
- [ ] juros
- [ ] médico
- [ ] nuvem
- [ ] neve
- [ ] rio
- [ ] saque
- [ ] ilha
- [ ] temporal

- [ ] vestibular
- [ ] exame
- [ ] agrônomo
- [ ] árido
- [ ] baía
- [ ] calor
- [ ] cartão
- [ ] cursinho
- [ ] dentista

- [ ] conta
- [ ] estudos
- [ ] extrato
- [ ] frio
- [ ] jornalista
- [ ] matrícula
- [ ] tempestade
- [ ] político
- [ ] economista

## 10. O que se compra onde?

| 1. farmácia | 2. banca de jornais | 3. padaria | 4. papelaria | 5. rotisseria |
|---|---|---|---|---|

- [ ] papel, envelopes, lápis, cadernos
- [ ] presunto, queijo, patês

- [ ] pão, pão doce, biscoitos
- [ ] medicamentos, pasta de dentes, preservativos

- [ ] jornais, revistas

## 11. Agrupe as palavras por área

| 1. frutos do mar | 2. frutas | 3. ferramentas |
|---|---|---|

- [ ] lagosta
- [ ] lula

- [ ] martelo
- [ ] morango

- [ ] pera
- [ ] pá

- [ ] melancia
- [ ] tesoura

- [ ] polvo
- [ ] alicate

## 12. Relacione

**a)**

1. assembleia
2. lago
3. pó
4. solitário
5. mania
6. aquecimento
7. remetente
8. taça

- [ ] carta
- [ ] espirro
- [ ] inverno
- [ ] de grandeza
- [ ] multidão
- [ ] veleiro
- [ ] diamante
- [ ] champanha

**b)**

1. apaixonar-se
2. apanhar
3. gozar
4. admirar
5. molhar
6. orgulhar-se

- [ ] férias
- [ ] de um bom trabalho
- [ ] as plantas
- [ ] por um quadro
- [ ] um resfriado
- [ ] uma bela paisagem

89

# Atividades

### 13. Escreva ao seu banco

**Escolha uma das situações abaixo e escreva uma carta ao seu banco.**

Exemplo:

— Há um depósito de R$ 2.500,00 que você não fez.

(Veja uma sugestão de carta a seguir).

Agora, escolha entre as situações abaixo e escreva uma carta:

— Foram cobrados R$ 50,49 no seu cartão como "taxa de administração". Você quer explicações.

— Você cancelou seu cartão há vários meses, mas ainda recebe aviso de cobrança de taxas.

### Exemplo 1

São Paulo, 25 de março de ......

Ref.: Conta-corrente 245-18888, depósito no dia 14 de fevereiro

Prezados senhores

O seu Serviço de Atendimento ao Cliente me pediu para enviar esta informação por escrito.

Examinando o extrato da conta acima, percebi que foi realizado um depósito no dia 14 de fevereiro deste ano, no valor de R$ 2.500,00. Não tenho explicação para esse depósito nem conheço a pessoa que o fez. Parece estranho um erro desses e a minha confiança no banco diminuiu bastante.

Por favor, retire de minha conta, o mais rápido possível, esses R$ 2.500,00 ou diga-me o que fazer para corrigir a situação.

Atenciosamente,

### Exemplo 2

São Paulo, 27 de março de ....

Ref.: Conta-corrente 245-18888

Prezado cliente

Recebemos seu pedido de esclarecimento a respeito de um depósito efetuado na c/c acima, da qual o senhor é titular, no valor de R$ 2.500,00. Estamos tomando providências para que os fatos sejam apurados.

Aproveitamos o ensejo para, mais uma vez, solicitar-lhe o encaminhamento para nós de seus dados pessoais para atualização de nosso cadastro de cliente.

Atenciosamente,

# 4 Lição

**A1** 1. Sorte ou azar?

**1.** Diga de outra forma. Use as expressões abaixo. Observe o exemplo.

Na minha opinião... Todo mundo é da opinião de que... Para ele...
É um absurdo pensar / dizer que... Para mim... Na opinião dele...

Eu não acho que a sexta-feira 13 seja dia de azar.
*Na minha opinião (Para mim), sexta-feira 13 não é dia de azar.*

a) Ele não acredita que dê azar passar por baixo de uma escada.

b) Nós achamos que é melhor não dar atenção a superstições.

c) Eu não penso que haja mais perigo no mês de agosto.

d) Todo mundo concorda que há muitos fatos sem explicação.

e) Eu não achava que ele fosse supersticioso.

**2.** Você é a favor ou contra? Responda às perguntas, expressando indecisão.

1. Você acredita em fantasmas?

2. Superstição é sempre sinal de ignorância?

3. Um pouco de superstição não faz mal a ninguém.

4. Estamos sempre cercados por forças negativas, talvez maus espíritos, que dificultam nossa vida.

5. Você acredita em "olho gordo" (olhar negativo de pessoa invejosa)?

**3.** O que você acha disso? Responda às perguntas, expressando indiferença.

1. É bobagem andar com uma figa no pescoço?

2. Uma ferradura atrás da porta pode espantar o azar?

3. Dá azar ter 13 pessoas à mesa para jantar?

4. Quando a gente menciona um fato positivo ou negativo, bater 3 vezes, com o nó dos dedos, em madeira, afasta o azar?

5. Você reclamará se alguém de sua família espalhar pela casa ferraduras, figas, trevos de 4 folhas etc. para afastar o azar?

# Atividades

**A1** 2. Você é supersticioso?

**1.** Dê sua opinião e some seus pontos a partir do valor de cada resposta, de acordo com o quadro em azul abaixo.

   a) O mês de agosto é um período de tensões, instabilidades, desgraças e crises. O noticiário dos jornais prova isso.
   b) Amuletos como figa ou pata de coelho não têm nenhum poder especial. A pessoa que os usa é que se sente mais protegida, mais forte. Isso lhe dá mais segurança para evitar problemas.
   c) Quando você passa por baixo de uma escada corre riscos imprevisíveis.
   d) Encontrar um gato preto em seu caminho só pode trazer um azar: você tropeçar nele e cair de cara no chão.
   e) É bom ter sempre com você um amuleto. Dá sorte.
   f) Quebrou o espelho? Que azar! Vai ter de comprar outro. Não há outras consequências.
   g) As superstições dos povos primitivos chegaram até nós porque o mundo está cheio de fatos que não podemos explicar.
   h) Nossa sorte ou nosso azar depende de nós e de mais nada.

| Pontos | Some os pontos que você obteve e veja o resultado: |
|---|---|
| 0: Não acho nada. | 0 ponto: você é um/a cético/a total. Será que não há mais coisas entre o céu e a terra do que sonha a nossa vã filosofia? |
| 1: Sei lá. | 1 – 15 pontos: você prefere não acreditar em tudo o que dizem, mas fica um restinho de dúvida, não é mesmo? Afinal, nunca se sabe... |
| 2: Discordo totalmente. É um absurdo. | |
| 3: Discordo. Não é bem assim. | 16 – 25 pontos: um/a perfeito/a diplomata: nem sim nem não, muito pelo contrário! |
| 4: Quem sabe? | 26 – 44 pontos: para você o mundo está cheio de mistérios que não podemos entender só com a cabeça. Mas tudo tem limites, certo? Afinal, estamos no século 21! |
| 5: Talvez. | |
| 6: Concordo em termos. | |
| 7: Concordo plenamente. | 45 – 56 pontos: São Tomás não é o seu nome. Um pouco de ceticismo não faz mal a ninguém... |

**2.** Leia novamente sua resposta para o item h). Compare essa resposta com as outras respostas que você deu. Agora diga: você é uma pessoa coerente? Seja sincero/a!

**B1** 3. Complete

   a) vir       eles *vieram*    Ela não quis que eu *viesse*.
   b) dizer     eles ..........   Por que você não queria que eu .......... a verdade?
   c) trazer    eles ..........   Ele pediu que nós .......... algumas cervejas.
   d) preferir  eles ..........   Ela não entendeu que eu .......... ficar em casa.
   e) ver       eles ..........   Eles não queriam que nós .......... os presentes antes da hora.
   f) ter       eles ..........   Explicaram-nos tudo em detalhes para que nós não .......... problemas.
   g) ver       eles ..........   Seria bom se eles .......... o resultado de seu trabalho.
   h) pôr       eles ..........   Eu queria que eles .......... tudo na mala.
   i) poder     eles ..........   Eles acreditavam que o bandido .......... fugir.

**B2** 4. Use o Pretérito Perfeito dos verbos destacados

   a) **Fico** feliz que você possa vir conosco.
      *Fiquei feliz que você pudesse vir conosco.*

   b) Eu não **acho** que um pé de coelho traga sorte.
      Nunca ..........

   c) Não **conheço** ninguém que fale coreano.
      Nunca ..........

# Atividades

**d)** Quero que meus filhos aprendam várias línguas.
Sempre ............... .

**e)** Assisto à TV até tarde, embora tenha de trabalhar no dia seguinte.
No domingo passado, ............... .

**f)** Duvido que uma simpatia realmente funcione.
Sempre ............... .

**5. Use o Pretérito Imperfeito dos verbos destacados. Faça as modificações necessárias na frase**

*É importante que você saiba o que está acontecendo.*

**a)** Só queremos que vocês façam um bom negócio.
*Só queríamos que vocês fizessem um bom negócio.*

**b)** É importante que você saiba o que está acontecendo.

**c)** Embora eu durma bem, estou sempre cansado.

**d)** Temos medo de que eles não acreditem em nós.

**e)** Ela trabalha muito para que possa gastar muito.

**f)** Ela só aceita sugestões que lhe tragam benefícios.

**B3** **6. Se + Imperfeito do Subjuntivo**

**1. Complete.**

Se eu ............... (saber) nadar bem, participaria do campeonato.
Nós compraríamos o sítio do Zé, se ele ............... (querer) vendê-lo.
Se ela ............... (falar) chinês, ela não precisaria de intérprete.
Não seria mais fácil se a empresa ............... (contratar) um especialista?

**2. Faça frases a partir das situações abaixo.**

Exemplo: Márcio vai fazer vestibular. Ele estuda pouco, por isso, está inseguro.
*Se ele estudasse mais, não estaria inseguro.*

**a)** Helena está cansada. Está muito desanimada, mas não quer tirar férias.
Se Helena ............... 

**b)** Bia pediu emprestado o carro dos pais. Eles não lhe emprestaram porque ela corre muito.
Se Bia ............... 

**c)** Selma me convidou para ir ao cinema. Não vou porque estou muito cansado.
Se ............... 

**3. Responda**

Se você tivesse um iate, quem levaria para um cruzeiro no Caribe?
Se você fosse Presidente da República por um dia, o que você faria em primeiro lugar?
Se você encontrasse uma mala cheia de dinheiro e joias, qual seria sua atitude?
Se você fosse milionário e não precisasse trabalhar, como ocuparia seu tempo?

# Atividades

## C 7. Paraíso treme ao vento ateu

Uma pedra e duas crenças. O suficiente para confrontar mundos completamente distintos. No dia 1º de agosto, os pacíficos e místicos moradores da comunidade alternativa Novo Homem, no município goiano de Alto Paraíso, a 200 quilômetros de Brasília, perderam a calma: expulsaram no grito um grupo de mineradores que invadiram as terras da comunidade. Não só no grito. No auge da discussão, alguns tiros de revólver 38 contra oito tambores de óleo dos seus garimpeiros ajudaram a reforçar os argumentos dos legais da terra.

Os alternativos que perderam a calma são, na sua maior parte, seguidores do guru Bhagwan Shree Rajneesh, morto em 1990, depois de liderar uma das maiores correntes místicas dos anos 1960/1970. Antes de expulsarem os garimpeiros, os integrantes brasileiros da comunidade tinham pedido a eles, várias vezes, que saíssem de suas terras. Depois dos tiros, os mineradores abandonaram a fazenda, mas prometem voltar. Eles tinham começado a construir uma estrada de 18 quilômetros, passando pelas terras da comunidade, para chegar a sítios onde pretendem extrair cristal de rocha, abundante na região. Passaram trator sobre centenas de árvores, aterraram quatro nascentes e transformaram o cenário da Serra dos Cristais, a menos de dez quilômetros do parque Nacional da Chapada dos Veadeiros, entre montanhas que chegam a 1.500m de altitude e com mais de 8 cachoeiras.

De bucólico, o clima na comunidade passou a ser de terror. O acordo entre os dois lados é difícil. Uma velha mística da região diz que a serra esconde uma pedra de cristal de quartzo de 15 toneladas, responsável pelo equilíbrio energético do planeta. Para os garimpeiros, o raciocínio é mais simples: cada quilo do cristal sagrado vale US\$ 1 no mercado internacional. A comunidade é formada por cerca de 100 pessoas, entre estrangeiros e brasileiros. Todos os dias, eles fazem um patrulhamento ostensivo pela fazenda, armados apenas de uma velha espingarda e um revólver 38. "Estamos alertas. Essa pedra deve permanecer intacta. O que está em jogo não é só o ecossistema da região, mas sim a vida do planeta", afirma um dos pioneiros da comunidade. O argumento não preocupa os garimpeiros. "Eu não entendo muito desse negócio de meio ambiente. Sei que, por causa dos tiros nos tambores, tive um grande prejuízo", justifica um minerador. O caso está na Justiça. Enquanto esperam, os moradores da fazenda se revezam entre plantar, meditar e vigiar a serra e seus segredos. O líder da comunidade explica: "Fizemos um estudo minucioso de várias regiões do planeta e chegamos à conclusão de que, na área do Alto Paraíso, as possibilidades de cataclismos ambientais, como terremotos, maremotos e mudanças radicais de clima, seriam muito reduzidas". Lá na Serra dos Cristais, está montado o cenário para o terceiro milênio: água e ar despoluídos, fauna e flora exóticas. E, de quebra, um cristal mágico.

**1.** Procure no texto a passagem que diz que:

1. antes de usar a violência, os moradores da fazenda tentaram, mais de uma vez, convencer os mineradores a abandonar a área.
2. os mineradores destruíram parte da bela paisagem da Serra dos Cristais.
3. agora há medo na área, que antes era tranquila.
4. os moradores da fazenda não estão bem armados.
5. os moradores da fazenda, pensando em catástrofes naturais, acreditam que a área em que vivem é mais segura.

**2.** Dê sua opinião. Justifique-a.

| Os moradores da fazenda são | Os mineradores são | Considerando-se a ideia do fim do mundo, existirá segurança |
|---|---|---|
| loucos | desonestos | em algumas áreas |
| sonhadores | objetivos | em nenhuma área |
| desajustados | ignorantes | não haverá catástrofe final |
| previdentes | criminosos | |
| nenhuma das anteriores | nenhuma das anteriores | |

# Atividades

 8. Leitura

1. Leia o texto e selecione, entre as sugestões abaixo, um título para ele.

As melhores terapias alternativas

Promessa de milagre

Como escolher uma terapia

## A maioria das terapias alternativas é inútil e pode mascarar doenças graves

No último século, a medicina alcançou feitos notáveis, porém a promessa de uma saúde perfeita ainda é um desafio: seu nariz ainda escorre durante uma gripe e as crianças continuam asmáticas sem que se saiba a exata razão. É certo que as pessoas estão mais saudáveis que nunca, mas, ao que tudo indica, o paciente parece querer algo mais. As bolinhas da medicina chinesa, a massagem no pé da reflexologia, as ervas da fitoterapia e até artefatos mais exóticos que se propõem a curar o câncer a partir de campos eletromagnéticos estão disputando espaço com o clássico estetoscópio.

Estima-se que 4 milhões de brasileiros lancem mão de alguma forma de terapia alternativa para tratar doenças. A Associação Brasileira de Medicina Complementar calcula que existam cerca de 50.000 terapeutas alternativos em atividade no país. No Brasil, há três vezes mais massagistas corporais, que garantem dar fim a dores de coluna, do que ortopedistas. Existe quase o mesmo número de terapeutas florais e de cardiologistas.

Quando se fala em terapia alternativa no Brasil, é preciso esclarecer que se trata, na maioria dos casos, de práticas proibidas pelo Conselho Federal de Medicina. Apenas a homeopatia e a acupuntura são reconhecidas como especialidades médicas. Escolhas mais radicais, como a cromoterapia, a iridologia e os florais de Bach, são vistas com imensas reservas pela classe médica. A razão é clara: muitos dos chamados terapeutas alternativos são leigos que fazem um curso de fim de semana e saem apregoando poderes curativos e de diagnóstico.

O grande perigo da medicina alternativa é mascarar doenças graves ou acelerar seu ritmo destruidor, tratando apenas os sintomas. Em dezembro passado, a paulistana Érica Arruda viu chegar ao fim a longa batalha de sua mãe contra o câncer. Durante sete meses, Érica acompanhou o tratamento da mãe com um iridologista, que lhe receitava injeções de supostas vitaminas. O médico, filiado ao Conselho Regional de Medicina, jamais solicitou uma ultrassonografia ou um simples hemograma. E nunca diagnosticou a doença.

Como explicar a profusão de pacientes que lotam os consultórios de terapeutas alternativos? Se não estivessem satisfeitos, é certo que os abandonariam. Dois fatores podem explicar: o comprovado efeito placebo (até 30% de pacientes que tomam comprimidos feitos de farinha apresentam melhoras) e o fato de que, em muitos casos, a pessoa melhoraria mesmo sem fazer nada (mas, como melhorou após o tratamento alternativo, identifica-o como responsável pela melhora.)

O maior problema: quando a terapia não funciona ou, pior, causa danos à saúde, não há instituição formal que se possa procurar. O paciente só pode se queixar à polícia. Ou ao bispo.

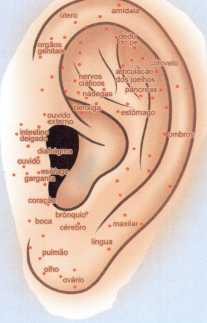

*Adaptado de artigo de Daniela Pinheiro, Veja 1749, 2002.
Informações precisas dos pontos na orelha, busque por Acupuntura Auricular.*

# Atividades

**CROMOTERAPIA**

As cores teriam propriedades curativas. O tratamento recomenda concentrar-se em uma cor e imaginar que ela está tomando conta do corpo. Sugere que a pessoa beba a chamada "água de arco-íris", que é água colocada em vários recipientes coloridos expostos ao sol. Esqueça. Não funciona.

**FLORAIS DE BACH**

Essências de 38 flores diluídas em um conservante à base de conhaque que teriam propriedades curativas.

**IRIDOLOGIA**

Os iridólogos se propõem a fazer diagnósticos observando as marcas da íris. A técnica é considerada uma piada pela comunidade científica.

**2.** Leia o texto da página anterior novamente e marque com certo (C) ou errado (E), de acordo com o texto.

C    E

☐ ☐ A acupuntura é uma especialidade médica.

☐ ☐ 30% dos pacientes procuram terapias alternativas.

☐ ☐ Os médicos têm críticas às terapias alternativas.

☐ ☐ Quase todos os pacientes melhoram sem terapia.

☐ ☐ Em caso de problemas, só se pode procurar a polícia.

**D2**   **9. Milagres e mandingas do dia de São João**

🎧 [49] **1.** Ouça o texto e explique:

Nessas simpatias, o que se deve fazer com: o balde? As agulhas? As brasas da fogueira?

**2.** De acordo com o que você ouviu, marque certo (C) ou errado (E).

C    E

☐ ☐ As simpatias de São João são, geralmente, tentativas de adivinhar o futuro.

☐ ☐ As revelações sobre o futuro podem não ser agradáveis.

☐ ☐ Nenhuma simpatia de São João é perigosa.

**E**   **10. Dê o substantivo**

**a)** inscrever      *a inscrição*
**b)** multiplicar
**c)** subtrair
**d)** atento
**e)** compreender
**f)** explorar
**g)** supor
**h)** associar
**i)** reivindicar
**j)** opor-se
**k)** iluminar

**l)** receber
**m)** saudável      *a saúde*
**n)** corajoso
**o)** capaz
**p)** razoável
**q)** ausente
**r)** anual
**s)** desempenhar
**t)** semelhante
**u)** preciso (exato)

## 11. Carta à redação

Leia novamente o texto na página 95 e escreva uma carta à revista. Escolha uma destas sugestões:

**a)** Você acha um absurdo que o texto fale tão mal das terapias alternativas, justifica a sua opinião (talvez com uma experiência pessoal) e pede que a revista publique um novo texto, dessa vez mais neutro.
Ou

**b)** Você acha um absurdo que o texto mencione a acupuntura e a homeopatia, especialidades médicas, justifica sua opinião e pede um artigo mais científico.

# 1 Revisão

**Quem quer ouro?**

Responda às questões dos exercícios. Cada ponto ou resposta certa equivale a uma barra de ouro. Comece o jogo e boa sorte!

**1.** Combine elementos das duas colunas, formando frases. (5 pontos)

**1.** Ninguém quer que você ☐ não saiba o que quer.

**2.** Seria melhor se você ☐ tenha problemas.

**3.** É uma pena que ele ☐ a polícia chegue?

**4.** Eu precisava de alguém que ☐ esquecesse o que aconteceu.

**5.** Nós vamos esperar até que ☐ gostasse de mim.

**2.** Complete o texto com o verbo no Indicativo ou Subjuntivo, no tempo adequado. (5 pontos)

Caro amigo,

Escrevo-lhe porque realmente não (saber) ............... o que fazer. Meu chefe quer que eu o (acompanhar) ............... em uma longa viagem de negócios pela Ásia. Essa oportunidade (ser) ............... importante para mim, mas receio que não (poder) ............... aceitar o convite. Você sabe por quê. Peço-lhe que me (dizer) ............... o que devo fazer. Naturalmente, eu não queria que você (perder) ............... tempo ou se (preocupar) ............... comigo, mas você é meu melhor amigo, você sabe. Espero notícias suas.

**3.** Faça frases. (10 pontos)

**1.** contanto que ☐ seja caro demais

**2.** mesmo que ☐ possa descansar

**3.** embora ☐ as férias acabem

**4.** a fim de que ☐ tenha companheiro

**5.** antes que ☐ o navio não seja confortável.

**6.** sem que ☐ esteja sem dinheiro

**7.** para que ☐ não possa esquecer seus problemas

**8.** até que ☐ faça frio

**9.** a não ser que ☐ não tenha companhia

**10.** desde que ☐ possa voltar antes do Natal.

> Ela quer fazer um cruzeiro contanto que...

**4.** Diga de outro modo. Use *se* (conjunção condicional). Observe o exemplo. (5 pontos)

Exemplo: Você não mora na praia porque não quer.
Se você quisesse, você moraria na praia.

**1.** Ele não nos ajuda porque não gosta de nós.

.....................................

**2.** Ninguém o ouve porque ele só reclama o tempo todo.

.....................................

**3.** Está chovendo muito. Não vamos sair de casa.

.....................................

**4.** Ele não consegue poupar porque compra tudo o que vê.

.....................................

**5.** Eu o vejo pouco porque ele mora longe.

.....................................

**5.** Este, esse, aquele, aqui, aí, ali, lá. Faça frases. (5 pontos)

| Este | celular | aqui | (não) | meu. |
|------|---------|------|-------|------|
| Esse | bolsa | aí | é | minha. |
| Aquele | pacote | ali | | seu? |
| Aquela | diploma | lá | | meu? |
| Essa | foto | | | delas. |

1. ............................................................
2. ............................................................
3. ............................................................
4. ............................................................
5. ............................................................

**7.** Dê o substantivo. (5 pontos)

esfriar — ............................................................

nevar — ............................................................

chover — ............................................................

esquentar — ............................................................

ventar — ............................................................

**9.** Complete o diálogo. (4 pontos)

– Hoje é domingo. Que tal a gente ficar em casa? Está um friozinho gostoso.

– ............................................................

– Mesmo que você não queira, eu vou ficar.

– ............................................................

**10.** Indique, entre as palavras abaixo, as que se relacionam com superstição. (3 pontos)

> simpatia   solzinho   contrato   gato preto   temporal   objeto   força
>
> lucro   feriado   azar   figa   ferradura

**11.** Escreva um parágrafo de 4 linhas, respondendo à pergunta. (3 pontos)

Você é supersticioso(a)? Explique.

............................................................

............................................................

............................................................

............................................................

**6.** Num parágrafo de 5 linhas, comente as vantagens e desvantagens de ser comissária de bordo. Estas expressões vão ajudá-lo/la. (5 pontos)

> horário fixo/livre   segurança
> contato com outras pessoas   salário
> prestígio social   autonomia   criatividade

1. ............................................................
2. ............................................................
3. ............................................................
4. ............................................................
5. ............................................................

**8.** Combine a palavra das duas colunas. (5 pontos)

1. impostos ☐ sociais
2. fazer investimentos ☐ os gastos
3. diminuir ☐ aumentam
4. desembolsar ☐ de juros
5. taxa ☐ dinheiro

– Muita coisa. Podemos ouvir música, ler, dormir, assistir a um filme...

– ............................................................

– Então você vai e eu fico. É melhor assim. Embora você prefira passear, eu prefiro ficar em casa. Eu estou fora a semana toda...

– ............................................................

---

**Resultado final – Total 55 pontos**

**50-55** – Excelente – Parabéns! Tomara que você saiba o que fazer com todo esse ouro!

**45-49** – Ótimo – Dinheiro não é tudo na vida.

**30-44** – Bom – A vida sem dinheiro é difícil, mas, ainda assim, você pode ser feliz. Continue se esforçando.

**menos de 30** – Insuficiente – Estude mais um pouco e faça a Revisão novamente.

# 5 Lição

**A1\2**  **1. Promessas, promessas, promessas...**

**Complete os diálogos com as seguintes expressões:**

- Tá bom, tá bom, prometo estudar mais!
- Quando o filme acabar, vou correndo, juro.
- Dou minha palavra que devolvo.

- Desta vez é sério.
- Acredite em mim!
- Amanhã, sem falta.

**a)** • Agora, chega! Vocês estão exagerando. Quando vou ter meu carro de volta?

- ....................................................................

• Amanhã, amanhã... faz um mês que vocês prometem para amanhã.

**b)** • Juninho, me empresta dinheiro para o cinema?

• De jeito nenhum. Você nunca me devolve.

- ....................................................................

**c)** • Afinal você vai ou não vai lavar a louça?

- ....................................................................

• Toda noite, você diz a mesma coisa e nada!

**d)** • Você vai ganhar uma bicicleta só depois de melhorar as notas do colégio.

• Mas isso é chantagem!

• Então... nada feito.

- ....................................................................

**e)** • Nas próximas férias, vamos para Bali.

• Bali... Fiji... Há anos que você repete isso. Só as ilhas mudam...

- ....................................................................

**A1**  **2. Eu queria que vocês mandassem...**

**1.** Quebrar ou enguiçar? Relacione os verbos com os substantivos.

| 1. quebrar | 2. enguiçar | 3. trincar | 4. furar | 5. rasgar | 6. entupir |
|---|---|---|---|---|---|

| | | | | | |
|---|---|---|---|---|---|
| **2** o liquidificador | o carro | a moto | o chuveiro | a pia |
| o computador | a banheira | o tapete | a cortina | a geladeira |
| o pé da mesa | o carpete | o papel de parede | o ralo | o micro-ondas |
| o vidro da janela | o barco | o espelho | o rádio | o azulejo |
| o braço da cadeira | o pneu | o *freezer* | o abajur | o cano |

**2.** Faça frases

| o carro | enguiçar | | o mecânico | | consertar. |
|---|---|---|---|---|---|
| o motor da geladeira | queimar | | o eletricista | | trocar a peça. |
| o vidro da janela | quebrar | Vou chamar | o vidraceiro | para | colocar outra. |
| a pia | entupir | | o encanador | | limpar. |
| a máquina de lavar | quebrar | | o técnico | | consertar. |

# Atividades

**A3** **3. Entrevista do mês**

Observe as fotos. Esses comerciantes falaram sobre suas atividades profissionais. Reconstitua o texto, usando as expressões abaixo.

Ter boa conversa / ser simpático / chover e fazer frio / ganhar bem ou mal / bom negócio / ter patrão / comprar / vender

Situação econômica / mercado estável / ter empregado / boa administração / agradar clientes / investir / retorno financeiro / variar estoque / ter prejuízo

Crise no setor / ser estável / oferta e demanda / mercado de turismo e hotelaria / clientela / formação de pessoal / equipar / conforto / oferecer serviços variados / faturamento / investimento

Produção / variedades de produtos / criatividade / clientela / horário flexível / ser independente / trabalhar em casa / lucro / gastos

"Ser camelô pode ser um bom negócio. É necessário ter boa conversa e ser simpático. Às vezes, eu ganho bem, depende da época. O difícil é ficar na rua quando chove e faz frio. Não vendo nada."

"A vida do comerciante depende

..........................................
..........................................
..........................................
..........................................
..........................................

"Considero hotéis bons investimentos

..........................................
..........................................
..........................................
..........................................

"Comecei há pouco tempo a fazer doces e sobremesas para fora

..........................................
..........................................
..........................................
..........................................
..........................................

**B1** **4. Futuro do Subjuntivo – Forma**

**Complete as lacunas com os verbos indicados no Futuro do Subjuntivo.**

a) (ter) Só poderemos terminar este trabalho quando nós ............... todas as informações.
b) (poder) Faça como ............... .
c) (querer) Se Deus ..............., tudo correrá bem.
d) (vir) Poderemos conversar com ele quando ele ............... visitar-nos.
e) (estar) Não tome nenhuma decisão enquanto você ............... em dúvida.
f) (saber) Telefonaremos para você logo que nós ............... o que está acontecendo.

**B2** **5. Usos do Futuro do Subjuntivo**

**Complete com os verbos indicados no tempo correto do Indicativo ou Futuro do Subjuntivo.**

a) (estar) Ele não disse nada quando ............... aqui.
b) (chover) Eu nunca viajo quando ............... .
c) (ir) No ano que vem, quando ele ............... para o Pantanal, eu irei também.
d) (ter) Ela me ajuda sempre que eu ............... problemas.
e) (ter) No futuro, peça conselhos aos amigos sempre que ............... problemas.
f) (ter) Ele vinha aqui sempre que ............... tempo.

# Atividades

**B3\4** **6. Futuro do Subjuntivo Composto – Forma e uso**

## 1. Complete com o Futuro do Subjuntivo composto.

Exemplo:  Só poderemos sair (chuva-parar)

Só poderemos sair quando a chuva tiver parado.

**a)** (filme-terminar) Só poderemos sair quando ......................

**b)** (ler-jornais) Ela entenderá a situação depois que ......................

**c)** (tomar-cafezinho) Eu pagarei a conta logo que ......................

**d)** (fazer-bom trabalho) Eles receberão um bom aumento se ......................

**e)** (demolir-casas) A Prefeitura construirá uma bela avenida aqui depois que ......................

## 2. Complete com uma conjunção e o verbo no Futuro do Subjuntivo composto.

Exemplo:  Ele viajará assim que tiver assinado o contrato.

| | | |
|---|---|---|
| viajar | assim que | juntar o dinheiro suficiente. |
| assinar o contrato | quando | terminar o curso. |
| aposentar-se | depois que | ser promovido. |
| vender a casa | se | encontrar um interessado. |

## 3. Sublinhe nas frases a forma verbal correta. Observe os quadros à esquerda.

| Conjunções que pedem Presente e Imperfeito do Subjuntivo | Conjunções que pedem Futuro do Subjuntivo | |
|---|---|---|
| para que, a fim de que<br>embora<br>contanto que, desde que<br>mesmo que<br>antes que<br>até que<br>caso<br>a não ser que | quando<br>enquanto<br>logo que, assim que<br>sempre que<br>depois que<br>se<br>como | 1. Ela não ficará calma enquanto não (tiver, tenha) notícias de nós.<br>2. Marcos não vai viajar embora já (tenha, tiver) todos os documentos.<br>3. Ele vai mudar de emprego a não ser que a firma (aumente, aumentar) seu salário.<br>4. Ninguém sairá daqui até que a polícia (chegue, chegar). Logo que a polícia (chegue, chegar) o problema será resolvido.<br>5. Compraremos as entradas hoje para que não (tenhamos, tivermos) problemas no dia do *show*. |

## 4. Forme frases, usando elementos de cada uma das colunas.

| | | |
|---|---|---|
| Eu lerei a notícia | todos os documentos que | quiser ouvir. |
| Virgínia levou embora | aqueles que | precisarem de ajuda. |
| Marina convidou | para quem | ela quis. |
| Todo mundo ajudará | todas as pessoas que | eu lhe dei. |

## 5. Complete a ideia com os verbos ao lado. Use o Futuro do Subjuntivo.

Eu vou comprar todas as revistas que ....*puder*....

**a)** Vamos pagar tudo o que ele ......................

**b)** Vou jogar fora tudo o que eu ......................

**c)** Queremos marcar uma reunião com vocês onde vocês ......................

**d)** Vou convidar para jantar todos os que eu ......................

**e)** Falarei com quem ...................... aqui.

**f)** Assinarei todos os documentos que meu advogado ......................

| |
|---|
| poder |
| estar |
| fazer |
| querer |
| trazer |
| achar |
| ser |

101

# Atividades

**C** 7. Solicitar, aceitar, deixar para depois, recusar

Uma pessoa solicita serviços. O prestador aceita, recusa ou deixa para depois. Observe o exemplo e faça outros diálogos.

- Por favor, gostaria de falar com o encanador.
- Ele está muito ocupado. Ligue mais tarde.

| solicitar | deixar para depois | aceitar | recusar |
|---|---|---|---|
| • Por favor, gostaria de falar com o encanador.<br>• Dá para trocar a peça agora?<br>• É possível mandar o técnico hoje?<br>• Pode dar uma olhada no meu televisor, por favor? | • Ele está muito ocupado. Ligue mais tarde.<br>• Depende da marca.<br>• Pode demorar um pouquinho.<br>• Hoje não dá, amanhã.<br>• Temos muito serviço no momento. | • Aguarde um instante. Ele já vem.<br>• Está difícil, mas vamos dar um jeito.<br>• Pois não. | • Desculpe, só temos eletricistas.<br>• Não trabalhamos com eletroeletrônicos.<br>• Nós consertamos, mas não instalamos.<br>• Depende da marca. Não trabalhamos com esta marca. |

**D1** 8. Programa de rádio

1. Ouça o texto e diga se as afirmações abaixo estão certas (C) ou erradas (E), de acordo com ele.

   C   E
   ☐ ☐ O publicitário comprou uma garrafa retornável de refrigerante.
   ☐ ☐ O publicitário abriu a garrafa e viu dentro a tampa de plástico.
   ☐ ☐ O técnico da empresa disse que poderia ser boicote de funcionário.
   ☐ ☐ Segundo o assessor da engarrafadora, o incidente é normal.
   ☐ ☐ O material do objeto não é o mesmo da tampa.
   ☐ ☐ O objeto estranho em contato com a bebida faz mal à saúde.

2. Refaça a carta que o publicitário enviou à rádio.

| | |
|---|---|
| um pedaço<br><br>havia um objeto estranho<br><br>para me queixar<br><br>pude constatar<br><br>uma garrafa retornável<br><br>ainda mais preocupado<br><br>me falou de possível | **Prezado senhor**<br><br>No dia 1º de julho, comprei ............... de 1,5l de refrigerante no supermercado OK. Quando cheguei em casa, vi com surpresa que ............... dentro da garrafa. Não abri, mas ............... que se tratava de ............... da tampa de plástico. Liguei imediatamente para a empresa ............... e um técnico ............... boicote. Fiquei ............... ! Gostaria de que a empresa desse maiores explicações e tomasse providências.<br><br>Sem mais no momento,<br><br>Fulano de Tal |

# Atividades

## D2  9. Anúncios

**Leia os diversos anúncios, oferecendo vários tipos de cursos. Escolha cuidadosamente três que gostaria de fazer em suas horas de lazer.**

*Paragliding*. Venha viver as emoções desse novo esporte, voe com os pássaros, sem motor, sem barulho, curtindo a paisagem lá do alto. Três fins de semana são suficientes. Instrutor Peter. Fone: (21) 95222-3333.

Espanhol rápido para o Mercosul: 2 semestres do curso básico, um semestre do avançado. Muita conversação, professores argentinos e brasileiros. Platense idiomas. Fone: (32) 94220-2020.

Curso de cerâmica com professora formada na Universidade de Alfred, estado de Nova York. Turmas reduzidas (no máx. 5 alunos); horários à tarde e à noite. R. das Fiandeiras, 56. Fone: (11) 93920-3045.

Culinária espanhola. Aprenda a fazer paella, gazpacho e muito mais. Ramón. Ex-cozinheiro do restaurante Madrid. Recados: Fone: (48) 93209-9900.

Aprenda Shiatsu em 7 sessões de 45 minutos (Vila Madalena). Fone: 2811-2222.

## E  10. Por bem ou por mal?

**1. Leia as expressões.**

Ele gosta de levar tudo na brincadeira, mas, às vezes, isso dá problemas.
Foi um acidente com certeza; ele não seria louco de fazer de propósito.
Eu quebrei seu vaso, mas juro que foi sem querer!
Não se pode levar João a sério. Ele gosta de brincar.
Pedi a ele para não me levar a mal, mas ele ficou ofendido.
Você não pode dizer isso nem de brincadeira. É muito sério.
Desculpe! Eu não quis falar por mal.
Você não tem saída. Vai fazer isso por bem ou por mal.

> Você não tem saída. Vai fazer isso por bem ou por mal.

**2. Relacione.**

**a)** levar a sério

**b)** levar a mal

**c)** dizer de brincadeira

**d)** levar na brincadeira

**e)** falar por mal

**f)** levar na esportiva

**g)** (fazer) por bem ou por mal

**h)** fazer de propósito

☐ dar pouca importância

☐ ter intenção de ofender

☐ acreditar

☐ fazer piada

☐ ter de fazer, concordando ou não

☐ fazer por querer

☐ conservar o bom humor, saber perder

☐ ficar bravo

**3. Substitua as expressões sublinhadas.**

**a)** Eu disse que ia me mudar para os Estados Unidos e eles acreditaram.

..............................................................................................................

**b)** Não fique bravo comigo, mas não gostei de seu novo penteado.

..............................................................................................................

**c)** Eu disse que queria pilotar avião, mas era uma piada.

..............................................................................................................

103

# Atividades

**d)** Ele não deu importância aos meus conselhos e agora pode perder o emprego.

..................................................................................................................................................

**e)** Disse que ela estava chata, mas não quis ofendê-la. Agora ela não fala mais comigo.

..................................................................................................................................................

**f)** Inácio tem problemas com o chefe, mas nunca perde o bom humor.

..................................................................................................................................................

**g)** Eles vão ter de aceitar a decisão do grupo, concordando ou não.

..................................................................................................................................................

**h)** É a terceira vez que ele marca encontro e não vem. Tenho certeza de que ele não vem porque não quer.

..................................................................................................................................................

**E  11. Relacione**

**Organize as frases na tabela.**

| | |
|---|---|
| **a)** Expressar indiferença | |
| **b)** Expressar descrédito | |
| **c)** Formular hipóteses | |
| **d)** Justificar-se | |

Estava aqui agora mesmo!

Sua sogra está se afogando!!!

1. — Pode ser que a Renata esteja presa no trânsito, ela costuma chegar na hora.
2. — É impossível reformar a casa em duas semanas.
3. — De duas uma: ou eles estão com muito serviço ou a reforma é mais difícil do que imaginamos.
4. — Para mim tanto faz, pode ser hoje ou amanhã.
5. — Não conseguiu passagens para o Rio? Deve ser por causa do feriado.
6. — Não me importo se demorar uma semana ou duas, vou estar viajando mesmo.
7. — O trânsito estava muito ruim, por isso demorei tanto.
8. — É difícil acreditar que o Jéferson seja um bom vendedor.
9. — Para mim é indiferente, podemos ir sexta à noite ou sábado de manhã.
10. — Pode ser, mas eu ainda tenho dúvidas.
11. — Não conseguimos achar a peça e demoramos para consertar sua geladeira.
12. — Sei lá, faça como quiser.
13. — É que estava no telefone e não ouvi a campainha.
14. — O mais provável é que os fumantes fiquem longe dos restaurantes com a lei antifumo.
15. — Não consigo imaginar que esse restaurante dê dinheiro.
16. — Eu não trabalho no fim de semana, minha senhora.

# 6 Lição

## A1 1. O trânsito urbano

**Relacione**

**1.** a esquina   **2.** o semáforo   **3.** a placa de trânsito   **4.** a calçada
**5.** o rio   **6.** o obstáculo   **7.** o estacionamento regulamentado

[ ] o cruzamento   [ ] o pedestre   [ ] vermelho, amarelo, verde
[ ] a zona azul   [ ] a lombada   [ ] a ponte   [ ] Ⓔ

## A2 2. É proibido!

**1. Relacione**

**1.** a multa           [ ] a moto
**2.** o atropelamento   [ ] o acidente
**3.** o capacete        [ ] o pedágio
**4.** o excesso de      [ ] falta de cartão
    velocidade          de zona azul
**5.** a manutenção      [ ] pedestre fora
    de estradas         da faixa

**2. Faça as combinações possíveis.**

**1.** atravessar   [ ] a faixa
**2.** fazer        [ ] pela direita
**3.** estacionar   [ ] na contramão
**4.** queimar      [ ] fora da faixa
**5.** atropelar    [ ] conversão proibida
**6.** dirigir      [ ] a 100 por hora
**7.** obedecer     [ ] um pedestre
**8.** ultrapassar  [ ] ao sinal
**9.** pagar        [ ] uma multa

## A3 3. O trânsito do bairro

**1. Você está expondo sua opinião sobre alguém. Ordene as frases e apresente suas ideias.**

[ ] Finalmente, ela também não gosta de nós.
[ ] Em primeiro lugar, eu não a acho muito simpática.
[ ] Depois, aqui ninguém gosta dela.
[ ] Em segundo lugar, ela não é pessoa muito inteligente.
[ ] Em segundo lugar, porque minha família é daqui.

[ ] Não vou me mudar para São Paulo em primeiro lugar porque não gosto de viver em cidades grandes.
[ ] Por fim, mudar por quê? Estou tão bem aqui!
[ ] Depois, porque meus filhos não querem deixar os amigos.

**2. Organize as expressões abaixo em colunas.**

| É uma boa ideia.   De jeito nenhum.   Genial!   Por que não? |
| Por que não fazer...?   E se fizéssemos...?   Tenho uma ideia. |
| Seria ótimo.   Que tal...?   Não vai dar certo. |

Em primeiro lugar...

| Propondo | Respondendo à proposta |
|---|---|
|  |  |
|  |  |
|  |  |

# Atividades

**B1** **4. Infinitivo pessoal – Forma e uso**

**1.** Complete com o Infinitivo pessoal. (Em todas as frases abaixo, seu uso é necessário.)
   a) Ele pediu para elas ............... (sair).
   b) Vocês não podem sair sem nós ............... (dar) licença.
   c) Ele marcou uma reunião para nós lhe ............... (apresentar) nossos planos.
   d) Ela saiu sem nós a ............... (ver).
   e) Para nós ............... (poder) descansar no domingo, trabalhamos mais no sábado.

**2.** Complete com o Infinitivo pessoal. (Em todas as frases abaixo, seu uso é opcional.)
   a) Para ............... (ter) certeza, precisamos de mais informações.
   b) Elas saíram da sala sem ............... (pedir) licença.
   c) Por não ............... (ter) escolha, concordaram com a ideia.
   d) Depois de ............... (trancar) a porta, fomos embora.
   e) Eles não foram à festa por não ............... (ter) convite.

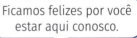

Ficamos felizes por você estar aqui conosco.

**B1** **5. Infinitivo pessoal – Uso**

**Complete com o Infinitivo pessoal quando necessário.**
   a) Elas saíram sem se ............... (despedir).
   b) Por não ............... (falar) português, ele não conseguiu o emprego.
   c) Para vocês ............... (ter) sucesso, precisam estudar bastante.
   d) Elas discutiram muito com o guarda para não ............... (levar) a multa.
   e) O professor trabalhou duro para os seus alunos ............... (entender) a gramática.
   f) Ficamos felizes por vocês ............... (estar) aqui conosco.

**C** **6. Pontos de vista**

**Responda por escrito**
   a) Você é a favor ou contra o uso obrigatório do cinto de segurança? Dê três argumentos a favor e três contra.
   b) Indique três vantagens e três desvantagens destes meios de transporte: ônibus – moto – carro – metrô – trem.
   c) Em sua cidade, a bicicleta pode ser uma solução para o problema do transporte urbano? Indique pelo menos três vantagens e três desvantagens de seu uso.

**D2** **7. O jovem e o carro**

**1. Leia o texto.**

Talvez uma das fases mais difíceis da vida dos pais seja o momento em que o filho, menor de idade, passa a disputar com eles o uso do carro da família. Discussões e mais discussões sem nenhum resultado: os pais repetem à exaustão velhos pontos de vista, todos eles cheios de bom senso, que de nada adiantam. O filho simplesmente não os ouve, ele sabe muito bem o que lhe convém. Os pais não o entendem, não confiam nele. Grande drama!

Um pouco mais tarde, já com a carta de habilitação na mão, o jovem continua tirando o sossego da família. Corre feito um desesperado, entra em briga de trânsito, multa em cima de multa, leva fechadas e, de propósito, dá outras e (horror dos horrores!) participa de rachas. O perigo o persegue e o estimula a competir. Uma loucura! Ninguém segura! Com mais algum tempo, ele se acomoda, se acalma. Alívio geral...

Mas chega aquela tarde de sábado (surpresa!) em que agora é ele, o filho, quem fica de cabelo em pé quando seu garoto de 15 anos lhe pergunta:

– A chave do carro, pai, cadê?

# Atividades

**2.** Leia as perguntas que seguem. Discuta a resposta com seus/suas colegas.

**1.** Por que os jovens se revoltam quando os pais os proíbem de dirigir sem carteira de habilitação?
   a) Porque se sentem humilhados diante dos amigos.
   b) Porque a proibição os impede de entrar logo no mundo dos adultos.
   c) Porque não são mais crianças.
   d) Porque não conseguem compreender os adultos.

**2.** Por que os jovens gostam de dirigir em alta velocidade?
   a) Porque dirigir em alta velocidade satisfaz sua necessidade de competição.
   b) Porque querem ser mais fortes do que seus pais.
   c) Porque querem esquecer as limitações que têm por serem muito jovens.
   d) Porque querem crescer depressa para aproveitar logo os "privilégios" dos adultos.

**3.** Por que ter o próprio carro é tão importante para o jovem?
   a) Porque o carro é um instrumento de autoafirmação.
   b) Porque ele precisa de carro para locomover-se.
   c) Porque todo jovem moderno precisa ter seu próprio carro.
   d) Porque o carro é a maior preocupação do jovem.

**4.** Como deve o pai agir se descobrir que seu filho adolescente mandou fazer cópia da chave do carro e está dirigindo escondido, participando de pegas e rachas?
   a) Deve vender o carro.
   b) Deve procurar orientação de um psicólogo para o garoto.
   c) Deve falar seriamente com o rapaz, mostrando-lhe os problemas que está criando.
   d) Deve controlar, dia e noite, todos os movimentos do jovem.

**5.** Até que ponto deve o pai ceder à pressão do filho para que lhe empreste o carro?
   a) Se o filho não tem carteira de habilitação, deve ceder o carro só para curtas distâncias.
   b) Deve emprestar sempre para evitar discussões e conflitos familiares por causa do carro.
   c) Deve levar em conta a importância da ocasião para o filho. Deve tentar ver o problema do ponto de vista do filho, não do seu.
   d) Deve emprestar o carro ao filho sempre com a condição de que este pague o combustível e se responsabilize por algum dano eventual.

**D2** 8. Linguagem dos sinais

Ouça o áudio e relacione o sinal com seu significado.

1. Pisca-pisca ligado para a esquerda.
2. Pisca-pisca ligado para a direita.
3. Piscar os faróis duas vezes seguidas para o carro que vem em sentido contrário.
4. Buzinar 2 vezes rapidamente.
5. Pisar de leve no freio por 2 vezes, complementando com gesto de braço.
6. Piscar farol, buzinar insistentemente, ligar farol-alerta.

☐ Agradecimento
☐ Situação de desespero
☐ Polícia Rodoviária à frente
☐ Não ultrapasse! Agora não dá.
☐ O veículo à frente vai parar.
☐ Vai que dá! Ultrapasse!

107

# Atividades

**E** **9. Palavras e palavras**

## 1. Complete.

a) ajudar — *a ajuda*
b) interessar — *o* .........................
c) preocupar — .........................
d) estacionar — .........................
e) parar — .........................
f) garantir — .........................
g) limpar — .........................

## 2. Dê o adjetivo.

a) o tipo — *típico*
b) a lei — .........................
c) a liberdade — .........................
d) a felicidade — .........................
e) a sociedade — .........................
f) a pessoa — .........................
g) o perigo — .........................
h) a sujeira — .........................

## 3. Complete.

| a) importância | *importante* | *importar* |
|---|---|---|
| b) o seguro | | |
| c) | | responsabilizar |
| d) | respeitável | |
| e) a necessidade | | |
| f) | | esperar |
| g) a ligação | | |
| h) o agrado | | |
| i) | | agradecer |
| j) o uso | | |
| k) | | ver |

## 4. Associe ideias.

1. a roça
2. o metal
3. dez
4. o roupão
5. o pão
6. a garrafa
7. o charuto
8. a passeata

- o padeiro
- o banho
- o saca-rolhas
- o comício
- o caipira
- os centímetros
- a fumaça
- o ouro

## 5. Associe ideias.

1. o martelo
2. a lousa
3. a conta
4. a garrafa
5. a tosse
6. o cachorro-quente
7. o sabão
8. o treino

- a rolha
- a salsicha
- o apagador
- o xarope
- o suor
- a espuma
- o prego
- o recibo

## 6. Relacione a palavra com sua definição.

1. cerâmica
2. artesanato
3. isqueiro
4. vela
5. orçamento
6. herói
7. termômetro
8. ambulância
9. posto de gasolina

- veículo para transportar doentes ou feridos
- instrumento para medir temperaturas
- pessoa que realizou um ato excepcional
- arte de fabricar objetos de argila cozida
- objeto usado para iluminação
- lugar em que se enche o tanque do carro
- técnica de produzir objetos manualmente
- pequeno aparelho usado geralmente para acender cigarros
- ato de avaliar os gastos para a realização de um projeto

# 7 Lição

## A1 1. Tipos de lazer

**Relacione**

a) tênis    d) tomar chope na    ☐ de costas    ☐ de praia

b) nadar    e) tirar    ☐ vitrines    ☐ *cooper*

c) fazer    f) ver    ☐ roda de amigos    ☐ foto

## A1\2 2. Lazer

**Faça frases combinando elementos abaixo.**

| Prefiro | várias horas por dia a ouvir música. |
| --- | --- |
| Acho que | trabalhar menos. |
| Eu dedico | caminhadas leves, não estou em forma. |
| Que tal | ter alguma atividade de lazer. |
| Por que não | uma caminhada no fim de semana. |
| É fundamental | o lazer é uma invenção. |

## A3 3. Linguagem popular

**Relacione as duas colunas**

**Linguagem Popular**

a) Eu num vô tê tempo    ☐ Olhe!

b) Eu vô com você    ☐ de você

c) Ó!    ☐ para você

d) Mãe, não tem café    ☐ verbo ir

e) É procê    ☐ verbo estar

f) Eles tão aqui    ☐ verbo no Infinitivo

g) Cadê meus livros?    ☐ onde está?

h) Pega! É docê.    ☐ r em vez de l

i) Mais baixo. Cê tá falano arto demais    ☐ singular pelo plural

j) As fro tão bonita.    ☐ verbo com sentido de haver

## A4 4. Xi!

**Indique o sentido das interjeições abaixo.**

a) Olha!    d) Droga!    ☐ preocupação    ☐ impaciência, irritação

b) Tomara!    e) Epa!    ☐ dor    ☐ desejo

c) Ai!    f) Xi!    ☐ alegria    ☐ surpresa

# Atividades

**B1** 5. Orações condicionais

**1.** Complete.

a) Se eu ................. (saber) nadar bem, participaria do campeonato.

b) Nós compraríamos o sítio do Zé, se ele ................. (querer) vendê-lo.

c) Se ela ................. (falar) chinês, ela não precisaria de intérprete.

d) Não seria mais fácil se a empresa ................. (contratar) um especialista?

**2.** Faça frases a partir das situações abaixo.

Exemplo: Márcio vai fazer vestibular. Ele estuda pouco por isso está inseguro.
Se ele estudasse mais, não estaria inseguro.

a) Helena está com sono. Ela se sente cansada, mas não quer dormir
Se Helena ......................................................................................................................... .

b) Bia pediu emprestado o carro dos pais. Eles não emprestaram porque ela corre muito.
Os pais de Bia ......................................................................................................................... .

c) Selma me convidou para ir ao cinema. Não vou porque estou muito cansada.
Se ......................................................................................................................... .

**3.** Responda.

1. Se você tivesse um iate, quem levaria para um cruzeiro no Caribe?

.........................................................................................................................

2. Se você fosse presidente da república por um dia, o que você faria em primeiro lugar?

.........................................................................................................................

3. Se você encontrasse uma mala cheia de dinheiro e joias, qual seria sua atitude?

.........................................................................................................................

4. Se você fosse milionário e não precisasse trabalhar, como ocuparia seu tempo?

.........................................................................................................................

**B2\3** 6. Pronomes relativos

**1. Preencha com a preposição adequada, se necessário, e depois faça frases, segundo o modelo.**

Exemplo: Esta é Paula. Nós falamos com ela ontem sobre aulas de português.
Esta é a Paula, com quem falamos ontem sobre aulas de português.

a) Este é o livro sobre o Brasil. Falamos ................. o livro ontem.

.........................................................................................................................

b) Estas são as fotos de Belo Horizonte. Eu mostrei as fotos na minha aula de português.

.........................................................................................................................

c) Este é o meu amigo Leonardo. Eu comprei aquela pinga no Brasil ................. ele.

.........................................................................................................................

d) Aqueles são meus amigos americanos. A casa de Búzios pertence ................. eles.

.........................................................................................................................

# Atividades

**2.** Faça frases conforme o modelo

Exemplo:   A filha da Carla vai casar na próxima semana. Carla nos convidou para o casamento.
Carla, cuja filha vai casar na próxima semana, nos convidou para o casamento.

**a)** Nós vamos jantar numa churrascaria. As carnes da churrascaria são conhecidas no Brasil inteiro.

.................................................................................................................................

**b)** Roberto Carlos é um cantor muito conhecido. As canções dele são muito tocadas em toda a América Latina.

.................................................................................................................................

**c)** Rui Barbosa foi uma figura importante na história brasileira. Seus discursos são lembrados até hoje.

.................................................................................................................................

**d)** A Família Real brasileira ainda sonha com a monarquia. Seu palácio fica em Petrópolis.

.................................................................................................................................

**D1** **7. Noel Rosa**

**1.** **Leia o texto e complete as frases.**

**a)** Noel Rosa nasceu ................. e morreu ................. .

**b)** Seu apelido era ................. .

**c)** Estudou ................. , mas tornou-se ................. .

**d)** Entre 1930 e 1937, ................................ .

**e)** Noel sofria de ................................ .

Magrinho e acanhado, tornou-se um dos maiores compositores da música popular brasileira.

Noel de Medeiros Rosa nasceu no Rio de Janeiro, em 1910, filho de comerciante e professora. Aprendeu a tocar bandolim quando adolescente, de ouvido, e mais tarde passou ao violão. Adorava música e gostava da atenção recebida quando tocava na noite carioca.

Embora tenha começado a estudar medicina, logo abandonou a ideia de tornar-se médico e embarcou de vez na carreira artística, tocando em vários grupos musicais.

Em 1929, Queixinho, como era conhecido, compôs suas primeiras músicas e, em 1930, escreveu seu primeiro sucesso, "Com que roupa?", um clássico do cancioneiro brasileiro. Inicial-

mente, suas músicas eram nostálgicas, no estilo sertanejo. Seu primeiro sucesso, no entanto, mostra uma mudança de estilo e já mostra bom humor. Conquistou tanto o sucesso comercial quanto a aprovação dos intelectuais.

Continuou nessa veia, compondo canções críticas, cheias de humor, demonstrando ser cronista hábil da vida carioca de sua época. Entre 1930 e 1937, revolucionou a música popular, trazendo profundidade às letras e dando um toque urbano ao samba do morro.

A partir de 1934, lutou contra a tuberculose, doença que o fazia deixar o Rio regularmente, à procura de clima mais puro em cidades altas. A boemia carioca falava mais alto, porém, e sempre o trazia de volta ao samba e à noite. Em 1937, aos 26 anos, sucumbiu à doença.

**2.** **Leia o texto novamente e procure nele as expressões equivalentes a**

**a)** morreu .................................................................................................................

**b)** dedicou-se à carreira artística .........................................................................

**c)** sem professor .....................................................................................................

**d)** a noite carioca ....................................................................................................

**e)** era mais importante ...........................................................................................

111

# Atividades

## 8. Radical!

 **1.** Ouça o texto e anote o nome da atividade que corresponde às fotos.

**2.** Ouça o texto novamente e ordene as palavras abaixo por atividade.

> altura    tranquilo    cordas    ponte    salto duplo    atividade em grupo
> capacete    alpinismo    passeio    clube

| *Rafting* | Paraquedismo | Balonismo | Arborismo | Rapel |
|---|---|---|---|---|
|  |  |  |  |  |

**E1** **9. Português?**

Trabalhe com o dicionário. "Traduza" as palavras abaixo para o português.

> plugar    internet    link    mídia    e-mail    display    mouse

**E2** **10. Abreviações**

**1.** Relacione as abreviações com as palavras e expressões.

a) qto.    e) tbém.    ☐ telefone celular    ☐ dormitório
b) sr.     f) cel.     ☐ quanto              ☐ também
c) etc.    g) dorm.    ☐ senhor              ☐ et cetera
d) tel.                ☐ telefone

**2.** Descubra o que significam as palavras abreviadas e marcadas nos anúncios.

---

**HOTEL FAZ. HÍPICA ATIBAIA**
5 pisc. (3 a**quec.**) lazer total 1 h SP.
(15) 3281-2378/3391-8812

**IMÓVEIS TEMPORADA**
CAMBURI-SP **Apts.** 40
e 60 m²/ Ar, pisc.
F: (12) 3865-1542

**SOTEROPOLITANO**
Rest. pratos baianos **tip.** Salvador. Acarajé, **casq.** Siri, moqueca etc
F.: (11)3034-4881- 90 lug. Ter. a **quin.** 20h às 24h, Sex. a dom.:
12:30h às 24h. Música ao vivo ter. e sáb.

**HOTEL FAZ. VOVÓ NANÁ**
Chalé, **frig.**, **TV**, pisc., sl
jogos, trilhas p/ **caminh.**, qds
basq., lago, cavalos e mto mais.
Lapa/PR. F: (41) 3362-3091

www.buffethellokids.com.br
Festa inf. compl. **c/decor.** e lembr.
pisc. bolinha, hot, alg-doce, pipoca.
F.: (11)5083-8856

**PASSEIO**
**MUSEU DA LÍNGUA**
**PORTUGUESA**
Estação da Luz - pça da
Luz, **s/n.**, Bom Retiro.
F.: (11)3326-0775- **Ter.** a
dom.: 10h à 17h. Livre.
(**Ingr. grát.** p/menores
de 10, e maiores de 60
anos e sáb.)

**ESPAÇOS**
**SESC POMPEIA**
Oficina da criatividade. R. Clélia, 93
- Água Bca., **reg.** oeste, F. (11)3871-
7700. Ter. a sex. 9h às 22h.

**HOT-FAZ. CASCATINHA**
**Pisc.**, sauna, trilhas **eco**,
pedalinho, **pq inf.**, campo vol. e
fut., lago, carro de boi, **arbo. rad.**
e +. Piraí/RJ. F: (24)2465-0627

**BOTECO DOS PESCADORES**
**Especial.** camarão, frutos do mar,
petisco com **cerv. gelada**.
F.: (11)2221-3326 130 lug. Seg. a
dom.: 8h à 1h20.

**CRIANÇAS**
**TEATRO ALFA CRIANÇA**
**Proj.** Escola: F.: (11)5693-4012.
www.teatroalfa.com.br

112

# 8 Lição

## A  1. A língua e suas variantes

**Usando A1 do livro-texto como modelo, escreva um parágrafo sobre a língua do seu país.**

*A língua do meu país é falada por*

.................................................................................................................

*No meu país há vários dialetos. No norte...*

.................................................................................................................

.................................................................................................................

.................................................................................................................

.................................................................................................................

.................................................................................................................

## B1  2. Discurso indireto (reprodução imediata)

**Passe as frases abaixo para o discurso indireto.**

Exemplo: Ela disse: Não quero falar sobre problemas agora.
— O que ela disse?
— Ela disse que não quer falar sobre problemas agora.

**a)** — Sente-se ali! – mandou ele.

...........................................................

...........................................................

**b)** — Não vou trabalhar hoje – avisa ela.

...........................................................

...........................................................

**c)** — Podemos sair? – perguntam os alunos.

...........................................................

...........................................................

**d)** — Pense melhor! – propõe a esposa.

...........................................................

...........................................................

**e)** — Quanto custa a geladeira? – quis saber o cliente.

...........................................................

...........................................................

**f)** — Não sei mais o que fazer. Ele não quer me escutar – queixou-se a mãe.

...........................................................

...........................................................

**g)** — Mostre-me seus documentos! – ordenou-me o guarda.

...........................................................

...........................................................

# Atividades

**B1** **3. Discurso indireto (reprodução posterior)**

**1.** Na escola. Leia o diálogo.

**Professora** – Zezinho, faz um tempão que estou querendo falar com você. Venha até aqui, por favor! Vamos conversar!

**Zezinho** – Ih, professora. O que foi que eu fiz desta vez?

**Professora** – Você não fez nada, Zezinho. O que eu quero é só que você perceba que aqui nesta classe, na aula de português, você não pode usar certas expressões que você, com certeza, aprendeu na rua. Não mesmo!

**Zezinho** – Mas, professora, que expressões são essas? Eu não sei do que a senhora está falando...

**Professora** – Sabe, sim. De hoje em diante, você vai tomar mais cuidado. Estou de olho em você. Quem avisa amigo é!

**2.** Passe o diálogo para o discurso indireto: Ontem, a professora chamou o Zezinho e disse-lhe que...

**4. Verbos de comunicação**

**1.** Escolha o verbo de comunicação mais adequado.

a) — Sente-se ali! _mandou_ ele (pedir, mandar, sugerir)

b) — Que tal um sorvete? eu _sugeri_ . (sugerir, pedir, dizer)

c) — Está bem! .................... a mãe de Cláudio. (mandar, dizer, afirmar)

d) — Vamos fechar a loja dentro de 30 minutos, .................... o alto-falante. (berrar, anunciar, avisar)

e) — Laura, venha cá, por favor! .................... o gerente. (exigir, sugerir, pedir)

f) — Que cansaço! .................... Elisa. (reclamar, dizer, comunicar)

g) — Não sei, .................... André. (responder, explicar, perguntar)

h) — Assinaremos o contrato amanhã, .................... o presidente da companhia. (anunciar, sugerir, pedir)

**2.** Passe as frases acima para o discurso indireto (reprodução posterior).

**3.** Reescreva o diálogo.

> Otávio confessou a Gilberto, seu melhor amigo, que estava arrasado: não tinha sido promovido por não saber uma segunda língua, indispensável para o desenvolvimento de seu trabalho na companhia. Gilberto tentou acalmá-lo, dizendo-lhe que tudo voltaria ao normal em algumas semanas, que esperasse um pouco. Em vão. Otávio contou-lhe, então, que, por conta dessa sua falha, tinha sido transferido para outro departamento, numa posição sem futuro algum. Estava convencido de que era importante que procurasse outra empresa, mas o problema seria sempre o mesmo. O fato é que, depois de iniciar e interromper vários cursos de idiomas, havia ficado claro que não tinha o mínimo talento para línguas — sua maior frustração. Era como malhar em ferro frio... não sabia o que fazer.

Comece assim: — Gilberto, estou arrasado. Não fui promovido...

114

# Atividades

**C** 5. De Norte a Sul

1. Leia

> **Alumiar** – 1. Iluminar, clarear.
> **Bebo** – 1. Embriagado, bêbado.
> **Enxombrado** – 1. Úmido "A toalha está enxombrada". 2. enxaguado.
> **Galego** – 1. Loiro. 2. Estrangeiro.
>
> *Extraído do Minidicionário de Pernambuquês de Bertrando Bernardino*

> **Chupado** – adj. embriagado.
> **Crescer** – V. Tomar atitude agressiva contra alguém: "O touro cresceu para cima do peão", isto é, investiu contra ele [...].
> **Lábia** – S. Habilidade na conversa.
> **Não gastar pólvora em chimango** – expr. Não perder tempo dando atenção a quem não merece.
> **Passar um pito** – expr. Repreender, descompor.
>
> *Extraído do Dicionário de Regionalismo do Rio Grande do Sul, de Zero Cardoso Nunes e Rai Cardoso Nunes.*

2. Relacione as definições do quadro acima às definições abaixo.

a) Pessoa de cabelo claro
b) Jogar luz
c) Pessoa que bebeu demais
d) Atacar
e) Chamar a atenção de alguém
f) Nem seco nem molhado
g) Talento para convencer os outros
h) Ignorar pessoas desinteressantes

**D1** 6. Schifaizfavoire

Ouça alguns verbetes do "Dicionário de português – Schifaizfavoire – Crônicas lusitantes", de Mário Prata. Depois, aponte o significado das palavras.

a) **Ementa:** "Pode acontecer de eles lhe trazerem, novamente, a ementa."

b) **Fato:** "Não confundir fato com facto."

c) **Empregado de mesa:** "É muito chato você ficar chamando 'ô, empregado da mesa!!!'"

d) **Água fresca:** "A primeira coisa que vão lhe perguntar: é fresca?"

e) **Água lisa:** "E a segunda pergunta é: lisa?"

f) **Factura:** "Até mesmo chofer de táxi dá factura em Portugal."

g) **Faz favor:** "'Faz favor!' Ou 'Se faz favor!'. Serve para quase tudo."

115

# Atividades

**D2** 7. E como vai o português na China?

1. Leia.

> Macau chama a atenção por circunstâncias muito singulares. É uma cidade pequena e peninsular e foi colonizada por portugueses em terras chinesas. Possui uma área inferior a 20 quilômetros quadrados, incluindo a de duas ilhas, Taipa e Coluana. Nesse território vivem cerca de 540.000 habitantes, sendo 90% de etnias chinesas, 70% de estrangeiros e 3% de portugueses. Além do mandarim, o português é a língua oficial do país. Parte dos habitantes conhece ainda o patuá, com base portuguesa, mas influenciado por outras línguas e culturas. Situada no contexto de várias culturas, Macau tem motivado a reflexão de especialistas de áreas diversas acerca das possibilidades de entendimento entre povos de diferentes culturas.
>
>
> Ruínas de São Paulo, George Chinnery (1774-1852), localizadas em Macau.
>
> **A entrevista**
>
> **Entrevistador** – O inglês foi fundamental para os chineses terem acesso ao mercado internacional e para o resto do mundo se comunicar com a China. Qual é sua opinião sobre a ideia de que Macau e a língua portuguesa venham a ser uma ponte entre a China e os países de língua portuguesa?
>
> **Profª Maria Helena** – O interesse da China no acesso ao mercado internacional não é com certeza maior do que o interesse dos outros países no acesso ao mercado chinês. E, como se sabe, fala-se a língua em que se vende. Macau já é uma ponte entre a China e os países de língua portuguesa e isso decorre precisamente da crescente importância do mundo lusófono no universo global. Brasil e Angola, onde é sabido que o inglês não é uma língua da grande implantação, impõem hoje à China e a outros países interessados em com eles se relacionar o uso da língua portuguesa. O papel mediador de Macau, atuando como plataforma de intercâmbio comercial, mas também cultural, fez aumentar consideravelmente o interesse pela aprendizagem do português em Macau e também na China.
>
> *Passagens de entrevista concedida pela Profa. Dra. Maria Helena Rodrigues, professora universitária portuguesa em Macau, à revista brasileira "Conhecimento Prático – Língua Portuguesa – Escala Educacional". (Nº 22, 2010)*

2. Responda.
Estudiosos de áreas diversas pensam em Macau quando pesquisam a possibilidade de entendimentos entre povos de diferentes culturas. Por quê?

3. Faça um resumo de 4 linhas do que disse a professora portuguesa ao entrevistador.

**E** 8. Traduzindo

Trabalhe com seu dicionário. "Traduza" as frases abaixo para o português do Brasil.

Preciso correr, senão perco o comboio.
Façam bicha de dois, por favor!
Eu ligo hoje à noite, ocapa?
Chame os miúdos para jantar.
Onde há fumo há fogo.

Passei a tarde olhando escaparates no centro.
Perdi o elétrico! Agora vou precisar tomar um táxi.
Onde fica a casa de banhos, por favor?
Desculpem, estou um bocadinho atrasada.

# 2 Revisão

## 1. Combine elementos das duas colunas e forme frases. (5 pontos)

1. Eu não quis falar com ele
2. Antigamente era uma alegria em casa
3. Depois de amanhã, compre flores
4. Fizemos de tudo para ajudá-lo
5. Eu fico nervoso e não consigo nem pensar

☐ quando você for ao mercado.
☐ quando ele nos pediu ajuda.
☐ quando ele põe óculos para examinar meu trabalho.
☐ quando ele me telefonou.
☐ quando você vinha nos visitar.

## 2. Complete. (5 pontos)

1. (poder) Farei o que ................., fique tranquilo.
2. (querer) Eu desisto, meu amigo. Faça tudo como .................!
3. (estar) No mês que vem, vou convidar todos os amigos que ................. em SP.
4. (trazer) Vou aceitar tudo o que você ..................
5. (estar) Ontem eu conversei com todas as pessoas que ................. na festa.

## 3. Escolha a melhor forma verbal. (5 pontos)

1. Ele vendeu aquela fazenda maravilhosa?? Eu (fiz, teria feito) meu pé-de-meia.
2. Se você (tivesse visto, visse) o que eu vi, teria ficado muito contente.
3. Você vai poder sair para ver seus amigos, é claro, mas só quando (terminará, tiver terminado) seu trabalho.
4. É uma festa surpresa. Só acenda a luz da sala quando ela (entrou, tiver entrado).
5. Ele não quis me mostrar o presente que ela (comprou, tinha comprado).

## 4. Organize as frases. (5 pontos)

| | | |
|---|---|---|
| 1. Não venha mais aqui | se | ele tenha dito. |
| 2. Ninguém pode fotografar o Papa | depois que | os clientes foram embora. |
| 3. Você não apareceu. Eu esperei você | talvez | não tiver preparado o relatório. |
| 4. Eu não disse nada, mas | enquanto | estava de férias. |
| 5. Antigamente eu ia à fazenda de meus tios | sempre que | ele está fazendo discursos. |

## 5. Complete livremente. (5 pontos)

1. Você teria feito um bom negócio se ..................
2. Ninguém teria concordado com você se ..................
3. Nós estaríamos no Paraíso agora, se Adão ..................
4. J. F. Kennedy não teria morrido naquela manhã de novembro se ..................
5. Agora estaríamos todos lá fora, na chuva, se o zelador ..................

## 6. Dê o nome do profissional. (5 pontos)

sapato – *sapateiro* ........................
escrita – ........................
carro – ........................

pneu – ........................
chave – ........................
propriedade agrícola – ........................

**7.** Relacione. (5 pontos)

**1.** garçom   ☐ moda
**2.** costureira   ☐ móveis
**3.** marceneiro   ☐ gasolina
**4.** frentista   ☐ investimento
**5.** banqueiro   ☐ mesa

**8.** Passe para o plural. (5 pontos)

**a)** A moça pediu para eu esperar.

...................................................................

**b)** Ele desistiu logo por ser impaciente.

...................................................................

**c)** Devolvi a revista sem a ter lido.

...................................................................

**d)** Vi tudo sem ser visto.

...................................................................

**e)** Ele parou na esquina por estar cansado.

...................................................................

**9.** Indique 5 infrações de trânsito. (5 pontos)

**1.** ...................................................................
**2.** ...................................................................
**3.** ...................................................................
**4.** ...................................................................
**5.** ...................................................................

**10.** Indique 5 itens ligados ao trânsito urbano. (zonal azul...) (5 pontos)

**1.** ...................................................................
**2.** ...................................................................
**3.** ...................................................................
**4.** ...................................................................
**5.** ...................................................................

**11.** Complete as frases com a interjeição adequada. (5 pontos)

**1.** ...................! Está tudo errado!
**2.** ...................! Hoje tem feijoada! Eu adoro feijoada!
**3.** ...................! Você nunca pensa em mim!
**4.** ...................! Alguém mexeu nas minhas coisas!
**5.** ...................! Tudo vai dar certo!

Epa!    Oba!    Droga!    Puxa vida!    Tomara!    XI!

**12.** Faça frases. (5 pontos)

**1.** Se eu tivesse tido uma chance,
**2.** Eles não seriam contratados,
**3.** Eu teria feito meu pé-de-meia,
**4.** Todo mundo teria aparecido,
**5.** Ninguém se incomodaria comigo,

☐ se um dia eu precisasse de ajuda.
☐ se tivéssemos convidado a cidade toda.
☐ se não precisassem de mim.
☐ se não falassem inglês.
☐ eu a teria aproveitado muito bem.

118

**13.** Passe para o discurso indireto (reprodução imediata). (5 pontos)

**1.** Ela disse: — Não vou. Não insista!

**2.** Os alunos pediram ao professor: — Deixe a festa para amanhã!

**3.** A garota reclamou: — Seu carro é muito pequeno.

**4.** O vizinho avisa: — Amanhã vou dar uma festa. Por favor, não reclamem do barulho!

**5.** Antônio sempre diz: — Não sei o que fazer sem Alice.

**14.** Passe para o discurso indireto (reprodução posterior). (5 pontos)

**1.** Cabral disse a Pero Vaz de Caminha: — A viagem foi longa, mas conseguimos chegar à terra firme.

**2.** Um dia minha avó me disse: — Estou contente com você. Você trouxe boas notas e elogios da escola. Continue assim!

**15.** Como se diz isso em português do Brasil? (5 pontos)

**a)** ementa

**b)** bicha

**c)** casa de banho

**d)** camisola

**e)** autocarro

**16.** Como se diz isso em português de Portugal? (5 pontos)

**a)** trem

**b)** resfriado

**c)** moça

**d)** bolsa

**e)** dirigir

---

### Resultado final – Total 80 pontos

**70-80 – Excelente. Parabéns! Muito bem!**

**55-69 – Bom**　　　**40-54 – Suficiente**

**Menos de 40 – Não se aborreça. Estude mais e faça a Revisão novamente.**

## Você pode, está em suas mãos! Coragem!

# Fonética

**Passo 1**

**1.1.** /ʃ/ /ʒ/ Ouça o áudio e repita.
chato/jato
cheio/jeito
chora/jorra
chuva/juba
chamar/jamais
chuta/suja
preencher/prejuízo
chateado/jateado

**1.2.** Ouça o diálogo, depois repita.
— Estou chateada.
— Aconteceu alguma coisa?
— Riscaram meu carro no lava-jato.
— Xi..., que chateação! Você tem de dar um jeito nisso.
— Eu sei. Vou chamar o gerente já, estou cheia disso!

**2.** Ouça o áudio e complete o diálogo.
— Vi um ............... cruzar o céu.
— O Jair foi reprovado no exame. Agora não tem ..............., não adianta ............... .
— Vamos dar um ............... de viajar hoje. É ............... passar o feriado na cidade.
— ............... a ficha direitinho para não ter prejuízo.

**3.** Ouça o áudio e assinale a palavra que ouviu, depois leia a frase.
— Espero que ............... cedo. (chegue/chega)
— Talvez o candidato ............... jovem. (seja/sejam)
— Não acho que ............... chateados. (estejam/esteja)
— Duvido que ............... ainda hoje. (chova/chove)
— Espero que clientes não ............... aqui. (fumem/fumam)
— Talvez ela ............... para jantar. (fique/fica)
— Não duvido que ............... um bom emprego. (encontram/encontrem)
— Espero que as visitas ............... ficar neste hotel. (querem/queiram)

**4.** Repita bem rápido.
Casa suja, chão sujo.
Tagarelo, tagarelarei, tagarelaria.

**Passo 2**

**1.1.** /ãw/ Ouça e repita.
Ontem chegaram / Amanhã chegarão
Ontem aceitaram / Amanhã aceitarão
Ontem detestaram / Amanhã detestarão
Ontem atingiram / Amanhã atingirão
Ontem comeram / Amanhã comerão
Ontem conheceram / Amanhã conhecerão
Ontem esquentaram / Amanhã esquentarão
Ontem inundaram / Amanhã inundarão

**1.2.** Preencha as lacunas com a palavra que ouviu.
— Eles ............... mais cedo do que o previsto. (chegaram/chegarão)
— Eles se ............... em Istambul, na Turquia. (conheceram/conhecerão)
— As chuvas ............... muitas inundações neste verão. (provocaram/provocarão)
— Os furacões ............... as Antilhas e o sul do Estados Unidos. (atingirão/atingiram)

**2.** Leia, pronunciando as sílabas.
ga-ro-a / ne-vo-ei-ro/ ge-a-da/ pas-se-ar/ rai-o/ prai-a/ a-gua-cei-ro

**3.** Leia.
— Nossos amigos estrangeiros detestaram as pancadas de chuva, mas adoraram o calorão!
— É bom que alguém seja tão bom quanto o gerente, ninguém é insubstituível.
— Perguntem ao professor se ontem também ninguém respondeu bem ao questionário.
— Já anunciaram para amanhã: as baixas temperaturas chegarão para valer na Europa!

**4.** Ouça a previsão do tempo, depois preencha com as palavras que ouviu.
As nuvens carregadas, que já ............... da Argentina e estão em Santa Catarina, deixando o tempo nublado, ............... do Sul do país e ............... a região Sudeste no início da semana. Com elas ............... as chuvas e as temperaturas ............... um pouco. Enquanto elas não ..............., os cariocas ............... o domingo de sol e ............... as praias lotadas.

**5.** Trava-línguas
O vento perguntou ao tempo
Qual é o tempo que o tempo tem
O tempo respondeu ao vento
Que não tem tempo pra dizer ao vento
Que o tempo do tempo é o tempo
Que o tempo tem.

## Passo 3

**1. /aw/ /ow/ /uw/ Ouça e repita.**

capital / sol
falso / formol
fundamental / cultural
mau / resultado
alto / agricultor
bolsa / consultório
frescobol / azul
folclore / multa

**2.1. /r/ /R/ Ouça e depois coloque as palavras nas colunas correspondentes.**

remunerado, recomendado, roupa, roda, recursos, garantido, resultado, renda, de repente, interação, remuneração, reparos, financeiro, seguro, juros

| /r/ | /R/ |
|---|---|
| juros | roupa |
|  |  |
|  |  |
|  |  |
|  |  |
|  |  |
|  |  |
|  |  |

**2.2. Repita.**

– empréstimos garantidos e juros altos
– recursos seguros, resultados incertos
– interação recomendada
– remuneração exagerada

**3.1. Ouça e depois repita.**

financeiro / dinheiro
brincadeira / primeiro
açougueiro / sexta-feira
crediário / parceria
diária / madeira
saladeira / bancário
monetário / salário
férias / aplicaria

**3.2. Ouça o áudio, escolha uma das opções e depois responda em voz alta.**

**a)** Se você ganhasse 10 vezes seu salário no bolão de Natal da empresa, o que você faria?
  – aplicaria o dinheiro e garantiria uma renda;
  – gastaria em férias bem merecidas;
  – pagaria as dívidas e não sobraria nada;
  – eu pediria ao Papai Noel...

**b)** Você vai montar uma pequena empresa de informática. Quais são suas prioridades absolutas?
  – treinar funcionários;
  – garantir rendimentos diários;
  – fugir de empréstimos financeiros;
  – evitar prejuízos, é claro.

**4. Trava-língua. Diga bem rápido.**

Em rápido rapto, um rápido rato raptou três ratos sem deixar rastros.

**5. Charada. O que é, o que é?**

Todas as mães têm,
Sem ele não tem pão,
Some no inverno e
Aparece no verão?

## Passo 4

**1.1. /ɛw/ /iw/ Marque o que ouviu.**

| fugiu | difícil |
|---|---|
| imbecil | provável |
| possível | responsável |
| viável | mil |
| desejável | viu |
| fácil | impossível |

**1.2. Repita.**

— Aquele irresponsável fugiu com três mil dólares!
— Não é normal que um alto executivo viaje pelo Brasil no carnaval.

**2. /ʎ/ Ouça e depois leia.**

– um trevo de quatro folhas
– um pé de coelho
– folhas de repolho para o coelho
– uma família do barulho
– um trabalho semelhante
– uma bolha de sabão e uma bola velha

**3.1. /pr/ /br/ Ouça e repita.**

desemprego / empréstimo
aprender / prejuízo
empresa / cobre
brasileiro / branco
brinco / sobrenatural

**3.2. Leia.**

– Três empresas brasileiras.
– Um brinco de pedras brancas.
– Empréstimos que dão prejuízos.
– Aprender com o próprio desemprego.

**3.3. /pr/ /pl/ Repita.**

placa / praça
plano / prato
acoplar / comprar
planta / prata

**4.1. Ouça o áudio e repita.**

pudessem / pudéssemos
soubessem / soubéssemos
estivessem / estivéssemos
fizessem / fizéssemos
quisessem / quiséssemos

**4.2. Poeminha. Complete e depois leia.**

Se eu pudesse, se eu quisesse, se eu fizesse...
Mas eu não posso, eu não quero, eu não faço.
E se nós ..............................................?
Ah! Que bom seria!

**5. Charada.**

– O que a zebra disse para a mosca?

## Passo 5

**1. /tj/ /dj/ Leia e repita.**

empréstimo / garantido

negativo / alternativo
positivo / atividade
diária / rendimento
faculdade / tarde
adiantamento / adiar

### 2.1. Ouça e repita.

Amanhã, depois que **forem** embora
Ontem, depois que **foram** embora
Amanhã, quando **voltarem** para lá
Ontem, quando **voltaram** para lá
Amanhã, enquanto **estiverem** aqui
Ontem, enquanto **estiveram** aqui
Amanhã, logo que **puderem**
Ontem, logo que **puderam**

### 2.2. Preencha com o que ouviu.

— Eles foram ao banco. Quando .............., será muito tarde. (voltaram/voltarem)
— Depois que os tios .............. para o interior, os meninos ficaram tristes. (retornaram/retornarem)
— Vocês só podem sair depois que .............. suas tarefas. (terminaram/terminarem)
— Enquanto os palhaços .............. aqui, vai ser difícil as crianças sossegarem. (estiveram/estiverem)

### 3.1. Ouça e repita.

rápido / múltiplo
técnico / máquina
hipótese / econômico
médico / político
xícara / fotógrafo
depósito / relâmpago
capítulo / diálogo
título / sábado

### 3.2. Leia.

– um crédito rápido
– um depósito múltiplo
– uma máquina econômica
– um médico político
– um fotógrafo bárbaro

### 4. Ouça e repita.

— O pai de Maria da Glória é antiquário. Ele negocia quadros.
— Que pessoa amarga, ninguém aguenta tanta mágoa e tanto ódio.
— Guarde seu guarda-chuva. O aguaceiro desabou e alagou tudo.
— Alguém, ninguém, algum, nenhum. Esqueci alguma coisa?

### 5. Trava-língua. Diga bem rápido.

A vida é uma sucessiva sucessão de sucessões que se sucedem sucessivamente, sem que o sucesso suceda.

## Passo 6

### 1.1. Ouça e repita.

trânsito / semáforo
lâmpada / tráfego
obstáculo / ônibus / veículo

### 1.2. Preencha com a palavra que ouviu.

— Sou .............. plantonista, trabalho nas ambulâncias. Eu medico, .............., multiplico boas ações, mas .............. diante da morte.

— Meu amigo é diplomata, ele .............. nas altas esferas políticas com muito ............... Minha hipótese é que a carreira de político lhe interessa mais. .............. minha confiança nele se for candidato.

### 2. Ouça o áudio e depois pronuncie separando as sílabas.

horário (ho-rá-rio)
veículo – estacionar – área – travessia – pedágio – areia – perdoado – abençoado – magoado – amaldiçoado – maldade – saudade

### 3. Leia.

— No horário de pico, um veículo cheio de areia parou o trânsito e causou um congestionamento de muitos quilômetros.
— Morar fora da cidade parecia uma boa ideia. Mas não sei se: o pedágio é caro, há muito tráfego nas vias de acesso, tem o rodízio, o trânsito ao chegar é um horror.

### 5. Charada. O que é, o que é?

É verde e não é capim,
É branco e não é algodão,
É vermelho e não é sangue,
É preto e não é carvão?

## Passo 7

### 1. Ouça e marque o que ouviu. Depois preencha as lacunas.

| | | | |
|---|---|---|---|
| | tenham feito | | tenha feito |
| | tenham perdido | | tenha perdido |
| | tenham falado | | tenha falado |
| | tenham esquecido | | tenha esquecido |

— Acreditamos que eles .............. o projeto sozinhos.
— Ela está atrasada, talvez ............... o último ônibus para cá.
— Duvido que .............. da reunião.
— Esperamos que não .............. com o chefe sobre nosso aumento.

### 2. Ouça e repita.

— Aproveite o leite e faça um doce de leite.
— De dia ou de noite, tenho muita sede.
— Quando o clube dele perde, o ódio impede este homem de raciocinar!
— Estou muito contente, o Jorge terminou a faculdade e agora já pode trabalhar.

### 3. Leia as frases abaixo. Você sabe o que significam essas interjeições? Ouça e depois relacione.

a) Ufa! Ainda bem!     ☐ espantar, afugentar

b) Psiu! Quietos.     ☐ contentamento

c) Nossa, que beleza!     ☐ pedir satisfação

d) Nossa! Que horror.     ☐ alívio

e) Oba, hoje tem festa!     ☐ repulsa

f) Epa, opa, o que é que é?     ☐ admiração

g) Eu, hein!? Tá pensando o quê?     ☐ indignação

h) Xô, sai pra lá!     ☐ pedir silêncio

### 4. Charada

— Quais as capitais brasileiras mais festejadas no mês de dezembro?
— O que é que nunca volta, embora nunca tenha ido?

# Apêndice gramatical

**Observação**

As informações contidas neste apêndice referem-se exclusivamente ao conteúdo das Lições 1 a 8 deste livro, englobando referências ao conteúdo dos livros 1 e 2 quando necessário.

## Conteúdo

**1.** Pronomes ............................................................................................... 124
    1.1. Pronomes demonstrativos
    1.2. Pronomes relativos

**2.** Verbos .................................................................................................... 124
    2.1. Modo Subjuntivo
        2.1.1. Quadro geral do emprego dos tempos
        2.1.2. Conjunções de Presente e Imperfeito do Subjuntivo
        2.1.3. Conjunções de Futuro do Subjuntivo
    2.2. Orações condicionais
    2.3. Conjunções condicionais
    2.4. Infinitivo Pessoal
    2.5. Verbo haver – Forma impessoal
    2.6. Regência verbal – Verbos e suas preposições
    2.7. Conjugação – Verbos regulares – Indicativo
    2.8. Conjugação – Verbos regulares – Subjuntivo
    2.9. Conjugação de verbos irregulares – Indicativo
    2.10. Conjugação de verbos irregulares – Subjuntivo

**3.** Discurso direto e indireto .................................................................... 132
    3.1. Discurso direto
    3.2. Discurso indireto

# 1. Pronomes

## 1.1. Pronomes demonstrativos

| Variáveis | | Invariáveis |
|---|---|---|
| masculino | feminino | neutro |
| este   estes | esta   estas | isto |
| esse   esses | essa   essas | isso |
| aquele   aqueles | aquela   aquelas | aquilo |
| **Este** documento é meu (pronome adjetivo)<br><br>Meu documento é **este**. (pronome substantivo) | | Não posso aceitar **isso**. (pronome substantivo |

Pronomes demonstrativos + ideia de proximidade

**Este** indica proximidade com a 1ª pessoa – *eu*      **Este** livro **aqui** *comigo* é interessante.

**Esse** indica proximidade com *você*      **Esse** livro **aí** *perto de você* é interessante.

**Aquele** indica proximidade com a 3ª pessoa – *ele/ela*      **Aquele** livro **ali/lá** *com ele/ela* é interessante.

## 1.2. Pronomes relativos (L.7)

| | |
|---|---|
| que, quem, onde | que, quem = o qual, a qual, os quais, as quais<br>onde = em que, no qual, na qual... |
| A *casa* **que** comprei é moderna.<br>A *moça* **que** chegou está na sala.<br>A *moça* **com quem** falei está aqui.<br>A *cidade* **onde/em que** eu nasci é pequena. | A cidade **na qual** nasci é pequena.<br>As moças **com as quais** falei estão na sala. |
| cujo, cuja, cujos, cujas | |
| A cidade **cujas** *ruas* são largas é moderna.<br>A cidade **cujo** *povo* não tem trabalho tem problemas sérios.<br>A cidade **cuja** *população* gosta de futebol precisa ter grandes estádios. | |

# 2. Verbos

## 2.1. Modo Subjuntivo

### 2.1.1. Quadro geral do emprego dos tempos

| | |
|---|---|
| **Presente do Subjuntivo** | Eu *quero que você* **trabalhe** mais. (L. 1) – Verbos de desejo + que<br>Eu *duvido que você* **trabalhe** bem. (L. 1) – Verbos de dúvida + que<br>Fico *triste que você* não **possa trabalhar**. (L. 1) – Verbos de sentimento + que<br>*É necessário que você* **trabalhe** mais. (L. 2) – Expressões impessoais + que<br>Eu estou trabalhando *embora eu* **esteja** doente hoje. (L. 3) – Certas conjunções<br>Eu estou procurando *alguém que* **queira trabalhar** comigo. (L. 3) – palavra indefinida + que (pronome relativo) |
| **Pretérito Imperfeito do Subjuntivo** | Eu queria que você **trabalhasse** mais. (L. 4)<br>Eu duvidei que você **trabalhasse** bem. (L. 4)<br>Fiquei triste que você não **pudesse** trabalhar. (L. 4)<br>Era necessário que você **trabalhasse** mais. (L. 4)<br>Ontem eu estava trabalhando embora eu **estivesse** doente. (L. 4)<br>Eu estava procurando alguém que **quisesse** trabalhar comigo. (L. 4) |

| Futuro Simples do Subjuntivo | Vou telefonar quando eu **estiver** no aeroporto. (L. 5)<br>Comprarei tudo o que eu **puder**. (L. 5) |
|---|---|
| Pretérito Perfeito do Subjuntivo | Eu duvido que ele **tenha** telefonado ontem. (L. 5) |
| Pretérito Mais-que-Perfeito do Subjuntivo | Eu duvidei que ele **tivesse** telefonado. (L. 5) |
| Futuro Composto do Subjuntivo | Só sairei quando **tiver terminado** meu trabalho. (L. 5) |

## 2.1.2. Conjunções de Presente e Imperfeito do Subjuntivo (L. 3, L. 4)

para que = a fim de que  embora  a não ser que

mesmo que = nem que  antes que  sem que

desde que = contanto que  até que  caso

> **LEMBRE-SE**
>
> Essas informações (2.1.2 e 2.1.3) são muito importantes, pois lhe permitem usar os tempos verbais corretamente.

## 2.1.3. Conjunções de Futuro do Subjuntivo (L. 5)

logo que = assim que  quando  como

depois que  enquanto  sempre que se

## 2.2. Orações condicionais (L. 7)

Possibilidade no futuro  Eu irei à praia amanhã se fizer sol. (talvez faça)

Hipótese no presente (irrealidade)  Eu iria à praia se fizesse sol. (mas não faz)

Hipótese no passado (impossibilidade)  Eu teria ido à praia ontem se tivesse feito sol. (mas não fez)

## 2.3. Conjunções condicionais (L. 3-L. 5)

se  desde que  a não ser que  contanto que  caso  sem que

## 2.4. Infinitivo Pessoal (L. 6)

| Uso obrigatório | **Sujeitos diferentes**<br>Ele pediu para **ficarmos**.<br>**Sujeito do Infinitivo expresso**<br>Sem *nós* **termos** informações, não podemos fazer nada. |
|---|---|
| Uso facultativo | **Sujeitos iguais nas duas orações. Sujeito do Infinitivo não expresso.**<br>Sem **dizer/dizerem** nada, eles saíram. |

## 2.5. Verbo haver – Forma impessoal (L. 5)

**Há** muitos programas bons na televisão.

**Haver em expressões de tempo**

Presente – Eu **trabalho** nesta companhia **há** 12 anos. Gosto daqui.

Passado – Eu **vendi** minha casa **há** 12 meses, por isso estou morando num *flat*.

## 2.6. Regência verbal – Verbos e suas preposições

| Verbo | Sem preposição + substantivo (•) | Preposição + substantivo | Preposição + Infinitivo |
|---|---|---|---|
| aborrecer(-se) | • | com | por |
| acabar | • | com, em | de, por |
| aconselhar | • | | a |
| acostumar(-se) | • | a, com | a |
| acreditar | | em | em |
| aderir | | a | |
| admirar(-se) | • | de | de |
| agradar | • | a | |
| agradecer | • | a | |
| ajudar | • | | a |
| apaixonar-se | | por | |
| aprender | • | | a |
| aproximar(-se) | • | de | |
| arrepender-se | | de | de |
| bater | • | em | |
| cansar-se | • | de | de |
| casar-se | | com | |
| combinar | • | com | de |
| começar | • | com | a, por |
| compor(-se) | • | de | |
| comunicar | • | a | |
| comunicar-se | | com | |
| concentrar(-se) | • | em | em |
| concordar | | com | em |
| confiar | • | em | em |
| conformar-se | | com | em |
| consentir | | em | em |
| contar | • | com | em |
| continuar | • | com | a |
| crer | | em | em |
| cuidar | | de | de |
| deixar | • | | de, por |
| depender | | de | de |
| desconfiar | | de | |
| desistir | | de | de |
| discordar | | de | de |
| encarregar(-se) | | de | de |
| ensinar | • | | a |
| esforçar-se | | por | por, em, para |
| esquecer | • | | |
| esquecer-se | | de | de |
| fugir | | de | |

| Verbo | Sem preposição + substantivo (•) | Preposição + substantivo | Preposição + Infinitivo |
|---|---|---|---|
| gostar | | de | de |
| hesitar | | entre | em, entre |
| insistir | | em | em |
| interessar(-se) | | por, a | em, por |
| lembrar | • | | |
| lembrar-se | | de | de |
| lutar | | com, contra | para |
| morrer | | de | de |
| mudar | • | de | |
| necessitar | • | de | |
| obrigar(-se) | • | | a |
| orgulhar-se | | de | de |
| parar | • | | de |
| parecer-se | | com | |
| participar | • | de, em | |
| pedir | • | | para |
| pensar | | em | em |
| pertencer | | a | |
| precisar | | de | |
| preocupar(-se) | | com | em |
| preparar(-se) | | para | para |
| queixar-se | | de | de |
| reclamar | • | de | de |
| referir-se | | a | |
| renunciar | | a | a |
| resistir | | a, contra | a |
| rir | | de | |
| sonhar | | com | em |
| telefonar | | a, para | |
| terminar | • | com, em | de, por |
| tocar | • | em | |
| tratar | • | de | de |
| trocar | • | de, por | |
| viver | | de | |
| zangar-se | | com, por | |

## 2.7. Conjugação – Verbos regulares (falar, comer e abrir) – Indicativo

|  | Presente | Pretérito Perfeito | Pretérito Perfeito Composto | Pretérito Imperfeito | Futuro do Presente | Futuro do Pretérito | Mais-que--Perfeito Simples | Mais-que-Perfeito Composto |
|---|---|---|---|---|---|---|---|---|
| **-ar** | falo fala falamos falam | falei falou falamos falaram | tenho falado tem falado temos falado têm falado | falava falava falávamos falavam | falarei falará falaremos falarão | falaria falaria falaríamos falariam | falara falara faláramos falaram | tinha falado tinha falado tínhamos falado tinham falado |
| **-er** | como come comemos comem | comi comeu comemos comeram | tenho comido tem comido temos comido têm comido | comia comia comíamos comiam | comerei comerá comeremos comerão | comeria comeria comeríamos comeriam | comera comera comêramos comeram | tinha comido tinha comido tínhamos comido tinham comido |
| **-ir** | abro abre abrimos abrem | abri abriu abrimos abriram | tenho aberto tem aberto temos aberto têm aberto | abria abria abríamos abriam | abrirei abrirá abriremos abrirão | abriria abriria abriríamos abririam | abrira abrira abríramos abriram | tinha aberto tinha aberto tínhamos aberto tinham aberto |

## 2.8. Conjugação – Verbos regulares – Subjuntivo

|  | Presente | Pretérito Imperfeito | Pretérito Perfeito | Pretérito Mais-que--Perfeito | Futuro Simples | Futuro Composto |
|---|---|---|---|---|---|---|
| **-ar** | fale fale falemos falem | falasse falasse falássemos falassem | tenha falado tenha falado tenhamos falado tenham falado | tivesse falado tivesse falado tivéssemos falado tivessem falado | falar falar falarmos falarem | tiver falado tiver falado tivermos falado tiverem falado |
| **-er** | coma coma comamos comam | comesse comesse comêssemos comessem | tenha comido tenha comido tenhamos comido tenham comido | tivesse comido tivesse comido tivéssemos comido tivessem comido | comer comer comermos comerem | tiver comido tiver comido tivermos comido tiverem comido |
| **-ir** | abra abra abramos abram | abrisse abrisse abríssemos abrissem | tenha aberto tenha aberto tenhamos aberto tenham aberto | tivesse aberto tivesse aberto tivéssemos aberto tivessem aberto | abrir abrir abrirmos abrirem | tiver aberto tiver aberto tivermos aberto tiverem aberto |

## Formas nominais

|  | Imperativo |
|---|---|
| **-ar** | fale falemos falem |
| **-er** | coma comamos comam |
| **-ir** | abra abramos abram |

|  | Infinitivo Pessoal | Gerúndio | Particípio |
|---|---|---|---|
| **-ar** | falar falar falarmos falarem | falando | falado |
| **-er** | comer comer comermos comerem | comendo | comido |
| **-ir** | abrir abrir abrirmos abrirem | abrindo | aberto |

## 2.9. Conjugação de verbos irregulares – Indicativo

|  | Presente | Pretérito Perfeito | Perfeito Composto | Pretérito Imperfeito |
|---|---|---|---|---|
| **dar** | dou<br>dá<br>damos<br>dão | dei<br>deu<br>demos<br>deram | tenho dado<br>tem dado<br>temos dado<br>têm dado | dava<br>dava<br>dávamos<br>davam |
| **dizer** | digo<br>diz<br>dizemos<br>dizem | disse<br>disse<br>dissemos<br>disseram | tenho dito<br>tem dito<br>temos dito<br>têm dito | dizia<br>dizia<br>dizíamos<br>diziam |
| **estar** | estou<br>está<br>estamos<br>estão | estive<br>esteve<br>estivemos<br>estiveram | tenho estado<br>tem estado<br>temos estado<br>têm estado | estava<br>estava<br>estávamos<br>estavam |
| **fazer** | faço<br>faz<br>fazemos<br>fazem | fiz<br>fez<br>fizemos<br>fizeram | tenho feito<br>tem feito<br>temos feito<br>têm feito | fazia<br>fazia<br>fazíamos<br>faziam |
| **ir** | vou<br>vai<br>vamos<br>vão | fui<br>foi<br>fomos<br>foram | tenho ido<br>tem ido<br>temos ido<br>têm ido | ia<br>ia<br>íamos<br>iam |
| **preferir** | prefiro<br>prefere<br>preferimos<br>preferem | preferi<br>preferiu<br>preferimos<br>preferiram | tenho preferido<br>tem preferido<br>temos preferido<br>têm preferido | preferia<br>preferia<br>preferíamos<br>preferiam |
| **poder** | posso<br>pode<br>podemos<br>podem | pude<br>pôde<br>pudemos<br>puderam | tenho podido<br>tem podido<br>temos podido<br>têm podido | podia<br>podia<br>podíamos<br>podiam |
| **pôr** | ponho<br>põe<br>pomos<br>põem | pus<br>pôs<br>pusemos<br>puseram | tenho posto<br>tem posto<br>temos posto<br>têm posto | punha<br>punha<br>púnhamos<br>punham |
| **querer** | quero<br>quer<br>queremos<br>querem | quis<br>quis<br>quisemos<br>quiseram | tenho querido<br>tem querido<br>temos querido<br>têm querido | queria<br>queria<br>queríamos<br>queriam |
| **saber** | sei<br>sabe<br>sabemos<br>sabem | soube<br>soube<br>soubemos<br>souberam | tenho sabido<br>tem sabido<br>temos sabido<br>têm sabido | sabia<br>sabia<br>sabíamos<br>sabiam |
| **ser** | sou<br>é<br>somos<br>são | fui<br>foi<br>fomos<br>foram | tenho sido<br>tem sido<br>temos sido<br>têm sido | era<br>era<br>éramos<br>eram |
| **ter** | tenho<br>tem<br>temos<br>têm | tive<br>teve<br>tivemos<br>tiveram | tenho tido<br>tem tido<br>temos tido<br>têm tido | tinha<br>tinha<br>tínhamos<br>tinham |
| **trazer** | trago<br>traz<br>trazemos<br>trazem | trouxe<br>trouxe<br>trouxemos<br>trouxeram | tenho trazido<br>tem trazido<br>temos trazido<br>têm trazido | trazia<br>trazia<br>trazíamos<br>traziam |
| **ver** | vejo<br>vê<br>vemos<br>veem | vi<br>viu<br>vimos<br>viram | tenho visto<br>tem visto<br>temos visto<br>têm visto | via<br>via<br>víamos<br>viam |
| **vir** | venho<br>vem<br>vimos<br>vêm | vim<br>veio<br>viemos<br>vieram | tenho vindo<br>tem vindo<br>temos vindo<br>têm vindo | vinha<br>vinha<br>vínhamos<br>vinham |

## ...Indicativo (continuação)

| | Futuro do Presente | Futuro do Pretérito | Pretérito Mais-que-Perfeito Simples | Pretérito Mais-que-Perfeito Composto |
|---|---|---|---|---|
| **dar** | darei<br>dará<br>daremos<br>darão | daria<br>daria<br>daríamos<br>dariam | dera<br>dera<br>déramos<br>deram | tinha dado<br>tinha dado<br>tínhamos dado<br>tinham dado |
| **dizer** | direi<br>dirá<br>diremos<br>dirão | diria<br>diria<br>diríamos<br>diriam | dissera<br>dissera<br>disséramos<br>disseram | tinha dito<br>tinha dito<br>tínhamos dito<br>tinham dito |
| **estar** | estarei<br>estará<br>estaremos<br>estarão | estaria<br>estaria<br>estaríamos<br>estariam | estivera<br>estivera<br>estivéramos<br>estiveram | tinha estado<br>tinha estado<br>tínhamos estado<br>tinham estado |
| **fazer** | farei<br>fará<br>faremos<br>farão | faria<br>faria<br>faríamos<br>fariam | fizera<br>fizera<br>fizéramos<br>fizeram | tinha feito<br>tinha feito<br>tínhamos feito<br>tinham feito |
| **ir** | irei<br>irá<br>iremos<br>irão | iria<br>iria<br>iríamos<br>iriam | fora<br>fora<br>fôramos<br>foram | tinha ido<br>tinha ido<br>tínhamos ido<br>tinham ido |
| **preferir** | preferirei<br>preferirá<br>preferiremos<br>preferirão | preferiria<br>preferiria<br>preferiríamos<br>prefeririam | preferira<br>preferira<br>preferíramos<br>preferiram | tinha preferido<br>tinha preferido<br>tínhamos preferido<br>tinham preferido |
| **poder** | poderei<br>poderá<br>poderemos<br>poderão | poderia<br>poderia<br>poderíamos<br>poderiam | pudera<br>pudera<br>pudéramos<br>puderam | tinha podido<br>tinha podido<br>tínhamos podido<br>tinham podido |
| **pôr** | porei<br>porá<br>poremos<br>porão | poria<br>poria<br>poríamos<br>poriam | pusera<br>pusera<br>puséramos<br>puseram | tinha posto<br>tinha posto<br>tínhamos posto<br>tinham posto |
| **querer** | quererei<br>quererá<br>quereremos<br>quererão | quereria<br>quereria<br>quereríamos<br>quereriam | quisera<br>quisera<br>quiséramos<br>quiseram | tinha querido<br>tinha querido<br>tínhamos querido<br>tinham querido |
| **saber** | saberei<br>saberá<br>saberemos<br>saberão | saberia<br>saberia<br>saberíamos<br>saberiam | soubera<br>soubera<br>soubéramos<br>souberam | tinha sabido<br>tinha sabido<br>tínhamos sabido<br>tinham sabido |
| **ser** | serei<br>será<br>seremos<br>serão | seria<br>seria<br>seríamos<br>seriam | fora<br>fora<br>fôramos<br>foram | tinha sido<br>tinha sido<br>tínhamos sido<br>tinham sido |
| **ter** | terei<br>terá<br>teremos<br>terão | teria<br>teria<br>teríamos<br>teriam | tivera<br>tivera<br>tivéramos<br>tiveram | tinha tido<br>tinha tido<br>tínhamos tido<br>tinham tido |
| **trazer** | trarei<br>trará<br>traremos<br>trarão | traria<br>traria<br>traríamos<br>trariam | trouxera<br>trouxera<br>trouxéramos<br>trouxeram | tinha trazido<br>tinha trazido<br>tínhamos trazido<br>tinham trazido |
| **ver** | verei<br>verá<br>veremos<br>verão | veria<br>veria<br>veríamos<br>veriam | vira<br>vira<br>víramos<br>viram | tinha visto<br>tinha visto<br>tínhamos visto<br>tinham visto |
| **vir** | virei<br>virá<br>viremos<br>virão | viria<br>viria<br>viríamos<br>viriam | viera<br>viera<br>viéramos<br>vieram | tinha vindo<br>tinha vindo<br>tínhamos vindo<br>tinham vindo |

## 2.10. Conjugação de verbos irregulares – Subjuntivo

| | Presente | Pretérito Imperfeito | Pretérito Perfeito | Pretérito Mais-que-Perfeito |
|---|---|---|---|---|
| **dar** | dê<br>dê<br>demos<br>deem | desse<br>desse<br>déssemos<br>dessem | tenha dado<br>tenha dado<br>tenhamos dado<br>tenham dado | tivesse dado<br>tivesse dado<br>tivéssemos dado<br>tivessem dado |
| **dizer** | diga<br>diga<br>digamos<br>digam | dissesse<br>dissesse<br>disséssemos<br>dissessem | tenha dito<br>tenha dito<br>tenhamos dito<br>tenham dito | tivesse dito<br>tivesse dito<br>tivéssemos dito<br>tivessem dito |
| **estar** | esteja<br>esteja<br>estejamos<br>estejam | estivesse<br>estivesse<br>estivéssemos<br>estivessem | tenha estado<br>tenha estado<br>tenhamos estado<br>tenham estado | tivesse estado<br>tivesse estado<br>tivéssemos estado<br>tivessem estado |
| **fazer** | faça<br>faça<br>façamos<br>façam | fizesse<br>fizesse<br>fizéssemos<br>fizessem | tenha feito<br>tenha feito<br>tenhamos feito<br>tenham feito | tivesse feito<br>tivesse feito<br>tivéssemos feito<br>tivessem feito |
| **ir** | vá<br>vá<br>vamos<br>vão | fosse<br>fosse<br>fôssemos<br>fossem | tenha ido<br>tenha ido<br>tenhamos ido<br>tenham ido | tivesse ido<br>tivesse ido<br>tivéssemos ido<br>tivessem ido |
| **preferir** | prefira<br>prefira<br>prefiramos<br>prefiram | preferisse<br>preferisse<br>preferíssemos<br>preferissem | tenha preferido<br>tenha preferido<br>tenhamos preferido<br>tenham preferido | tivesse preferido<br>tivesse preferido<br>tivéssemos preferido<br>tivessem preferido |
| **poder** | possa<br>possa<br>possamos<br>possam | pudesse<br>pudesse<br>pudéssemos<br>pudessem | tenha podido<br>tenha podido<br>tenhamos podido<br>tenham podido | tivesse podido<br>tivesse podido<br>tivéssemos podido<br>tivessem podido |
| **pôr** | ponha<br>ponha<br>ponhamos<br>ponham | pusesse<br>pusesse<br>puséssemos<br>pusessem | tenha posto<br>tenha posto<br>tenhamos posto<br>tenham posto | tivesse posto<br>tivesse posto<br>tivéssemos posto<br>tivessem posto |
| **querer** | queira<br>queira<br>queiramos<br>queiram | quisesse<br>quisesse<br>quiséssemos<br>quisessem | tenha querido<br>tenha querido<br>tenhamos querido<br>tenham querido | tivesse querido<br>tivesse querido<br>tivéssemos querido<br>tivessem querido |
| **saber** | saiba<br>saiba<br>saibamos<br>saibam | soubesse<br>soubesse<br>soubéssemos<br>soubessem | tenha sabido<br>tenha sabido<br>tenhamos sabido<br>tenham sabido | tivesse sabido<br>tivesse sabido<br>tivéssemos sabido<br>tivessem sabido |
| **ser** | seja<br>seja<br>sejamos<br>sejam | fosse<br>fosse<br>fôssemos<br>fossem | tenha sido<br>tenha sido<br>tenhamos sido<br>tenham sido | tivesse sido<br>tivesse sido<br>tivéssemos sido<br>tivessem sido |
| **ter** | tenha<br>tenha<br>tenhamos<br>tenham | tivesse<br>tivesse<br>tivéssemos<br>tivessem | tenha tido<br>tenha tido<br>tenhamos tido<br>tenham tido | tivesse tido<br>tivesse tido<br>tivéssemos tido<br>tivessem tido |
| **trazer** | traga<br>traga<br>tragamos<br>tragam | trouxesse<br>trouxesse<br>trouxéssemos<br>trouxessem | tenha trazido<br>tenha trazido<br>tenhamos trazido<br>tenham trazido | tivesse trazido<br>tivesse trazido<br>tivéssemos trazido<br>tivessem trazido |
| **ver** | veja<br>veja<br>vejamos<br>vejam | visse<br>visse<br>víssemos<br>vissem | tenha visto<br>tenha visto<br>tenhamos visto<br>tenham visto | tivesse visto<br>tivesse visto<br>tivéssemos visto<br>tivessem visto |
| **vir** | venha<br>venha<br>venhamos<br>venham | viesse<br>viesse<br>viéssemos<br>viessem | tenha vindo<br>tenha vindo<br>tenhamos vindo<br>tenham vindo | tivesse vindo<br>tivesse vindo<br>tivéssemos vindo<br>tivessem vindo |

# ...Subjuntivo (continuação)

| | Futuro Simples | Futuro Composto |
|---|---|---|
| **dar** | der<br>der<br>dermos<br>derem | tiver dado<br>tiver dado<br>tivemos dado<br>tiverem dado |
| **dizer** | disser<br>disser<br>dissermos<br>disserem | tiver dito<br>tiver dito<br>tivermos dito<br>tiverem dito |
| **estar** | estiver<br>estiver<br>estivermos<br>estiverem | tiver estado<br>tiver estado<br>tivermos estado<br>tiverem estado |
| **fazer** | fizer<br>fizer<br>fizermos<br>fizerem | tiver feito<br>tiver feito<br>tivermos feito<br>tiverem feito |
| **ir** | for<br>for<br>formos<br>forem | tiver ido<br>tiver ido<br>tivermos ido<br>tiverem ido |
| **preferir** | preferir<br>preferir<br>preferirmos<br>preferirem | tiver preferido<br>tiver preferido<br>tivermos preferido<br>tiverem preferido |
| **poder** | puder<br>puder<br>pudermos<br>puderem | tiver podido<br>tiver podido<br>tivermos podido<br>tiverem podido |
| **pôr** | puser<br>puser<br>pusermos<br>puserem | tiver posto<br>tiver posto<br>tivermos posto<br>tiverem posto |
| **querer** | quiser<br>quiser<br>quisermos<br>quiserem | tiver querido<br>tiver querido<br>tivermos querido<br>tiverem querido |
| **saber** | souber<br>souber<br>soubermos<br>souberem | tiver sabido<br>tiver sabido<br>tivermos sabido<br>tiverem sabido |
| **ser** | for<br>for<br>formos<br>forem | tiver sido<br>tiver sido<br>tivermos sido<br>tiverem sido |
| **ter** | tiver<br>tiver<br>tivermos<br>tiverem | tiver tido<br>tiver tido<br>tivermos tido<br>tiverem tido |
| **trazer** | trouxer<br>trouxer<br>trouxermos<br>trouxerem | tiver trazido<br>tiver trazido<br>tivermos trazido<br>tiverem trazido |
| **ver** | vir<br>vir<br>virmos<br>virem | tiver visto<br>tiver visto<br>tivermos visto<br>tiverem visto |
| **vir** | vier<br>vier<br>viermos<br>vierem | tiver vindo<br>tiver vindo<br>tivermos vindo<br>tiverem vindo |

| Imperativo | Infinitivo Pessoal | Formas Nominais Gerúndio e Particípio |
|---|---|---|
| dê<br>demos<br>deem | dar<br>dar<br>darmos<br>darem | dando<br>dado |
| diga<br>digamos<br>digam | dizer<br>dizer<br>dizermos<br>dizerem | dizendo<br>dito |
| esteja<br>estejamos<br>estejam | estar<br>estar<br>estarmos<br>estarem | estando<br>estado |
| faça<br>façamos<br>façam | fazer<br>fazer<br>fazermos<br>fazerem | fazendo<br>feito |
| vá<br>vamos<br>vão | ir<br>ir<br>irmos<br>irem | indo<br>ido |
| prefira<br>prefiramos<br>prefiram | preferir<br>preferir<br>preferirmos<br>preferirem | preferindo<br>preferido |
| possa<br>possamos<br>possam | poder<br>poder<br>podermos<br>poderem | podendo<br>podido |
| ponha<br>ponhamos<br>ponham | pôr<br>pôr<br>pormos<br>porem | pondo<br>posto |
| queira<br>queiramos<br>queiram | querer<br>querer<br>querermos<br>quererem | querendo<br>querido |
| saiba<br>saibamos<br>saibam | saber<br>saber<br>sabermos<br>saberem | sabendo<br>sabido |
| seja<br>sejamos<br>sejam | ser<br>ser<br>sermos<br>serem | sendo<br>sido |
| tenha<br>tenhamos<br>tenham | ter<br>ter<br>termos<br>terem | tendo<br>tido |
| traga<br>tragamos<br>tragam | trazer<br>trazer<br>trazermos<br>trazerem | trazendo<br>trazido |
| veja<br>vejamos<br>vejam | ver<br>ver<br>vermos<br>verem | vendo<br>visto |
| venha<br>venhamos<br>venham | vir<br>vir<br>virmos<br>virem | vindo<br>vindo |

## 3. Discurso direto e indireto

### 3.1. Discurso direto

Ele disse: — Eu vou embora agora.

### 3.2. Discurso indireto

**Reprodução imediata**

Ele disse que agora ele vai embora.

**Reprodução posterior**

Ele disse que ele ia embora naquele momento.

# Textos gravados

## PARTE I
### Faixa 1

**Novo Avenida Brasil 3**

Curso básico de Português para estrangeiros

Livro-texto e Exercícios

De Emma Eberlein Oliveira Fernandes Lima – Lutz Rohrmann – Tokiko Ishihara – Cristián González Bergweiler – Samira Abirad Iunes.

© E.P.U. Editora Pedagógica e Universitária Ltda., São Paulo, 2022. Todos os direitos reservados. A reprodução desta obra, no todo ou em parte, por qualquer meio, sem autorização expressa e por escrito da Editora, sujeitará o infrator à penalidade prevista nos artigos 184 e 186 do Código Penal, a saber: reclusão de um a quatro anos.

### Faixa 2
### Lição 1 – Escola, universidade e carreiras

**A1 Entrevista**

**1. Ouça o diálogo.**

— Professor, que carreiras o senhor aconselha atualmente a nossos jovens?

— Depende. O mercado de trabalho muda muito de ano para ano. Ultimamente tenho visto muita gente desempregada. No meu tempo, os engenheiros recém-formados tinham logo bons empregos. Os advogados também. Os professores... bem, os professores ... sabe, o que eu aconselho aos jovens é que avaliem bem, mas muito bem mesmo, as carreiras que lhes interessam, as condições de trabalho e as perspectivas. Isso quer dizer que, se você não tem habilidade manual, não deve nem pensar em ser dentista. Nem pensar! Se você não gosta de ficar fechado numa sala o dia inteiro, não deve ser um analista de sistemas. Se você odeia uma matéria como matemática, por exemplo, como pode pensar em ser engenheiro? Duvido que você se sinta feliz se o trabalho não lhe dá prazer nem chance de prosperar.

### Faixa 3

**A2 Fico nervoso só de pensar...**

**1. Ouça o diálogo.**

— Odeio a segunda-feira! Fico nervoso só de pensar em voltar ao trabalho. Eu me aborreço no escritório o dia inteiro. A papelada... talvez seja melhor procurar outro emprego.

— Será? Receio que você esteja trabalhando na área errada.

### Faixa 4

**O Pequeno Burguês – Martinho da Vila**

**2. Ouça a música "O Pequeno Burguês" de Martinho da Vila. Veja, a seguir, a primeira parte da letra da canção.**

Felicidade!
Passei no vestibular
Mas a faculdade é particular.
Particular, ela é particular (bis)
Livros tão caros, tanta taxa pra pagar
Meu dinheiro muito raro, alguém teve que emprestar.
O meu dinheiro alguém teve que emprestar (bis)
Morei no subúrbio, andei de trem atrasado.
Do trabalho ia pra aula
sem jantar e bem cansado.
Mas lá em casa à meia-noite tinha sempre a me esperar
Um punhado de problemas e crianças pra criar.
Para criar, só criança pra criar (bis)

### Faixa 5
### Lição 2 – O tempo e o clima

**A1 O que a gente vai fazer?**

calor, chuva, vento, neve, tempestade, frio.

**1. Ouça o diálogo. Que figura corresponde a ele?**

— Puxa vida, que tempinho chato!

— É mesmo. O que é que a gente vai fazer?

— Eu queria ir à piscina, mas não vai dar.

— Com chuva, prefiro ficar em casa e alugar um DVD.

— Mas chuva é ideal para uma tarde no museu! Tem uma exposição nova na Pinacoteca.

### Faixa 6

**A2 E essa agora!**

**1. Ouça o diálogo. Leia e faça variações.**

— E essa agora! O pneu tinha que furar no meio deste temporal.

— E o que a gente faz agora?

— É possível que haja alguém por aqui que conserte pneus.

— Vamos perguntar lá na banca de jornais.

### Faixa 7

**D2 Enchente**

**1. Ouça o texto e decida qual figura combina com ele.**

— ...e agora voltamos ao nosso Repórter da Cidade, Milton Barbosa, que está acompanhando de perto o caos que a enchente trouxe à nossa cidade. Milton, onde você está agora?

— Boa tarde, Carlos, boa tarde aos ouvintes do nosso "Repórter da Cidade". Pois é, o temporal na tarde de hoje trouxe realmente mais uma vez o caos a alguns bairros. Estamos agora na Avenida Pacaembu, na zona oeste da cidade. A chuva parou, mas a avenida ainda está totalmente alagada. Da nossa posição, observamos que ainda há mais ou menos um metro e meio de água e a correnteza arrastou vários carros por quase um quarteirão. Ao meu lado, Dona Maria José Cavalcanti, que conseguiu sair do seu carro antes de este ser levado pela água. Dona Maria José, conte agora para os nossos ouvintes como aconteceu.

— Ah, foi horrível. A chuva estava muito forte, não dava para ver nada! De repente eu vi que na frente estava alagado, mas pensei que ia dar para passar. No meio da água, o carro morreu. A água começou a subir muito rápido e eu senti o carro flutuar! Aí eu abri a janela e comecei a gritar. Por sorte tinha gente passando e me ajudaram a sair. Na hora que saí, o carro foi embora com a correnteza. Nem sei como vou fazer agora, nem tinha seguro...

— Obrigado, Dona Maria José. A chuva realmente traz grandes prejuízos. Carlos, a situação aqui no bairro do Pacaembu ainda é muito difícil, e a polícia recomenda que os motoristas evitem a área. Assim que tivermos novas informações, voltaremos diretamente do local.

— Obrigado ao nosso Repórter da Cidade, Milton Barbosa. Mais uma vez as chuvas de verão causam catástrofes na nossa cidade e atrapalham o trânsito, já normalmente confuso. Quando, Sr. Prefeito, quando teremos soluções para esse problema?

### Faixa 8
### Lição 3 – Vida econômica e financeira
**A1 Conversa de bar**

— Os dias vão passando e nada de a economia melhorar... já estou perdendo a esperança.

— Vai com calma, as coisas são lentas! O Brasil é um país grande, é muito difícil resolver tudo da noite para o dia.

— Eu sei. Garçom, mais uma rodada! Mas veja os impostos. Todo ano eles aumentam, todo ano o governo tira mais da gente, e para onde vai o dinheiro? Você vê para onde vai o dinheiro de seus impostos?

— Bom, eu sei, mas o que a gente pode fazer? São eles lá em Brasília que decidem.

### Faixa 9
**A2 Vida econômica**
**Ouça os diálogos e relacione-os às manchetes.**
**Diálogo 1: Vamos montar um negócio?**

— Que tipo de negócio?

— Turismo. Uma agência de turismo alternativo. É um ramo difícil, mas o resultado pode ser pra lá de bom.

— Parece boa a ideia. Você tem capital?

— Não. E você?

— Também não.

— Então, esqueça!

### Faixa 10
**Diálogo 2: Você viu que absurdo?**

— Vamos ter de desembolsar mais dinheiro.

— Qual é o problema agora?

— São esses políticos. Agora estão querendo mais verba para a saúde.

— Ai, ai, ai... mais impostos!

### Faixa 11
**A3 Trocou de carro?**
**1. Ouça o texto e faça variações do diálogo com outros produtos**

— E aí, Vicente, trocou de carro?

— Pois é, rapaz, estive na loja, olhei bem, anotei os preços... não sei não, acho que vou esperar mais um pouco.

— Muito caro, né?

— Não sei se o carro está caro ou se sou eu que ganho pouco. Só sei que o dinheiro anda curto.

— Para todo mundo está assim. Os preços sobem muito, os salários menos. E comprando a prazo?

— Fizeram o cálculo das prestações com juros e tudo, mas, mesmo dando o meu carro como entrada, fica difícil.

— É, não está fácil...

### Faixa 12
**D1 Crise? Que crise?**
**1. Ouça o texto e decida: certo ou errado.**

— E, agora, o nosso comentarista econômico Joelmir Ming com "Semana econômica". Boa tarde, Joelmir, quais são as novidades da semana?

— Boa tarde, Bóris, boa tarde ouvintes. Nesta semana foi publicada uma interessante pesquisa sobre o consumo dos brasileiros. A boa notícia é que, nos últimos doze meses, muitas famílias conseguiram comprar sua primeira máquina de lavar: no ano passado, 59% dos lares pesquisados possuíam uma, agora o número subiu para 65%. Uma festa para a indústria de eletrodomésticos e uma grande ajuda para as donas de casa. Também o número de famílias que possui carro aumentou, menos que no caso das máquinas de lavar, mas mesmo assim expressivo: de 34% para 36% dos entrevistados. Não só isso, mas hoje 27% dos lares afirmam que pretendem comprar um veículo no futuro próximo (eram só 20% há 12 meses). Os especialistas oferecem as mais variadas explicações para esses dados extremamente positivos...

### Faixa 13
### Lição 4 – Imaginário brasileiro
**1. Ouça os textos e relacione-os com as fotos.**
**Texto 1**
Na noite de ano-novo, milhares de pessoas vão às praias, vestidas de branco, para oferecer presentes a Iemanjá, a "Rainha do Mar": perfumes, comida, espelhos. Também no dia 2 de fevereiro comemoram-na, dessa vez como a santa católica "Nossa Senhora dos Navegantes". Um dos exemplos do sincretismo religioso no Brasil.

### Faixa 14
**Texto 2**
No Brasil temos santos para tudo: Santa Clara cuida do tempo, São Pedro ajuda com dinheiro, Santa Rita ajuda aqueles que querem o impossível. Alguns têm várias tarefas, como Santo Antônio: arranjar marido e achar algo que se perdeu. Todos fazem parte do dia a dia de muita gente.

134

## Faixa 15
**D2 Quatro lendas brasileiras**
**1. Ouça as lendas e identifique as figuras.**
**Curupira**

O curupira é um menino pequeno de cabelo vermelho, muito peludo, com dentes verdes e pés virados para trás. Ele toma conta dos animais da selva amazônica e persegue os caçadores que matam por matar, ou que matam fêmea com filhote. Para castigar o caçador malvado, o curupira imita o som dos pássaros ou de animais. Ele imita muito bem. Atrai o caçador para o fundo da floresta e o faz perder-se para sempre, no maior desespero. Às vezes, para castigar ainda mais, o curupira transforma em caça os amigos, a mulher, os filhos do caçador. Iludido, o coitado os mata. O curupira está em todos os cantos da floresta, atrás dos troncos, no alto das árvores, em cima das pedras. Os sons estranhos que se ouvem no centro da floresta, é o curupira que os produz.

## Faixa 16
**Lobisomem**

Dizem que quando uma mulher tem 7 filhos, todos homens, o sétimo vira Lobisomem nas noites de sexta-feira. Transformado em lobo, unhas grandes, peludo, horrível, ele sai pelo campo devorando todos os cachorros e crianças que aparecem em seu caminho. Nos outros dias da semana, o lobisomem é homem como qualquer outro. Um pouco esquisito, é verdade. Meio amarelo, mas na sexta-feira...

## Faixa 17
**Saci-Pererê**

Saci-Pererê existe. É um molequinho preto como carvão, de uma perna só, que anda solto por aí atrapalhando todo mundo, fazendo bobagens. Tem sempre um pito aceso na boca muito vermelha e, na cabeça, uma carapuça, também bem vermelha.

O Saci inferniza a nossa vida: azeda o leite, quebra a ponta das agulhas, esconde as tesouras e os martelos, embaraça as linhas, bota moscas na sopa, queima o feijão, atormenta os cachorros, assusta as galinhas, amarra juntos os rabos de dois cavalos... O Saci só faz maldade pequena, mas incomoda. E como!

Para pegar um Saci arranja-se uma peneira. Em dia de vento bem forte, joga-se a peneira em cima de um rodamoinho de poeira e folhas secas. Zás! O Saci – é sempre o Saci que faz os rodamoinhos – fica preso embaixo da peneira. Mas, quando se levanta a peneira para pegá-lo, ele pula para o lado, rodopia e desaparece. Ninguém pode com o Saci.

## Faixa 18
**Iara**

A Iara, ou mãe d'água, costuma aparecer sobre as pedras do rio, em noites de lua. É mulher perigosíssima. Sua grande beleza dói nos olhos dos homens e os cega para sempre. A Iara então os atrai e os puxa para dentro do rio, levando-os para o fundo das águas. Ela tem longos cabelos verdes de limo e se penteia com pente de ouro. A água do rio é seu espelho.

## Faixa 19
**Lição 5 – Comércio e serviços**
**A1 Qual é o problema?**
**1. Ouça o diálogo.**

— GS Assistência Técnica, bom dia!
— Bom dia, é o seguinte: minha geladeira quebrou e eu queria que vocês mandassem alguém para consertá-la.

— Qual é o problema?
— Está fazendo um barulho horrível. Estou com medo de que quebre de uma vez.
— E a tomada, a senhora verificou a tomada?
— Sem problema. Olha, já fiz de tudo, e nada! Acho que está desregulada mesmo.
— O técnico vai passar na sua casa depois de amanhã para dar uma olhada.
— Depois de amanhã? Não dá para vir antes?
— Estamos com muito serviço. Vou ver o que posso fazer, mas não prometo nada.

## Faixa 20
**A2 Promessas, promessas, promessas**
**1. Ouça o diálogo. Por que a cliente telefonou novamente?**

— Alô, é da GS Assistência Técnica? Quero falar com o gerente.
— Quem quer falar com ele?
— É uma cliente.
— Ele está ocupado no momento. Qual é o assunto?
— Ele prometeu mandar um técnico. Fiquei esperando o dia inteiro e ninguém apareceu.
— O rapaz vai na segunda-feira, sem falta.
— Como assim na segunda-feira? Quero alguém hoje. Não quero ficar sem geladeira mais um fim de semana.
— É que estamos com alguns problemas no momento.
— Por que não me telefonaram?
— O técnico vai na segunda, eu lhe garanto.

## Faixa 21
**A3 Entrevista do mês**
**Como Dona Maria da Glória adaptou o seu restaurante à lei antifumo**

Nesta segunda, o governo anunciou: a lei antifumo entrará em vigor. A uma semana da lei, baladeiros fumantes criticam proibição de cigarro. *Blitzes* antifumo surpreendem donos de bares e restaurantes.

Conversamos com Dona Maria da Glória, que tem seu restaurante em Moema, para saber como ela está se adaptando à nova lei.

**Repórter** – Reduziu o número de frequentadores de seu restaurante?

**Dona Maria da Glória** – Não tivemos problemas. Adaptamos os fundos do estabelecimento para que os fumantes possam sair e fumar num ambiente aberto. Tivemos que investir nesta reforma, mas valeu a pena.

**Repórter** – Houve problemas com seus clientes?

**Dona Maria da Glória** – Uma ou duas pessoas ficaram um pouco irritadas; outras constrangidas, mas acabaram respeitando. Mas os que não fumam gostaram muito.

**Repórter** – A senhora concorda com esta lei?

**Dona Maria da Glória** – Eu concordo. Não considero este um hábito saudável, e prejudica os que não são fumantes. Não deveria, porém, ser algo tão drástico.

## Faixa 22

Bom dia! Bem-vindo ao SAC da Caixa do Povo. Este serviço é exclusivo para correntistas. Para abrir a sua conta conosco, ligue para o 0800 55555. Para reclamações, digite 2. Para comunicar perda ou roubo de cartões, digite 3. Para saldos em conta-corrente ou poupança, digite 4. Para assuntos relacionados ao seu cartão de crédito, digite 5. Para títulos de capitalização, digite 6. Para falar com um dos nossos atendentes, digite 9. Para ouvir novamente as opções deste menu, fique na linha.

### Faixa 23

Obrigado por ligar para a central de relacionamento da HomeTotal.

Digite a opção desejada.

2 para reclamações ou solicitações

3 para mercadorias quebradas ou com defeitos

4 para entregas

5 para montagem

6 para atendimento pessoal

### Faixa 24

A TransSudeste agradece a sua ligação. Escolha como podemos ajudá-lo:

Para atendimento em português, digite 1.

*For English press 2.*

*Para atendimiento en español, seleccione 3.*

...

Se quiser fazer uma reserva, disque 2.

Para cancelamentos ou mudanças em reserva existente, digite 3.

Para bagagem perdida, reembolsos ou reclamações, digite 4.

Para horário de voo, digite 5.

Para ouvir novamente as opções, digite 9.

Para falar com um de nossos agentes, aguarde na linha.

### Faixa 25
### Lição 6 – O trânsito
**A1 O trânsito urbano**

**1. Ouça o texto: Esquina movimentada.**

— Esta esquina é a esquina mais movimentada da cidade. Há carros demais! Chegando aqui, é necessário esperarmos o sinal abrir. Quando o sinal abrir, depois de olhar para a esquerda e para a direita, podemos atravessar a avenida. Vamos, agora dá!

— Ai, me espera!

### Faixa 26
**A2 É proibido!**

Marisa vai buscar Tiago na escola. Tiago tem cinco anos. A escola dele é enorme e fica numa avenida de grande movimento.

Marisa detesta ter de ir buscar o filho porque todo dia estacionar é um problema. Hoje será pior, pois está chovendo. Com certeza terá de estacionar longe da entrada e andar na chuva para pegar o garoto e voltar com ele para o carro. Marisa chega ao quarteirão da escola. Não há nenhuma vaga. Percorre o quarteirão seguinte e nada... é a mesma coisa. No outro também. E no outro. Nervosa, Marisa decide estacionar em fila dupla, bem em frente da escola. É só um minutinho e Tiago está ali, logo na entrada. Ela sai do carro, voa para dentro da escola e volta correndo com Tiago pela mão. Tarde demais! O guarda já vai indo embora e a multa lá está no para-brisa.

Fora de si, Marisa corre atrás do guarda.

— Sinto muito, minha senhora. Não posso fazer nada.

Marisa tenta convencê-lo. Não adianta.

Marisa insiste, insiste, insiste de novo. Não tem jeito.

O guarda se afasta calmamente. Marisa está com vontade de chorar.

### Faixa 27
**D1 O que é, o que é? Adivinhe!**

**1. Ouça a definição e identifique o meio de transporte descrito.**

**a)** Série de vagões puxados sobre trilhos por uma máquina, utilizado para transporte de cargas e pessoas.

**b)** Aparelho que se sustenta no ar por meio de grandes hélices colocadas em sua parte superior. O aparelho se eleva verticalmente, pode se deslocar para a frente, para trás e para os lados.

**c)** Meio de transporte urbano, que passa por vias subterrâneas, elevadas ou na superfície, muito rápido e com capacidade de levar grande número de passageiros.

**d)** Carro pequeno e aberto para transporte de pessoas, muito usado na zona rural porque se desloca com facilidade em estradas de terra.

**e)** Máquina movida por eletricidade, carvão ou vapor, usada para puxar vagões nas ferrovias.

**f)** Meio de transporte, movido por foguete, usado em viagens para exploração do espaço.

**g)** Tipo de embarcação usada nas guerras ou em pesquisas, projetada para operar abaixo da superfície do mar.

**h)** Veículo muito simples e lento, provido de uma grande superfície de madeira ajustada a duas grandes rodas, puxado por uma junta de bois. Era muito usado antigamente no interior do Brasil para transporte de cargas pesadas.

### Faixa 28
**3. Ouça as instruções e desenhe o meio de transporte. Identifique-o em seguida.**

**a)** Desenhe um guarda-chuva. Em cada uma das pontas da copa do guarda-chuva, pendure cordões compridos. Faça os cordões se encontrarem mais embaixo. No ponto em que os cordões se encontram, desenhe um homem em pé.

**b)** Desenhe seis paus horizontais roliços paralelos lado a lado, presos uns aos outros, formando uma espécie de estrado. Sobre eles e perpendicular a eles, desenhe uma grande vela de pano de forma triangular.

### Faixa 29
### Lição 7 – Lazer
**1. Ouça os diálogos e indique a que desenhos correspondem.**
**Diálogo 1**

— Pegou tudo?

— Peguei, já vou indo. O jogo começa daqui a meia hora.

— Levou bronzeador? O sol está torrando!

— Levei, sim. Qualquer coisa, a gente para o jogo e dá um mergulho!

— Tomara que vocês ganhem! Quem sabe vão para as Olimpíadas? Se vocês ganharem, vamos comemorar.

### Faixa 30
**Diálogo 2**

— Xi, e essa chuva que não para, Zé!

— É, a gente devia ter ficado em casa. Ainda bem que eu trouxe guarda-chuva!

— E este jogo que num anda! Olha o ponta, paradão! Se eu pudesse, eu mandaria o cara para o chuveiro.

— Nossa! Você viu aquilo? Quase que a bola entrou! Ô louco!

— A gente escapamos por pouco! Se a bola tivesse entrado, o jogo teria acabado pra gente. Já imaginou?

### Faixa 31
**Diálogo 3**

— Está pronta? Precisamos sair logo! Para onde vamos?

— Encontrar a Cidinha e o Marcos, lembra?

— Puxa vida! Esqueci totalmente. Estou com uma preguiça...

— Chegando lá você se anima. Vamos!

— Não dá para a gente desmarcar? Deixar para sábado que vem?

— Imagina! O Marcos já comprou ingresso para nós. É aquela peça, lembra, daquele diretor carioca...

— Tá, vamos lá então...

### Faixa 32
**A3 Ouvindo música no fim de semana: MPB**
**1. Ouça o texto**

— Adoro ficar em casa ouvindo rádio. A gente ouve música, notícias... ontem ouvi um cantor diferente: Adoniran Barbosa! Você conhece?

— Conheço e gosto muito dele. Ele é muito original. Superinteressante. E fala tudo errado.

### Faixa 33
**2. Ouça a música "As Mariposa" de Adoniran Barbosa, com o grupo Demônios da Garoa, e diga do que trata a letra. Veja abaixo um trecho da canção.**

As mariposa quando chega o frio
Fica dando vorta em vorta da lâmpida pra si isquentá
Elas roda, roda, roda e dispois se senta
Em cima do prato da lâmpida pra descansá
As mariposa quando chega o frio
Fica dando vorta em vorta da lâmpida pra si isquentá
Elas roda, roda, roda e dispois se senta
Em cima do prato da lâmpida pra descansá

### Faixa 34
**A4 No domingo, futebol pela TV**
**1. Ouça o texto**

— Oba! A gente vai ganhá esse jogo.

— Tomara!

— Epa! Tá perigoso.

— Ai! Meu coração!

— Xi! Outro gol!

— Assim num dá!

— É. Esse golero só toma frango!

— Droga! Num sei por que ele tá jogano.

— É um perna de pau.

— É! Num dá pra entendê.

### Faixa 35
**D1 Noel Rosa: Conversa de Botequim**
**1. Ouça a música "Conversa de Botequim", de Noel Rosa, com a voz da cantora Teresa Cristina, e leia um trecho da letra a seguir.**

Seu garçom,
faça o favor de me trazer depressa
Uma boa média que não seja requentada,
Um pão bem quente com manteiga à beça.
Um guardanapo e um copo d'água
bem gelada.
Feche a porta da direita com muito cuidado.
Que não estou disposto a ficar exposto ao sol.
Vá perguntar ao seu freguês do lado
Qual foi o resultado do futebol.

### Faixa 36
**Lição 8 – O português mundo afora**
**3. Numa palestra sobre a situação da língua portuguesa. Ouça o texto.**

— Bem mais de 200 milhões de pessoas falam português como língua oficial. Não só em Portugal ou no Brasil, o português é língua oficial, mas também em vários pontos da África e Ásia.

— Eu não entendi, Dadá. O que foi que ele disse?

— O professor disse que bem mais de duzentos milhões de pessoas falam português como língua-mãe, e que o português é língua oficial não só em Portugal e no Brasil, mas também em vários pontos da Ásia e da África.

### Faixa 37
**A1 Continuando a palestra...**

— Mas, professor, por que povos tão diferentes, tão distantes uns dos outros, falam a mesma língua?

— Porque os portugueses, grandes navegadores, ao longo dos séculos XV e XVI, chegaram, em suas caravelas, a diferentes partes do mundo, estabelecendo lá, sob seu domínio, sua língua.

— Eu não entendi, Dadá. Eu me distraí outra vez. Desculpe! Você pode repetir o que ele disse?

— Desculpe, Terê. Mas desta vez eu não vou repetir nada. Quero ouvir o professor.

— Ah! Dadá...

### Faixa 38
**A2 Diz-que-diz-que**

— Terê está aborrecida com você, Dadá.

— Por quê?

— Porque você não a ajudou na palestra do outro dia.

— Como assim? O que ela disse?

— Ela disse que, na palestra, ela tinha se distraído e tinha pedido sua ajuda, mas você não a tinha ajudado.

— O que foi mesmo que ela disse?

— Ela disse: — Estou muito aborrecida com Dadá. Eu lhe pedi ajuda. Eu queria entender o que o professor estava dizendo, mas ela se recusou a ajudar-me. Ela é muito chata, arrogante, uma grande egoísta. Foi isso mesmo o que ela disse.

### Faixa 39
**C1 O português dos brasileiros**

Há mais de 30 anos, todas as noites em milhões de casas brasileiras se ouve este som (abertura do Jornal Nacional da Rede Globo de televisão). Eu fico impressionado! Como um país tão grande como o nosso, onde há diferentes modos de falar em cada região, as notícias do Jornal Nacional podem ser entendidas por todos. Você já parou para pensar como isso é possível?

O Jornal Nacional é compreendido pelos brasileiros, porque seus apresentadores falam o português-padrão, é um jeito de falar que todos aprendem na escola, sem regionalismos. É verdade que todos se entendem falando o português-padrão, do Oiapoque ao Chuí. Mas nem por isso se pode negar a diversidade dos falares de nossa gente brasileira.

— Meu nome é Sotero, eu moro em Chaval, Ceará. Quando a gente acha uma coisa boa, a gente fala: Eita, coisa boa!

— Meu nome é Emília, eu nasci em Nanuque, Minas Gerais, e lá na minha terra, quando a gente acha uma coisa muito boa, a gente diz: Ê, trem bão, sô.

— Meu nome é Érica, eu nasci em São Paulo, capital. E quando uma coisa é muito boa na cidade a gente fala que é legal pacas.

— Meu nome é Nádia, eu nasci na Paraíba, em Ouro Velho. Lá, quando uma coisa é boa demais dizemos: Olha, pense uma coisa prestando.

### Faixa 40
**C2 Vários depoimentos**

**1. Ouça o primeiro texto. Sobre que região brasileira fala Maria?**

**Primeiro texto – Conversa com Maria**

Maria Zilma Molon. Eu nasci em São Marcos, fica perto de Caxias.

Os paulistas eu conheço pouco, eu já estive em São Paulo, mas sempre a trabalho e me parece assim que eles são muito agitados, muito preocupados com dinheiro, com trabalho, até a preocupação de lazer é uma preocupação assim meio nervosa.

Os cariocas são muito mais soltos, parecem mais alegres, sem considerar hoje este negócio de assalto, que esse Rio eu não conheço; eu conheço o Rio de 15 anos atrás, que eu ia pra praia, ficava em Copacabana, e passeava, conhecia aquelas praias todas, Búzios, Cabo Frio, Petrópolis, eu tive boas férias no Rio. Dizem que o gaúcho se dá muito bem com o carioca não sei nem por quê, mas eu acho que é verdade porque eu tive e tenho até hoje boas amizades com os cariocas. Os paulistas falam com um sotaque diferente, agora não saberia como descrever. Os cariocas, é fácil, eles falam chiado, falam "você" diferente do gaúcho que fala "tu", isso também os paulistas falam: "você".

### Faixa 41
**Segundo texto – Diálogo com Paula e Marina**

— Fala teu nome e o que é ser carioca, por favor.

— Meu nome é Marina Michaelis. Ser carioca pra mim significa basicamente gostar de ir ao Maracanã no domingo, passear na praia, no calçadão, gostar de tomar chopinho com os amigos, gostar de um bom papo, de puxar conversa com todo mundo, ser descontraído.

### Faixa 42
— Fala seu nome e o que é ser carioca para você.

— Meu nome é Paula. Pra mim é meio difícil responder essa pergunta, porque eu acho que dentro do Rio de Janeiro tem diferentes tipos de carioca. O carioca da praia, o surfista que tem um jeito próprio de se expressar, uma linguagem que eles desenvolveram entre eles. O pessoal da Zona Sul tem o seu grupinho, o pessoal da Baixada também é outro grupo. Então fica meio difícil você classificar: "carioca é assim". São vários cariocas dentro do Rio de Janeiro.

### Faixa 43
— Como é que paulista fala? Qual a diferença entre o falar do carioca e o do paulista?

— Paulista fala "gostoso" com "s", bem diferente do carioca. Paulista fala "gostoso" e carioca fala "gostoso".

— E o baiano, por exemplo, qual é a diferença?

— O baiano fala "ô neguinha", "ôxente", é diferente; as vogais têm um timbre bem diferente; o "ô" e o "ê" são mais abertos.

— Qual a diferença entre gaúcho e carioca falando?

— A diferença básica que eu vejo é no emprego do pronome. A gente usa "você" e o gaúcho usa sempre "tu" com o verbo na terceira pessoa. O que é pior ainda, "tu não vai", "tu não gostaria de fazer isso".

A melodia também é um pouco diferente, mas agora eu não sei imitar.

### Faixa 44
**Terceiro texto – Com a palavra a Professora Emma**

— Emma, onde que você nasceu?

— Eu nasci em São Paulo.

— Me fale sobre as pessoas, o seu modo de viver, o jeito delas falarem.

— Você quer que eu fale sobre os paulistas, não é? Eu acho que sou uma pessoa muito indicada para falar sobre eles porque, afinal de contas, eu vou estar falando da minha gente. Quando eu vejo o mapa do Brasil, para você ter uma ideia dessa ligação com São Paulo, eu imediatamente bato os olhos na área do estado de São Paulo e digo para mim mesma: é aqui. Aqui é a minha casa, aqui eu moro, aqui é a minha terra. O Paraná é meu vizinho. Minas também. Mas o meu lugar é São Paulo. Falar sobre os paulistas eu acho que posso falar de cátedra. Eu acho que a ideia geral que se faz do paulista é uma ideia meio errada, porque a ideia geral do paulista é na realidade a imagem do paulistano, é o habitante da cidade grande, sempre envolvido com trabalho, dinâmico, com muitas oportunidades de trabalho, muito corre-corre, ligado à indústria, é uma pessoa moderna, esforçada, muito ativa e na realidade essa é a imagem também um pouco incompleta, porque o paulistano, o habitante da cidade de São Paulo, convive com pessoas de outras nacionalidades, então a população da cidade de São Paulo é o resultado da grande imigração, um resultado assim patente a todo momento. Nós temos grandes colônias de alemães em São Paulo, de italianos, de japoneses, de judeus, de portugueses, espanhóis e todo mundo se mistura no dia a dia. Então o modo de falar do paulistano espelha isso. Há muita influência italiana, por exemplo, no falar do paulistano. Paulistano fala cinquenta, sessenta, setenta, eu vou namorar com ela, eu vou na Ana, isso quer dizer: eu vou à casa da Ana, isso se ouve em São Paulo, mas se ouvem também, pra quem tem ouvido afiado, pessoas falando com toque japonês, com toque de jiddisch. É muito interessante tudo isso, né?

— Até agora você me falou sobre os paulistanos, mas o que você me diz sobre os paulistas. Eles são muito diferentes?

— Aqui eu faço uma grande divisão. O paulistano da cidade grande, muito afobado, muito atarefado, correndo sempre, imagem tradicional, e o paulista do grande interior de São Paulo.

O interior de São Paulo tem cidades grandes, ricas, mas, comparadas com São Paulo, são cidades calmas, organizadas, a vida é tranquila, sempre em comparação com São Paulo. Essas pessoas, do interior de São Paulo, estão muito ligadas à vida rural, pois, por maiores que sejam as cidades, elas estão próximas das fazendas de laranja, de cana, de café, de gado, de sítios, de chácaras. Cidades como Ribeirão Preto, Rio Preto, Araçatuba, Piracicaba, Campinas, Araraquara dependem diretamente dessa vida rural. E o modo de falar dos paulistas do interior é muito característico e muito diferente do nosso de São Paulo. A começar, eles falam devagar, porque a vida deles também vai mais devagar. E eles têm, por exemplo, eles falam um "r" muito carregado, então um caipira paulista vai falar "a porta verde tá aberta" e nós paulistanos achamos tudo isso superengraçado, mas há muita afetividade nesse achar-graça. Eu acho que o Brasil é imenso, então nós teríamos direito a ter vários dialetos. Não temos, todo mundo fala a mesma língua, todo mundo se entende, agora os modos de falar são diferentes, os jeitos de falar, os jeitos

138

de ser variam muito. O baiano, por exemplo, fala devagar, anda devagar. Carioca, pra mim que sou paulista, fala gostoso, colorido, adoro ouvir carioca. E a vida deles também é assim, uma vida gostosa, uma vida folgada, colorida, do modo como eles falam. Eu acho que não há realmente um modo certo de falar. Há mil modos. Todos têm encanto.

## Faixa 45
### D1 O português em Portugal
**1. Ouça a primeira parte do áudio. Qual é o nome do programa de rádio?**

Há uma África positiva, escondida em Portugal. As origens, o que são, para onde vão. Os percursos daqueles que, em Portugal, simbolizam África. África positiva. O trabalho da jornalista Ana Jordão.
— Virgilio do Rosário nasceu em África, por acaso no Malaui.
— Eu nasci acidentalmente no Malaui, mas vivi em Moçambique. As memórias mais fortes são das cidades moçambicanas, ao contrário do país onde nasceu.
— Passei lá férias, mas nunca regressei. Agora, da Beira eu tenho muitas memórias.
— O período escolar está bem presente na memória de Virgílio do Rosário.
— Fiz a escola primária ao Liceu da Beira e depois fui para, então, Lourenço Bastos, fazer um curso de medicina veterinária.
— O investigador e professor catedrático do Instituto de Higiene e Medicina Tropical, em Lisboa, explica a escolha da veterinária.
— Eu não sabia bem que curso é que deveria tirar das diversas graduações possíveis e eu achei que talvez a veterinária fosse interessante.
— Após o curso, descobriu a malária.
— Tive depois direito a uma bolsa para fazer o doutoramento no estrangeiro. E no estrangeiro descobri que havia uma área mais restrita da genética de uma doença tropical, que era a malária.
— Com doutoramento feito em 1976, regressou a Moçambique, mas conjugar veterinária e malária não foi fácil.
— Por motivos óbvios, não aceitaram um doutoramento em Malária, sendo um veterinário, e, nessa altura, a universidade em Edimburgo, onde eu me doutorei, convidou-me a regressar para reativar a área da investigação.
— Até que chega a Portugal.
— Tô em Portugal há quinze anos.
— Quinze anos é a idade do centro de malária, e outras doenças tropicais, criado por Virgílio do Rosário.
— Eu enfatizei a área da malária, mas abri o acesso a outras áreas temáticas em que trabalhei. Tem várias redes nacionais e internacionais de ação regular. Tem uma boa ligação com todos os países da CPOP.
— Um centro que não foi fácil criar e que, já sem a coordenação de Virgilio do Rosário, prossegue a sua obra.
— Eu, quando abandonei a coordenação porque achei que meu trabalho já estava realizado, deixei a volta de 40 e tal projetos financiados. Após 15 anos, deixou-se uma estrutura que hoje é, acredito, reconhecida em vários lugares. E tô contente por isso. Mas não foi uma tarefa fácil, foi muito difícil.
— Para o investigador, o problema básico das doenças está na educação.
— As doenças existem porque elas dependem de coisas muito básicas. Elas dependem de educação. Toda uma estrutura de sistemas de saúde, aquisição de medicamento etc. tem que fazer parte do dia a dia das pessoas.
— Quanto ao mosquito, a ideia não é pôr-lhes fim, mas sim controlá-los, o que em África não é nada fácil.
— Ninguém quer que se acabe com os mosquitos, o que se quer é que se controle e, se possível, se erradiquem as doenças. E esse processo não é fácil. Em África, por exemplo, basta haver uma guerra civil para o movimento das populações ser tão denso e intenso, e, quando elas se movimentam, elas levam consigo as doenças que também têm.
— Doenças que muitas vezes, como é o caso da malária, baralham os próprios médicos.
— Nós temos percebido que, mesmo em Portugal, os médicos que trabalham em instituições distintas, em cidades distintas, não têm uma linguagem comum e muitas vezes perguntam por que é que se deve usar isto ou qual é o medicamento ideal para o lugar X.
— O investigador gosta do trabalho em equipa, desde que cumpridora das regras.
— Eu sinto-me bem no laboratório, rodeado de uma equipa que trabalhe. O ideal para mim não é só o conhecimento técnico: características da disciplina de trabalho, de horários bem cumpridos, e de espírito de equipa.
— Tem um ritual bem anual.
— Eu gosto muito, de 2 em 2 anos, de fazer férias em África, tipo safáris de acampamento etc.
— E não renega um regresso definitivo a África, desde que possa criar um centro idêntico ao que criou em Portugal.
— Faz parte dos meus planos ir para qualquer lugar em que eu possa estabelecer uma estrutura como a que eu estabeleci aqui.
— Virgilio do Rosário, o veterinário que descobriu no mosquito a vocação de uma vida. A ideia é controlar a malária assim como outras doenças tropicais.
— Há uma África positiva escondida em Portugal. As origens, o que são, para onde vão. Os percursos daqueles que, em Portugal, simbolizam África. África positiva. O trabalho da jornalista Ana Jordão.

## Faixa 46
### Exercícios – Lição 1
### D1 5. O dia do pendura

Tradicionalmente, no dia 11 de agosto, em São Paulo, comemora-se o Dia do Pendura. Alunos da Faculdade de Direito da USP – a velha Faculdade do Largo de São Francisco – nessa data entram em restaurantes, comem, bebem e saem... sem pagar. Mandam "pendurar" a conta. Antigamente, para evitar prejuízos maiores, muitos desses locais permaneciam fechados nesse dia. Hoje em dia, a coisa mudou. O "pendura" é preparado com bastante antecedência e muita diplomacia. Os estudantes, por meio de seu grêmio, solicitam ao restaurante um convite para jantar. Tudo muito civilizado. A carta vai, com uma lista de nomes, e volta com a permissão. Tudo muito amável.
Antigamente era diferente. Os alunos da São Francisco entravam num restaurante que não tinha fechado, comiam do bom e do melhor, bebiam e, na hora de pagar a conta, sorriam... às vezes, saíam correndo pela porta afora, o garçom atrás.
Há alguns anos, um grande grupo de alunos organizou "um casamento" nos salões do hotel mais luxuoso da cidade. Noiva, noivo, padrinhos, convidados, vestido branco, buquê... muita elegância... caviar, lagosta, vinhos finos,

champanha. Tudo muito chique... o bolo, cortesia do hotel! No fim, a conta! Sorrisos, gargalhadas, ameaças, correria. Noivo, noiva, padrinhos, convidados, gerente do hotel, todo mundo foi parar na delegacia. Grande confusão! Os estudantes reclamaram muito: o pessoal do hotel não tinha mesmo senso de humor... o delegado (surpresa!) aceitou a brincadeira: tinha sido aluno da São Francisco.

### Faixa 47
### Exercícios – Lição 2
**D2 8. Boletim meteorológico**
A Rádio e TV Cultura informam a previsão do tempo.
Para amanhã em todo o estado de São Paulo a previsão é de tempo nublado com chuvas e chuviscos, principalmente nas regiões sul e leste do estado, com períodos de melhoria. Na capital, a temperatura vai oscilar entre 13 e 22 graus. No litoral, 16 e 24 graus, e, no interior do estado, entre 10 e 26 graus.
No momento, na capital, aqui na Água Branca, 16 graus.
A fotografia do satélite mostra uma frente fria no Atlântico, na altura do litoral de Santa Catarina, Paraná e São Paulo, estendendo-se até o Mato Grosso do Sul.
Uma massa de ar frio provoca declínio de temperatura em todo o Centro-Sul do país, incluindo São Paulo.

### Faixa 48
### Exercícios – Lição 3
**D1 7. No caixa automático**
— Puxa vida, como é que isto funciona? Moça, poderia me ajudar?
Não estou conseguindo que a máquina funcione.
— O senhor precisa colocar o cartão magnético na posição certa.
Acho que aí deve dar certo.
— É assim? E agora? Eu quero tirar dinheiro, como eu faço?
— O senhor precisa digitar seu código primeiro.
— Ah, o código. Deixa eu ver, está aqui neste papel... a letra é tão pequena, e eu sem óculos. Dá para a senhora digitar para mim?
— Claro, deixe-me ver o papel... 34825... pronto.
— Obrigado. Agora... puxa vida, eu fico tão nervoso que eu me atrapalho todo. Está certo assim? Por que não saiu o dinheiro?
— Precisa esperar um pouco... estranho, não está saindo... ah, veja a mensagem. O senhor não tem saldo suficiente. Tente de novo, ponha um valor menor.
— Menor? Tá, eu vou tentar... agora, sim. E agora? Tem mais alguma coisa?
— Não, é só isso.
— Muito obrigado, moça. Nem sei o que eu faria sem a sua ajuda...

### Faixa 49
### Exercícios – Lição 4
**D2 9. Milagres e mandingas do dia de São João**
— Eu não acredito muito nisso, mas me explique, Dona Glória, essa história de São João.
— Não adianta não querer acreditar. Não adianta. A madrugada do dia 24 não é igual às outras. É especial. É mágica. É cheia de simpatias, quase todas para se adivinhar coisas sobre o futuro.
— Tem dó, Dona Glória! A senhora acredita nesse negócio?

— Claro! Vou te explicar uma simpatia. Se você tiver coragem, coloque um balde cheio de água em frente a uma fogueira de São João. E aí olhe para dentro dele. Se faltar alguma parte do seu rosto no reflexo da água, uma orelha, um olho, parte do nariz, prepare-se porque você não vai estar vivo na festa de São João do ano que vem. Não vai.
— Credo, Dona Glória!
— Mas tem outras coisas. A moça que quer se casar deve colocar duas agulhas num prato de água à meia-noite. Se elas amanhecerem juntas, é casamento na certa. Se não, pode desistir porque não tem jeito.
— É tudo muito interessante, mas eu não acredito. Bobagem!
— E como é que você explica o caso dos que tiram o sapato e atravessam a fogueira sem se queimar?
— Não entendi.
— Pois é, eles tiram o sapato, ficam descalços e atravessam a fogueira pisando nas brasas.
— Nas brasas?
— É, nas brasas. E não se queimam. Fazem seus pedidos, rezam para São João e começam a andar em cima das brasas. E não se queimam.
— Mas como?
— Eu também não sei. Dizem que é porque eles têm fé. Sei lá.

### Faixa 50
### Exercícios – Lição 5
**D1 8. Programa de rádio**
São 13 horas na Rádio Ouro Verde, a rádio que abre espaço para o consumidor. Começa agora o nosso "O ouvinte reclama", com Zé Luís no comando do programa.
A primeira carta de hoje é do publicitário Marco Antônio Mansano, que comprou uma garrafa retornável de 1 litro e meio de refrigerante, com um objeto estranho dentro. Marco Antônio diz que, sem abrir a garrafa, identificou o objeto como resíduo de tampa plástica descartável. Ele chamou a empresa e um técnico lhe disse que poderia ser boicote de funcionário descontente. Ele quer uma explicação da empresa. A produção do programa ligou para a engarrafadora e falou com o senhor Everaldo Pontes, assessor de diretoria da empresa. Pontes diz que não é normal, mas pode acontecer de o lacre interno da tampa plástica cair dentro da garrafa. Disse também que o material é o mesmo da tampa e que não é prejudicial à saúde se entrar em contato com a bebida. Ele informa que vai pedir ao publicitário a garrafa de refrigerante para que uma pesquisa detalhada seja feita por técnicos da engarrafadora. Aí está, Marco Antônio, a resposta que nos foi dada pela empresa. Lembramos a nossos ouvintes que nosso programa é de utilidade pública. Abrimos espaço para a reclamação dos consumidores e concedemos o direito de defesa à outra parte. A segunda carta...

### Faixa 51
### Exercícios – Lição 6
**D2 8. Linguagem dos sinais**
Dividir as ruas e estradas com veículos de grande porte, como ônibus e caminhões, já se tornou um problema para muitos motoristas. Alguns profissionais sem consciência valem-se do tamanho de seus veículos para intimidar os motoristas dos carros, como se fossem donos da rua. Nas estradas, no entanto, os motoristas de caminhão muitas vezes ajudam outros motoristas, sinalizando para

ultrapassagens, informando sobre as condições da estrada, e servindo de guia nos nevoeiros. Mas, para que o motorista possa se beneficiar dessa ajuda, precisa entender os sinais dos caminhoneiros. Esses sinais, aliás, são usados nas estradas por motoristas em geral. Imagine-se, por exemplo, dirigindo numa estrada difícil, com um caminhão lento à sua frente. Se, de repente, o pisca-pisca do caminhão começa a piscar à esquerda, o caminhoneiro está lhe dizendo que não o ultrapasse, pois não há condições. Se ele liga o pisca-pisca para a direita, o caminho está livre para a ultrapassagem. Em outras ocasiões, veículos que vêm vindo em sentido contrário piscam os faróis duas vezes seguidas. A mensagem é clara: inimigo à frente! Há guardas mais adiante – não façam bobagem!

Às vezes, na correria da estrada, no veículo, à sua frente, o farol do freio acende duas vezes e o motorista põe o braço para fora, a mão para baixo. Cuidado! Ele está avisando que vai parar. Por outro lado, é gostoso ouvir alguém perto de seu carro tocar a buzina duas vezes, rapidamente. Obrigado: é esta a mensagem. Você, provavelmente, foi gentil – deu-lhe passagem talvez – e ele lhe agradece – como antigamente os cavalheiros tiravam o chapéu de plumas e curvavam-se num gesto bonito. *Merci, monsieur!* Agora, se no corre-corre da estrada aparece um carro piscando todos os faróis, buzinando feito louco, o motorista agitando os braços, as mãos, os olhos, os pés, em todas as direções, então, se cuide e saia da frente que o problema é grave.

Se nas ruas da cidade o trânsito é batalha feroz, na estrada geralmente há mais solidariedade.

## Faixa 52
## Exercícios – Lição 7
### D2 8. Radical!

— Acordei com vontade de radicalizar hoje! Vamos fazer alguma coisa bem diferente?
— Hoje? Logo hoje? E tipo o quê?
— Sei lá, rapel, por exemplo.
— Rapel? Que é isso? Nunca ouvi falar.
— Não conhece? É aquele esporte tipo alpinismo, mas a gente só desce, amarrado em cordas.
— Sei, amarrado, né? E quem segura as cordas? Não sei não...
— Ou paraquedas. Isso deve ser demais! Tem um clube logo na saída da cidade.
— Mmm, por enquanto eu prefiro o tal do rapel. E a gente vai amarrado, né? Além do mais, precisa fazer curso...
— Não precisa não! Já vi anúncio oferecendo salto duplo. Você pula junto com um instrutor, superseguro.
— Seguro, é? Sei...
— Sabe o que deve ser demais também? Arborismo!
— Lá vamos nós... o que que é isso? Tem a ver com árvore?
— É! Tem um lugar desses não muito longe daqui. É numa floresta, eles têm tipo pontes entre as copas das árvores e você passeia lá no alto. Vai de capacete, amarrado e tudo mais.
— E como é que a gente sobe lá? Será que tem escadinha?
— (Vo)cê é muito preguiçoso! Deixa ver, alguma coisa mais maneira... balão! Lembra o clube de balonismo que tem no caminho do sítio? Deve ter voos para quem quer conhecer o esporte. É silencioso, tranquilo, até você vai gostar!
— Vamos procurar alguma coisa mais perto do chão? Tem muita altura pra o meu gosto por enquanto.
— Ah meu Deus! Você quer é ficar em casa hoje!

— Não é isso, quero fazer alguma coisa diferente, só que mmmm... menos radical?
— Parece meu avô. Fala você alguma coisa então!
— Bom, que tal a gente fazer um passeio a cavalo? Tranquilo, pertinho do chão...
— Pfffff, prefiro assistir TV.
— E o tal do rafting que a gente viu na TV semana passada? Parece bom. E, com este calor, uma aguinha fria vai bem...
— Ahh, dessa eu gostei, bem diferente! Vai um bando de gente, deve ser muito divertido. Vou olhar na internet agora mesmo!

## Faixa 53
## Exercícios – Lição 8
### D1 6. Schifaizfavoire

Ementa: Com tanta influência francesa, não sei por que cardápio não se chama menu em Portugal. Cuidado com a pronúncia nos restaurantes, pois, como eles não têm pimenta, cada vez que você pedir esse condimento, pode acontecer de eles lhe trazerem, novamente, a ementa. Pensando bem, eles têm a pimenta-do-reino, a famosa especiaria das Índias, lembra do ginásio?

Fato: Não confundir fato com facto. Facto é acontecimento, e fato, aquilo que você veste para ir a certos acontecimentos. De facto, fato é terno.

Empregado de mesa: Este é um dos maiores problemas de comunicação de Portugal. É o único lugar do mundo onde garçom não tem nome. É muito chato você ficar chamando ô, empregado da mesa!!! Mas, na verdade, com o tempo você vai descobrindo como é que se chama garçom aqui. É assim: Sefazfavor (Schifaizfavoire). Ele atende na hora.

Água fresca: Sempre que você pedir uma água, em restaurante ou bar, a primeira coisa que vão lhe perguntar é: fresca? Ou seja, água gelada?

Água lisa: E a segunda pergunta é: lisa? Ou seja, água sem gás?

Factura: É o que você deve pedir para todo mundo, porque depois o seu contador vai lhe solicitar. Até mesmo chofer de táxi dá factura em Portugal. É aquilo que ninguém dá no Brasil: nota fiscal. E atenção: nos restaurantes, não peça a nota, que eles não sabem o que é. Pedir a notinha, então, nem pensar... notinha???, eles vão estranhar.

Faz favor!: Com toda certeza é a expressão mais usada em Portugal: faz favor! Ou "se faz favor!". Serve para quase tudo, principalmente para chamar alguém, a atenção de alguém. Ao entrar numa loja, você ou o vendedor vai logo dizendo um "se faz favor!". Trocado em miúdos, quer dizer "pois não?", "psiu", "ei", "com licença" etc.

## PARTE 2
## Faixa 1
## Fonética – Passo 1
### 1.1. Ouça o áudio e repita.

| | |
|---|---|
| chato/jato | chamar/jamais |
| cheio/jeito | chuta/suja |
| chora/jorra | preencher/prejuízo |
| chuva/juba | chateado/jateado |

## Faixa 2
### 1.2. Ouça o diálogo, depois repita.

— Estou chateada.

— Aconteceu alguma coisa?
— Riscaram meu carro no lava-jato.
— Xi..., que chateação! Você tem que dar um jeito nisso.
— Eu sei. Vou chamar o gerente já, estou cheia disso!

### Faixa 3
**2. Ouça o áudio e complete o diálogo.**
— Vi um (jato) cruzar o céu.
— O Jair foi reprovado no exame. Agora não tem (jeito), não adianta (chorar).
— Vamos dar um (jeito) de viajar hoje. É (chato) passar o feriado na cidade.
— (Preencha) a ficha direitinho para não ter prejuízo.

### Faixa 4
**3. Ouça o áudio e assinale a palavra que ouviu, depois leia a frase.**
— Espero que (chegue) cedo.
— Talvez o candidato (seja) jovem.
— Não acho que (estejam) chateados.
— Duvido que (chova) ainda hoje.
— Espero que clientes não (fumem) aqui.
— Talvez ela (fique) para jantar.
— Não duvido que (encontrem) um bom emprego.
— Espero que as visitas (queiram) ficar neste hotel.

### Faixa 5
**4. Repita bem rápido.**
Casa suja, chão sujo.
Tagarelo, tagarelarei, tagarelaria.

### Faixa 6
**Passo 2**
**1.1. Ouça e repita.**
Ontem chegaram / Amanhã chegarão
Ontem aceitaram / Amanhã aceitarão
Ontem detestaram / Amanhã detestarão
Ontem atingiram / Amanhã atingirão
Ontem comeram / Amanhã comerão
Ontem conheceram / Amanhã conhecerão
Ontem esquentaram / Amanhã esquentarão
Ontem inundaram / Amanhã inundarão

### Faixa 7
**1.2. Preencha as lacunas com a palavra que ouviu.**
— Eles (chegaram) mais cedo do que o previsto.
— Eles se (conheceram) em Istambul, na Turquia.
— As chuvas (provocaram) muitas inundações neste verão.
— Os furacões (atingiram) as Antilhas e o sul do Estados Unidos.

### Faixa 8
**2. Leia, pronunciando as sílabas.**
ga-ro-a / ne-vo-ei-ro / ge-a-da / pas-se-ar / rai-o / prai-a / a-gua-cei-ro

### Faixa 9
**3. Leia.**
— Nossos amigos estrangeiros detestaram as pancadas de chuva, mas adoraram o calorão!
— É bom que alguém seja tão bom quanto o gerente, ninguém é insubstituível.

— Perguntem ao professor se ontem também ninguém respondeu bem ao questionário.
— Já anunciaram para amanhã: as baixas temperaturas chegarão para valer na Europa!

### Faixa 10
**4. Ouça a previsão do tempo, depois preencha com as palavras que ouviu.**
As nuvens carregadas que já (chegaram) da Argentina e estão em Santa Catarina, deixando o tempo nublado, (chegarão) do Sul do país e (atingirão) a região Sudeste no início da semana. Com elas (virão) as chuvas e as temperaturas (cairão) um pouco. Enquanto elas não (chegam), os cariocas (aproveitarão) o domingo de sol e (deixarão) as praias lotadas.

### Faixa 11
**5. Trava-línguas**
O vento perguntou ao tempo
Qual é o tempo que o tempo tem
O tempo respondeu ao vento
Que não tem tempo pra dizer ao vento
Que o tempo do tempo é o tempo
Que o tempo tem.

### Faixa 12
**Passo 3**
**1. Ouça e repita.**

| | |
|---|---|
| capital / sol | alto / agricultor |
| falso / formol | bolsa / consultório |
| fundamental / cultural | frescobol / azul |
| mau / resultado | folclore / multa |

### Faixa 13
**2.1. Ouça e depois coloque as palavras nas colunas correspondentes.**
remunerado, recomendado, roupa, roda, recursos, garantido, resultado, renda, de repente, interação, remuneração, reparos, financeiro, seguro, juros

### Faixa 14
**2.2. Repita.**
— empréstimos garantidos e juros altos
— recursos seguros, resultados incertos
— interação recomendada
— remuneração exagerada

### Faixa 15
**3.1. Ouça e depois repita.**

| | |
|---|---|
| financeiro / dinheiro | diária / madeira |
| brincadeira / primeiro | saladeira / bancário |
| açougueiro / sexta-feira | monetário / salário |
| crediário / parceria | férias / aplicaria |

### Faixa 16
**3.2. Ouça o áudio, escolha uma das opções e depois responda em voz alta.**
**a)** Se você ganhasse 10 vezes seu salário no bolão de Natal da empresa, o que você faria?
— aplicaria o dinheiro e garantiria uma renda;
— gastaria em férias bem merecidas;
— pagaria as dívidas e não sobraria nada;
— eu pediria ao Papai Noel...

142

**b)** Você vai montar uma pequena empresa de informática. Quais são suas prioridades absolutas?
- — treinar funcionários;
- — garantir rendimentos diários;
- — fugir de empréstimos financeiros;
- — evitar prejuízos, é claro.

## Faixa 17
### 4. Trava-língua. Diga bem rápido.
Em rápido rapto, um rápido rato raptou três ratos sem deixar rastros.

## Faixa 18
### 5. Charada. O que é o que é?
Todas as mães têm,
Sem ele não tem pão,
Some no inverno e
Aparece no verão?
Resposta: o til

## Faixa 19
## Passo 4
### 1.1. Marque o que ouviu.
provável   possível   responsável   mil   viu   fácil

## Faixa 20
### 1.2. Repita.
— Aquele irresponsável fugiu com três mil dólares!
— Não é normal que um alto executivo viaje pelo Brasil no carnaval.

## Faixa 21
### 2. Ouça e depois leia.
- — um trevo de quatro folhas
- — um pé de coelho
- — folhas de repolho para o coelho
- — uma família do barulho
- — um trabalho semelhante
- — uma bolha de sabão e uma bola velha

## Faixa 22
### 3.1. Ouça e repita.
desemprego / empréstimo   brasileiro / branco
aprender / prejuízo   brinco / sobrenatural
empresa / cobre

## Faixa 23
### 3.2. Leia.
- — Três empresas brasileiras.
- — Um brinco de pedras brancas.
- — Empréstimos que dão prejuízos.
- — Aprender com o próprio desemprego.

## Faixa 24
### 3.3. Repita.
placa / praça   acoplar / comprar
plano / prato   planta / prata

## Faixa 25
### 4.1. Ouça o áudio e repita.
pudessem / pudéssemos
soubessem / soubéssemos
estivessem / estivéssemos
fizessem / fizéssemos
quisessem / quiséssemos

## Faixa 26
### 4.2. Poeminha. Complete e depois leia.
Se eu pudesse, se eu quisesse, se eu fizesse...
Mas eu não posso, eu não quero, eu não faço.
E se nós (pudéssemos, se nós quiséssemos e se nós fizéssemos)?
Ah! Que bom seria!

## Faixa 27
### 5. Charada.
— O que a zebra disse para a mosca?
Resposta: Você está na minha listra negra.

## Faixa 28
## Passo 5
### 1. Leia e repita.
empréstimo / garantido   diária / rendimento
negativo / alternativo   faculdade / tarde
positivo / atividade   adiantamento / adiar

## Faixa 29
### 2.1. Ouça e repita.
Amanhã, depois que forem embora
Ontem, depois que foram embora
Amanhã, quando voltarem para lá
Ontem, quando voltaram para lá
Amanhã, enquanto estiverem aqui
Ontem, enquanto estiveram aqui
Amanhã, logo que puderem
Ontem, logo que puderam

## Faixa 30
### 2.2. Preencha com o que ouviu.
— Eles foram ao banco. Quando (voltarem), será muito tarde.
— Depois que os tios (retornaram) para o interior, os meninos ficaram tristes.
— Vocês só podem sair depois que (terminarem) suas tarefas.
— Enquanto os palhaços (estiverem) aqui, vai ser difícil as crianças sossegarem.

## Faixa 31
### 3.1. Ouça e repita.
rápido / múltiplo   xícara / fotógrafo
técnico / máquina   depósito / relâmpago
hipótese / econômico   capítulo / diálogo
médico / político   título / sábado

## Faixa 32
### 3.2. Leia.
- — um crédito rápido
- — um depósito múltiplo
- — uma máquina econômica

— um médico político
— um fotógrafo bárbaro

### Faixa 33
**4. Ouça e repita.**
— O pai de Maria da Glória é antiquário. Ele negocia quadros.
— Que pessoa amarga, ninguém aguenta tanta mágoa e tanto ódio.
— Guarde seu guarda-chuva. O aguaceiro desabou e alagou tudo.
— Alguém, ninguém, algum, nenhum. Esqueci alguma coisa?

### Faixa 34
**5. Trava-língua. Diga bem rápido.**
A vida é uma sucessiva sucessão de sucessões que se sucedem sucessivamente, sem que o sucesso suceda.

### Faixa 35
**Passo 6**
**1.1. Ouça e repita.**
trânsito / semáforo
lâmpada / tráfego
obstáculo / ônibus / veículo

### Faixa 36
**1.2. Preencha com a palavra que ouviu.**
Sou (médico) plantonista, trabalho nas ambulâncias. Eu medico, (dialogo), multiplico boas ações, mas (capitulo) diante da morte.

Meu amigo é diplomata, ele (transita) nas altas esferas políticas com muito (crédito.) Minha hipótese é que a carreira de político lhe interessa mais. (Deposito) minha confiança nele se for candidato.

### Faixa 37
**2. Ouça o áudio e depois pronuncie, separando as sílabas.**
horário (ho-rá-ri-o)
veículo - estacionar - área - travessia - pedágio - areia - perdoado - abençoado - magoado - amaldiçoado - maldade - saudade

### Faixa 38
**3. Leia.**
— No horário de pico, um veículo cheio de areia parou o trânsito e causou um congestionamento de muitos quilômetros.
— Morar fora da cidade parecia uma boa ideia. Mas não sei se é: o pedágio é caro, há muito tráfego nas vias de acesso, tem o rodízio, o trânsito ao chegar é um horror.


**Gravação, Mixagem, Masterização e Produção**
Daniel Maia

**Direção**
Emma Eberlein de Oliveira F. Lima

**Assistente de Produção**
Eliene de Jesus Bizerra

**Locutores**
Adriana Oliveira
Luciana Paes de Barros
Paulo C. Moura
Osmar Guerra Júnior

### Faixa 39
**5. Charada. O que é, o que é?**
É verde e não é capim,
É branco e não é algodão,
É vermelho e não é sangue,
É preto e não é carvão?
Resposta: Melancia

### Faixa 40
**Passo 7**
**1. Ouça e marque o que ouviu. Depois preencha as lacunas.**
— Acreditamos que eles (tenham feito) o projeto sozinhos.
— Ela está atrasada, talvez (tenha perdido) o último ônibus para cá.
— Duvido que (tenha falado) da reunião.
— Esperamos que não (tenham esquecido) de falar com o chefe sobre nosso aumento.

### Faixa 41
**2. Ouça e repita.**
— Aproveite o leite e faça um doce de leite.
— De dia ou de noite, tenho muita sede.
— Quando o clube dele perde, o ódio impede este homem de raciocinar!
— Estou muito contente, o Jorge terminou a faculdade e agora já pode trabalhar.

### Faixa 42
**3. Leia as frases abaixo. Você sabe o que significam essas interjeições? Ouça e depois relacione.**
— Ufa! Ainda bem!
— Psiu! Quietos.
— Nossa, que beleza!
— Nossa! Que horror.
— Oba, hoje tem festa!
— Epa, opa, o que é que é?
— Eu, hein!? Tá pensando o quê?
— Xô, sai pra lá!

### Faixa 43
**4. Charada**
— Quais as capitais brasileiras mais festejadas no mês de dezembro?
Resposta: Natal, Belém, Salvador.

— O que é que nunca volta, embora nunca tenha ido?
Resposta: o passado.

# Soluções

## Livro-texto
### Lição 1
### Página Inicial
1. 2, 3, 1
2. **a)** desejo, **b)** sentimento, **c)** dúvida, **d)** sentimento, **e)** sentimento, **f)** dúvida, **g)** sentimento, **h)** desejo, **i)** desejo.

### A1 Respostas
2. Sugestão: Eu adoro música clássica, sei tocar piano muito bem. — Isso quer dizer que você é uma pessoa sensível... você não deve, por exemplo, trabalhar em um banco... duvido que você seja feliz assim... aconselho que você procure uma atividade...

### A2 Respostas
2. Sugestão: As profissões certas para mim relacionam-se com arte, comunicação... eu nunca seria um analista, ou um consultor financeiro. Receio que não possa ter muito sucesso nessa área...
3. Sugestão: Trabalhando com comunicação e arte eu posso criar, não tenho um chefe que me cobre a todo instante. Posso trabalhar pouco, tenho horários livres, mas não tenho segurança, provavelmente não vou ganhar muito dinheiro...

### A3 Respostas
1. Fale sobre sua vida escolar – resposta livre.
3. Interprete a tabela – resposta livre.

### A4 Respostas
**a)** Isto aqui é meu livro. **b)** Isso aí perto de você é uma carteira. **c)** Aquilo ali é o saco de lixo. **d)** Aquilo lá na parede é um quadro de avisos. **e)** Isto aqui é o meu carro novo.

### B1 Respostas
3. ver – eu vejo/ você veja; fazer – eu faço/ nós façamos; ter – eu tenho/ eu tenha; ler – eu leio/ vocês leiam; pôr – eu ponho/ ele ponha; vir – eu venho/ nós venhamos; dormir – eu durmo/ ela durma; poder – eu posso/ elas possam.
4. Talvez eu mude para Itu no mês que vem. / Pode ser que você venda o carro para Luís. / Tomara que ele faça a exposição em Manaus. / Não acho que Iara almoce com Iracema no centro. / É possível que elas encontrem Caio em casa amanhã. / Duvido que vocês venham à praia com a gente. / É uma pena que nós discutamos o problema a esta hora. / É bom que eles aprendam português com este professor.

### B2 Respostas
Ser – seja, seja, sejamos, sejam / Estar – esteja, esteja, estejamos, estejam / Saber – saiba, saiba, saibamos, saibam / Querer – queira, queira, queiramos, queiram / Ir – vá, vá, vamos, vão / Dar – dê, dê, demos, deem / Haver – haja, haja, hajamos, hajam.

### B3 Respostas
1. Talvez Regina saiba falar inglês. / Que pena que sua mãe esteja com gripe. / Não acho que eles possam ir à festa conosco. / Tomara que Raimundo vá à sua casa no domingo. / Sinto muito que eles não possam ficar na festa hoje à noite.
2. Seu amigo está doente – Sinto muito que você não esteja bem. / Tomara que você fique bom logo. Seu amigo vai viajar – Que pena que eu não possa ir com você. / Espero que você mande logo boas notícias.

### B4 Respostas
1. Ele comprou este carro aqui. / Eu vou falar com aqueles meninos ali. / Elas não fizeram essas roupas aí. / Ele não fez aquela bagunça lá.

### C1 Respostas
2. Relacione: A criança: não concorda com o modo como funciona a escola. / Não leva a sério a escola. / É irresponsável. / Acredita que a escola pode ser melhor. O pai: Vê na escola uma solução para seus problemas.
3. Redação livre.

### C2 Respostas
Resposta livre.

### D Respostas
1. Passar no vestibular – ser admitido em um curso universitário. / Faculdade particular – curso universitário pago. / A taxa – pagamento, como a matrícula. / A formatura – a colação de grau. / O anel de formatura – presente dado, geralmente pelos pais, ao aluno que conclui seu curso universitário. / Formar-se – concluir o curso universitário.
2. Fotos: 2 – estudantes, 3 – casas, 7 – formatura, 8 – recebendo o diploma.
3. **a)** Ele é pobre e tem uma família. Tem também muitos problemas e crianças para criar. / **b)** O dia a dia dele é muito cansativo. Ele se divide entre o trabalho, o estudo e a família com seus problemas. / **c)** Porque ele teve o privilégio de estudar e se formar em um curso superior. / **d)** Ele se acha um pobre coitado, porque teve de trabalhar muito duro para conseguir se formar.

### E1 Respostas
1. **a)** Economia: agricultor, economista, indústria, empresa, banco, contrato. / **b)** Diplomacia: consulado, política externa, embaixada, passaporte, visto, análise. / **c)** Saúde: cirurgia, clínica, laboratório, consultório, análise. / **d)** Mídia: entrevista, jornalismo, filmar, artes plásticas, imprensa. / **d)** Direito: lei, juiz, advogado, análise, justiça.

**2. a)** química / **b)** reitor / **c)** semestre, trimestre / **d)** secretaria, recreio / **e)** questão / **f)** reprovar.

**3.** 1 = a tensão / 2 = o espaço físico / 3 = a pausa / 4 = o reforço escolar / 5 = a sequência / 6 = a explicação / 7 = o final.

### E2 Respostas

Resposta livre. Sugestão: Estou pensando em aperfeiçoar meus conhecimentos de português. Encontrei seu endereço na internet e gostaria de saber / – que cursos... / – quais os custos desse curso / – qual o material didático que vocês usam / Eu frequentei um curso... Moro no Brasil há 6 meses...

## Lição 2
## Página Inicial

**1.** 3, 1, 4, 2.

**2.** (E) Tenho que trabalhar. / (C) O tempo está agradável. / (E) Faz sol, mas está frio. / (E) Há nuvens no céu. Vai chover. / (C) Um dia para sair. / (C) Me sinto bem, mas estou sozinho/a.

### A1 Respostas

**1.** Chuva

**3.** Resposta livre.

**4.** Adoramos calor. Quando faz sol, nós adoramos. / Ele detesta frio. Quando faz frio, ele detesta. / Gosto muito de horário de verão. Quando o dia está ensolarado, eu prefiro. / Não suporto trovão. Quando o dia está chuvoso, eu não suporto.

### A2 Respostas

Resposta livre.

### A3 Respostas

**1.** Diálogo 1 = primeira foto / Diálogo 2 = quarta foto.

### B Respostas

**1.** É melhor que você tenha cuidado. / É bom que eu preste atenção. / É necessário que eles façam sua parte. / É conveniente que alguém preste atenção. / É possível que nós possamos ver o resultado. / É importante que a gente escute bem. / É um absurdo que você fale com ele. / Basta que eu tenha cuidado.

**2. a)** É conveniente que você vista um casaco. É importante que você não fique resfriado. / **b)** É possível que eles também desistam. É aconselhável que você fale com eles. / **c)** É necessário que ela

tome um banho quente. É bom que ela tome um chá de limão.

**3. 1.** É importante que ele conheça bem toda a cidade. / **2.** É necessário que ele goste de sua profissão. / **3.** É aconselhável que ele seja simpático, confiável, prudente. / **4.** É melhor que ele saiba falar mais de um idioma.

**4. a)** saiba / **b)** tenha dinheiro / **c)** queira saber / **d)** saia bem cedo / **e)** saiba dirigir.

**5. a)** disponha de tempo. / seja tolerante. / goste deles. / possa sair à noite. **b)** conheça bem a cidade. / saiba os segredos do carro. / veja longe e ouça bem. / tenha carteira de motorista. **c)** tenha uma máquina fotográfica. / conheça a técnica. / queira tirar boas fotos. / tenha sensibilidade artística. **d)** goste de pessoas. / tenha prazer em se relacionar. / fale um segundo idioma. / seja prestativa. **e)** tenha boa comunicação. / tenha boa aparência. / conheça o produto. / conheça a necessidade do cliente. **f)** faça exercícios físicos. / coma menos. / alimente-se bem. / consulte um médico. **g)** use filtro solar. / tome muita água. / prefira roupas leves. / utilize hidratante. **h)** evite locais com pouca ventilação. / tenha um purificador de ar. / evite caminhar em ruas de muito trânsito e poluição. / não fume. **i)** regue todo dia. / adube. / prefira vasos de barro. / tenha uma área com luz natural.

### C1 Respostas

a; c; b; d.

### C2 Respostas

**2.** Resposta pessoal.

### D1 Respostas

**2. a)** Lady Lou / **b)** Cláudia Eggert / **c)** Malu / **d)** Mi / **e)** Nelson

### D2 Respostas

**1.** Segunda figura.

**2.** (E) Ainda está chovendo muito. / (C) Ainda há muita água na avenida. / (C) O carro de D. Maria José parou no meio da água. / (C) É normal haver chuvas fortes na cidade.

### E1 Respostas

Chuva: o pé-d'água / a garoa / o aguaceiro / o relâmpago / a chuvarada / o trovão / o granizo / a trovoada / a nuvem / o raio / o temporal / a tromba d'água / o arco-íris / o chuvisco / a pancada de chuva.

Vento: o furacão / a ventania / a brisa / o pé de vento / o vendaval / o tornado / o tufão / o ciclone. Catástrofes: o terremoto / o maremoto / a enchente / a seca / a inundação / o deslizamento / geada.

## Lição 3
## Página Inicial

**1.** aplicação, lucro, taxas de administração, mercado, banco, prejuízo, resultados, aplicar, poupança, ações, companhia, perder.

**2.** 2, 1, 4, 5, 3.

### A1 Respostas

Resposta livre.

### A2 Respostas

Diálogo 1 = Muito arriscado, mas também muito lucrativo. Diálogo 2 = Governo anuncia aumento de impostos.

### A3 Respostas

Resposta livre.

### B1 Respostas

**3.** Vou ficar aqui a não ser que você prefira que eu vá embora. / Posso ajudar vocês embora não queiram minha ajuda. / A aula não pode começar até que os alunos façam silêncio. / Guarde bem esta chave antes que a perca. / Não saia sem que me diga aonde vai. / Ele vai repetir a explicação para que todos entendam o texto.

**4.** antes que / Embora / até que / a não ser que / para que

**5. a)** Vou embora antes que ele chegue. / **b)** Quero ficar até que vocês decidam o que fazer. / **c)** Fale mais alto para que todos escutemos /escutem. / **d)** Vamos viajar embora as crianças não queiram ir conosco.

### B2 Respostas

**3.** Você conhece alguém que leia chinês? Não, eu não conheço ninguém que possa ler chinês. / Você conhece qualquer pessoa que saiba cantar? Não, eu não conheço ninguém que saiba cantar. / Há algo que eu possa fazer para ajudar? Não, não há nada que você possa fazer. / Há alguma coisa que seja boa e barata que eu possa comprar? Não, não há nada que você possa comprar. / Há algo que explique seu comportamento? Não, não há nada que explique meu comportamento. / Há alguma coisa que funcione nesta casa? Não, não há nada que funcione aqui. / Há alguém aqui que more no Rio? Não, não há ninguém aqui que more no Rio.

**4. a)** Não conheço ninguém que fale francês. / **b)** Você conhece alguém que tenha amigos no Brasil? / **c)** Vocês sabem fazer algo que possa nos ajudar? / **d)** Eu preciso comprar um livro que fale sobre o Rio Grande do Sul. / **e)** Há alguém aqui que tenha carro a álcool? / **f)** Eu não conheço ninguém que more em Belém. / **g)** Quero falar com alguém que esteja pensando em morar em Portugal. / **h)** Não tenho nada que possa ajudar você a sarar da gripe.

**5.** Resposta livre.

**C Respostas**

Resposta livre.

**D1 Respostas**

**1. a)** Errado / **b)** Certo / **c)** Errado / **d)** Errado.

**2.** 12 meses / 59% dos lares com máquina de lavar / número subiu para 65% / número de famílias que possuem carro aumentou de 34 para 36% / 27% pretendem comprar um carro / Eram 20% há 12 meses.

**D2 Respostas**

**3.** Sugestão: A classe C mudou bastante. Começou com 34% em 2001, chegou a cair para 32% em 2002, mas depois, no ano de 2003, começou a crescer muito, chegando a 51% em 2008. Em 2009, teve uma queda para 50%...

**4.** Sugestão: A classe A foi a que apresentou menor variação: de 3% em 2001 para 2% em 2009. Do início de 2001 até 2004, todas as classes tiveram uma pequena variação. A partir do ano de 2005, aconteceu uma forte variação, especialmente na classe C...

**E Respostas**

Resposta livre.

**Lição 4**
**Página Inicial**

**1.** Texto 1 = segunda e terceira fotos / Texto 2 = primeira foto

**2. 1.** Você vai dar sua opinião = Para mim... / Eu sou contra. / Acho um absurdo. / Mas que bobagem! Imagine só! **2.** Você está indeciso(a) = Sei lá... / Para mim tanto faz. / Talvez, quem sabe? / Não sei o que dizer. / **3.** Você não tem interesse

pelo assunto. = Não acho nada. / Não ligo para isso! / E daí?

**A1 Respostas**

**1.** Coisas que trazem sorte: trevo de quatro folhas / ferradura / figa / pé de coelho / bater na madeira / simpatia. Coisas que trazem azar: sexta-feira 13 / espelho quebrado / gato preto / escada.

**2.** Sugestão: Quando alguém fala sobre algo ruim que possa me acontecer, eu bato na madeira 3 vezes. Ninguém sabe se pode ou não acontecer.

**B1 Respostas**

**1.** Eles fizeram = eu fizesse, você fizesse, nós fizéssemos, vocês fizessem / Eles puderam = eu pudesse, você pudesse, nós pudéssemos, vocês pudessem / Eles estiveram = eu estivesse, você estivesse, nós estivéssemos, vocês estivessem / Eles foram = eu fosse, você fosse, nós fôssemos, vocês fossem.

**2.** Andar = andasse, andasse, andássemos, andassem / Vender = vendesse, vendesse, vendêssemos, vendessem / Vestir = vestisse, vestisse, vestíssemos, vestissem / Trazer = trouxesse, trouxesse, trouxéssemos, trouxessem / Vir = viesse, viesse, viéssemos, viessem.

**3.** querer = eles quiseram – eu quisesse / ter = eles tiveram – nós tivéssemos / preferir = eles preferiram – ela preferisse / comprar = eles compraram – vocês comprassem / abrir = eles abriram – ele abrisse / dar = eles deram – elas dessem / ver = eles viram – você visse / saber = eles souberam – eu soubesse / ficar = eles ficaram – ele ficasse / vir = eles vieram – vocês viessem / dizer = eles disseram – nós disséssemos / trazer = eles trouxeram – elas trouxessem.

**B2 Respostas**

**3. a)** Eu fiquei muito feliz que meu chefe concordasse comigo. **b)** Nunca achei que eu pudesse fazer esse trabalho. **c)** Sempre quis que minha família conhecesse o Japão. **d)** Eu não saí da classe até que a professora permitisse, embora estivesse com dor de cabeça. **e)** Comecei a estudar português para que eu pudesse conversar com meus colegas no escritório. **f)**

Foi bom que você chegasse, antes que começasse a reunião.

**B3 Respostas**

**1. a)** Se eu ficasse até o final de março, iria à festa do Senhor do Bonfim. / **b)** Se ele tivesse carro, ele não tomaria o metrô. / **c)** Se ele gostasse dela, ele seria mais gentil com ela. / **d)** Se hoje fosse domingo, ele iria à Igreja. / **e)** Se hoje estivesse chovendo, ele levaria o guarda-chuva. / **f)** Se ele vivesse na floresta, ele conheceria muitos animais. / **g)** Se ele acreditasse em superstições, não passaria debaixo da escada.

**2.** Sugestão: **a)** Tudo seria mais simples se ele acreditasse nela. / **b)** Eu não faria o negócio com ele se eu fosse você. / **c)** O mundo seria melhor se todos nós respeitássemos a natureza. / **d)** O diretor assinaria o contrato se todos os gerentes estivessem de acordo com ele.

**C Respostas**

**1. a)** Errado / **b)** Certo / **c)** Certo / **d)** Errado.

**D1 Respostas**

**2.** (C) Nasceu no Rio de Janeiro / (C) é jogo de azar / (E) é praticado só por pessoas ricas / (C) é fonte de riqueza para quem o controla / (E) garante o funcionamento do jardim zoológico / (C) é ilegal / (C) envolve grandes quantias em dinheiro.

**D2 Respostas**

**1.** c, d, a, b.

**2.** d, b, a, d, b, b, c, c, a, a, d, c, d, c, c, b.

**3.** Iara: 4 / 1 / 7
Curupira: 3 / 6 / 8 / 2

**E Respostas**

**1.** g, f, d, a, j, c, b, e, k, h, i.

**2.** cão, cadela / galo, galinha / cavalo, égua / bode, cabra / carneiro, ovelha / rato, rata / boi, vaca / pato, pata / pombo, pomba.

**3.** força = touro / veneno = cobra / fertilidade = coelho / vaidade = pavão / sujeira = porco / amizade = cão.

**4. a)** andorinha, peru, pombo / **b)** andorinha, pombo, mosca, abelha / **c)** cachorro, cavalo, ovelha, vaca, rato / **d)** cachorro, cavalo, ovelha, vaca, rato / **e)** abelha, mosca.

**Revisão 1**

**1.** Eu me visto; Você se veste; Nós nos vestimos; Vocês se vestem.

2. conheça/ escreva/ seja.
3. venha/ tenha.
4. recebido/ lido/ concordado/ sentido/ ficado.
5. tenham lido.
7. essa/ aquele.
8. comércio/ arquitetura/ artes plásticas.
10. estudar, ler, escrever, frequentar, trabalhar.
11. Resposta pessoal.
12. faça.
13. Resposta pessoal.
15. contanto que.
16. Não vou a essa festa, mesmo que vocês me peçam de joelhos.
17. Eu saiba; Você saiba; Nós saibamos; Vocês saibam.
19. Eu saia; Você saia; Nós saiamos; Vocês saiam.
20. Resposta pessoal (os verbos devem estar no presente do subjuntivo).
21. não conheço ninguém que estude sânscrito.
22. não há nada que você possa fazer para me ajudar.
24. Resposta pessoal.
25. úmido/ frio/ quente.
26. cartão/ saldo/ poupança.
28. Resposta pessoal.
29. Estou com dor de dente, preciso ir ao dentista.
Estou com dor de dente, tenho de ir ao dentista.
30. perdoasse/ desculpasse.
31. tenha deixado.
33. fôssemos.
34. Talvez seja melhor esperar que a chuva passe.
36. pagar/ sacar/ negociar.
37. tivesse saído.
38. Fiquei surpreso que José tivesse tomado uma decisão tão radical.
39. tenha saído.
40. tivéssemos avisado.
42. tenham podido.
43. pergunte.
45. vem/ vinha.
46. ter prejuízo/ perder dinheiro/ sacar (ou tirar) dinheiro.
47. fazer/ passar/ pagar/ fazer.
49. ementa.
50. tivesse/ teria.
51. feche/ fique.
53. Sugestão de resposta: fazer depósito/ sacar dinheiro/ fazer uma transferência/ abrir uma conta/ abrir uma poupança.
54. entende.
55. Há.

56. houve.
58. Resposta pessoal.
59. Resposta pessoal.

## Lição 5
### Página Inicial
1. foto 1 = dono de bar / foto 2 = lavrador / foto 3 = costureira
2. **1.** Na semana que vem, quando vocês forem lá, deem lembranças nossas a todos. / **2.** No ano que vem, se você tiver dinheiro, faça a viagem dos seus sonhos. / **3.** Aproveite, enquanto você tiver tempo, para pôr sua casa em ordem. / **4.** No futuro, sempre que puder, venha nos visitar.

**A1 Respostas**
2. **1.** Chaveiro – quebrar / **2.** Pedreiro – furar / **3.** Pintor – estragar / **4.** Encanador – entupir (3, 2, 4, 1)

**A2 Respostas**
1. Porque a GS Assistência Técnica prometeu mandar um técnico para consertar a geladeira da cliente e, apesar de ela ter esperado o dia inteiro, ninguém apareceu.
2. Coluna 1: 1, 2, 3, 1, 3, 3, 3. Coluna 2: 2, 2, 1, 1, 1, 3, 3.

**A3 Respostas**
1. – Quais adaptações que ela fez: D. Maria da Glória adaptou os fundos do estabelecimento para que os fumantes pudessem fumar num ambiente aberto. / – Quais as vantagens da nova Lei: protege a saúde dos não fumantes e pretende reduzir o número de fumantes. / – Quais as desvantagens da Lei: é muito drástica, constrange os clientes. / – Quem foi beneficiado: as pessoas que não fumam. / – Quem sai prejudicado: as pessoas que fumam e os donos dos estabelecimentos que têm que se adaptar à Lei, fazendo investimentos que não foram previstos.
2. Respostas pessoais.

**B1 Respostas**
2. vender, vendermos, venderem / partir, partirmos, partirem
3. **1.** Querer – eles quiseram = eu quiser / **2.** Ter – eles tiveram = nós tivermos / **3.** Preferir – eles preferiram = ela preferir / **4.** Comprar – eles compraram = vocês comprarem / **5.** Abrir – eles abriram = ele abrir / **6.** Dar – eles deram = elas derem / **7.** Ver – eles viram = você vir / **8.** Saber – eles souberam = eu

souber / **9.** Ficar – eles ficaram = ele ficar / **10.** Vir – eles vieram = vocês vierem / **11.** Dizer – eles disseram = nós dissermos / **12.** Trazer – eles trouxeram = elas trouxerem.

**B2 Respostas**
3. **1.** Vou falar tudo o que eu quiser. / **2.** Ajudarei a todos os que precisarem. / **3.** Levem o que vocês puderem. / **4.** Receba todas as coisas que eles trouxerem. / **5.** Por favor, cumprimente quem estiver lá. / **6.** Daremos a vocês o que nós tivermos.

**B3 Respostas**
Eu – que eu tenha falado / se eu tivesse falado / quando eu tiver falado.
Você/Ele/Ela – que ele tenha falado / se ele tivesse falado / quando ele tiver falado.
Nós – que nós tenhamos falado / se nós tivéssemos falado / quando nós tivermos falado.
Vocês/Eles/Elas – que eles tenham falado / se eles tivessem falado / quando eles tiverem falado.

**B4 Respostas**
1. **a)** Estávamos cansados embora tivéssemos dormido a tarde inteira. **b)** A polícia não apareceu embora nós a tivéssemos chamado. **c)** Ele duvidou que eu já estivesse estado no Brasil. / **d)** Eu duvido que ontem ele tenha resolvido o problema. / **e)** Vocês só sairão daqui quando tiverem dito a verdade. / **f)** Ele está preocupado porque talvez tenha feito uma bobagem. / **g)** Elas estão felizes agora à noite embora tenham tido um dia difícil.
2. **a)** A polícia teria prendido os ladrões, se tivesse chegado logo. / **b)** A impressora não teria quebrado, se você tivesse lido as instruções. / **c)** O *show* teria sido um sucesso, se não tivesse chovido o tempo todo. / **d)** Eu não teria feito o negócio, se um bom advogado tivesse analisado o contrato. / **e)** Eu não teria entrado em casa, se não tivesse chamado o chaveiro.

**C2 Respostas**
Paulo, o contrato que você escreveu está cheio de erros. – Ai, esqueci de rever. Dou-lhe minha palavra de que isso não vai acontecer de novo. / Maria, estou precisando do dicionário que emprestei a você na semana passada. – Ai,

desculpe-me. Devolvo seu dicionário na semana que vem sem falta. / Este contrato está cheio de falhas. Paguei muito por este serviço tão malfeito! – Isto não vai ficar assim, pode estar certo! / Preciso desta análise pronta até amanhã! – Faremos o possível, eu lhe garanto. / Minha geladeira não está gelando... preciso de um técnico com urgência! – Amanhã, sem falta, mandaremos alguém a sua casa. / Meu carro já está aqui na oficina há duas semanas e ainda não está pronto? – Pode ficar sossegado que amanhã ele estará em suas mãos. / Meu cartão de crédito foi bloqueado. O que posso fazer? Vou viajar amanhã e preciso dele... – Vou cuidar do seu caso pessoalmente, é só um instante!

**D1 Respostas**
2. **a)** Encanador, jardineiro, eletricista, pedreiro. / **b)** Os amigos e parentes podem conhecer um bom profissional e indicá-lo a você. / **c)** Os custos de mão de obra e de material são necessários na preparação de um orçamento. / **d)** Porque você poderá verificar se todo o serviço realizado está satisfatório antes de pagar.

**D2 Respostas**
1. 3, 2, 1.
2. Texto 1: Para falar diretamente com uma pessoa devo digitar 9. Texto 2: Para falar diretamente com uma pessoa devo digitar 6. Texto 3: Para falar diretamente com uma pessoa devo aguardar na linha.
3. **1.** Texto 3: digitar 4. **2.** Texto 3: digitar 3. **3.** Texto 2: digitar 4. **4.** Texto 1: digitar 4. **5.** Texto 2: digitar 2. **6.** Texto 1: digitar 2. **7.** Texto 3: aguardar na linha.

**E Respostas**
1. Costura – a costureira / sapato – o sapateiro / eletricidade – o eletricista / cabelo – o cabeleireiro / jardim – o jardineiro / pneu (borracha) – o borracheiro / chave – o chaveiro / carro – o motorista, o mecânico / carta – o carteiro / piano – o pianista / violino – o violinista / cozinhar – o cozinheiro / escrever – o escritor / violão – o violonista / ler – o leitor / cantar – o cantor / compor (música) – o compositor / pintar – o pintor / decorar – o decorador / conduzir – o condutor / esculpir – o escultor / falar – o orador / reger – o regente / pesquisar – o pesquisador.

**Lição 6**
**Página Inicial**
1. 3. lombada
2. - invadir a faixa de pedestres: CARRO 1
   - atravessar fora da faixa: PEDESTRE 2
   - não obedecer ao sinal, ao semáforo: (nenhum)
   - estacionar sobre a calçada: CARRO 2
   - estacionar em fila dupla: (nenhum)
   - estacionar na zona azul sem cartão: CARRO 12
   - dirigir na contramão: CARRO 9
   - estacionar em local proibido: CARRO 2
   - fazer conversão proibida: CARRO 10
   - dirigir com excesso de velocidade: CARRO 3
   - ultrapassar pela direita: CARRO 6

**A1 Respostas**
2. o cruzamento (1), a esquina (2), a calçada (3), a placa de trânsito (4), a valeta (5), a vaga (7), a pista exclusiva para bicicleta (8), o retorno (9), a faixa exclusiva para ônibus (10), a passarela (11), o poste (14), o ponto de táxi (16).

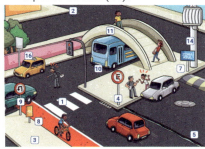

**B1 Respostas**
1. **a)** Para nós vermos melhor, usamos binóculos. / **b)** Por serem nossos amigos, não reclamaram. / **c)** Ouvi os rapazes saírem. / **d)** É necessário nós termos paciência. / **e)** Ele pediu para você ficar em casa. / **f)** Sem eles assinarem o documento, nada poderemos fazer.
2. **a)** Eu pedi para eles darem. / **b)** Ela pediu para nós explicarmos. / **c)** Eu pedi para eles comprarem.
3. **a)** É melhor eu ir embora. / **b)** É melhor eles irem embora. / **c)** É melhor eles irem embora.

**B2 Respostas**
2. **f)** Não vamos ao centro há muitos anos. **c)** Ganhei minha última multa há no mínimo 5 anos. **a)** Estou esperando o sinal verde há uns 2 minutos. **h)** Olhe lá o caminhão estacionado! Há séculos que há uma placa de proibido! **g)** Que perigo! Deveria haver uma faixa de pedestre aqui. **b)** Você sabe se há guardas de trânsito por aqui a esta hora? **e)** Li no jornal que vai haver obras nesta rua a partir de sábado. **d)** Cuidado, há um radar logo ali, depois da curva.

**C1 Respostas**
1. Primeira ilustração = fazer conversão proibida. / Segunda ilustração = dirigir na contramão. / Terceira ilustração = atravessar fora da faixa de pedestres. / Quarta ilustração = estacionar em local proibido (ponto de ônibus). / Quinta ilustração = não deixar a passagem livre para a ambulância. / Sexta ilustração = transitar com parte do corpo para fora do veículo. / Sétima ilustração = andar de moto sem capacete. / Oitava ilustração = invadir a faixa de pedestres.

**D1 Respostas**
1. **a)** trem, **b)** helicóptero, **c)** metrô, **d)** carroça, **e)** maria-fumaça, **f)** nave espacial, **g)** submarino, **h)** carro de boi.
2. paraquedas e jangada
3. **a)** pedras / **b)** doentes / **c)** o Papai Noel / **d)** veículos e pessoas / **e)** o astronauta. / **a)** por pedais / **b)** por um cavalo / **c)** por remos / **d)** por renas / **e)** pelo vento / **f)** por um motor.

**D2 Respostas**
2. 64%: homens habilitados no Distrito Federal / 36%: mulheres habilitadas no Distrito Federal / homens se envolvem em 80% dos acidentes / 30% = homens pagam até 30% mais caro por seguro de carro.
3. as mulheres, quando dirigem, se envolvem menos em acidentes porque são menos agressivas (C) / as motoristas dão menos prejuízos às companhias seguradoras porque, entre outras coisas, ao baterem, danificam menos o carro (E) / Para as seguradoras, seria ótimo ter apenas mulheres como clientes (C).
4. **a)** abatimento / **b)** choque / **c)** embriagado / **d)** desastre / **e)** destruição.

**E1 Respostas**
13, 8, 7, 9, 1, 12, 4, 10, 5, 3, 2, 6, 11, 14

**Lição 7**
**Página Inicial**
1. primeira ilustração = primeiro diálogo / segunda ilustração =

terceiro diálogo / terceira ilustração = segundo diálogo.

### A1 Respostas
2. **a)** 6 e 8; **b)** 2, 3, 9 e 10; **c)** 1, 2, 4, 5, 7, 9, 10 e 11; **d)** 1, 3, 9, 10 e 11; **e)** 1; **f)** 2, 3, 4, 5, 7, 8, 9, 10; **g)** 2, 3, 9 e 10; **h)** 3, 4, 6, 9, 10, 11.

### A3 Respostas
2. Sugestão: A música compara as mulheres, que se sentem atraídas por ele (o autor), com mariposas que são atraídas pela luz da lâmpada.
3. Sugestão: Quando chega o frio, as mariposas ficam dando voltas ao redor da lâmpada para se esquentarem. Elas rodam, rodam, rodam, depois elas se sentam em cima do apoio da lâmpada, para descansar. Eu sou a lâmpada, e as mulheres são as mariposas. Elas ficam rodando ao meu redor, todas as noites, só para me beijar.

### A4 Respostas
2. Sugestão: Os dois rapazes estão assistindo ao jogo, e o time deles está perdendo. Eles reclamam de que o goleiro não é bom, por causa dos gols que o outro time já fez. O goleiro nem deveria estar no jogo.

### B1 Respostas
1. **a)** = o avião não teria caído / **b)** = não teria perdido a reunião da firma / **c)** = se, naquela hora, eu tivesse tido coragem / **d)** = se não tivesse recebido aumento.
2. **1.** Ele não teria caído da bicicleta, se tivesse visto o buraco. / **2.** Ele teria entrado na faculdade, se tivesse passado no exame. / **3.** Se ele tivesse conseguido pegar logo um táxi, ele não teria chegado muito atrasado. / **4.** Se eles não tivessem perdido a chave de casa, não teriam ido dormir no hotel.

### B2 Respostas
1. Este é o carro que comprei ontem. / Ela não é a garota com quem falamos na festa ontem? / Quem é o rapaz o qual você cumprimentou? / Esta é a canção da qual lhe falei. / É ele a quem vamos ajudar a estudar. / Aquelas pessoas com as quais viajamos são todas ex-colegas de escola. / Este é o lugar onde ele escondeu o dinheiro.

### B3 Respostas
2. **a)** cujos / **b)** cujos / **c)** cuja / **d)** cujo / **e)** cujas

### C Respostas
MÚSICA = Noel Rosa, Tom Jobim, Pixinguinha, Chico Buarque, Dorival Caymmi, Nelson Freire, Caetano Veloso, Villa Lobos, Carmem Miranda, Vinícius de Moraes. / CINEMA = Sônia Braga, Carmem Miranda. / ESPORTES = Ayrton Senna, Pelé, Gustavo Kuerten. / DESENHO = Oscar Niemeyer, Portinari, Di Cavalcanti. / LITERATURA = Jorge Amado, Machado de Assis, Paulo Coelho, Guimarães Rosa, Chico Buarque, Graciliano Ramos, Lygia Fagundes Telles, Vinícius de Moraes, Carlos Drummond de Andrade, Cecília Meirelles. / ARQUITETURA = Lúcio Costa, Oscar Niemeyer. / PINTURA – ESCULTURA = Aleijadinho, Victor Brecheret, Portinari, Di Cavalcanti.

### D1 Respostas
2. O rapaz está falando com o garçom (C) / ele pede café com leite (C) / ele pede pão com pouca manteiga (E) / o jogo de futebol do dia já acabou (C).
3. **1.** Garçom = uma média, fechar a porta, guardanapo, dinheiro, pão, para telefonar, copo d'água, cigarro, palito. / **2.** Dono do bar = tinteiro, caneta, envelope e cartão. / **3.** Freguês do lado = resultado do futebol. / **4.** Charuteiro = revista, cinzeiro, isqueiro. / **5.** Sr. Osório = guarda-chuva. / **6.** Gerente = pendurar a conta.
4. **a)** Que pendure esta despesa no cabide ali em frente. / **b)** Que não estou disposto a ficar exposto ao sol. / **c)** E peça ao seu Osório que mande um guarda-chuva aqui pro nosso escritório. / **d)** Não se esqueça de me dar palito e um cigarro pra espantar mosquito. Vá dizer ao charuteiro que me empreste uma revista, um cinzeiro e um isqueiro. / **e)** Se você ficar limpando a mesa não me levanto nem pago a despesa.
5. **1.** = rápido / **2.** = café com leite / **3.** = em grande quantidade / **4.** = cliente / **5.** = gasto / **6.** = mandar / **7.** = enviar.
6. Sugestões: **a)** = pagar depois, em outra ocasião / **b)** = passar o tempo, afugentar pequenos insetos voadores / **c)** = que mostra boa disposição de ânimo; animado; vivo.

### D2 Respostas
1. TV REÚNE FAMÍLIAS PAULISTANAS.
2. **a)** = 41% das pessoas assistem à televisão em grupos aos domingos. / **b)** = a maioria das famílias paulistanas assiste à televisão em grupo. / **c)** quase metade dos entrevistados vê televisão com os filhos de segunda a sexta-feira. / **d)** 56% das famílias de classes sociais C, D, e E assistem à televisão em grupos. / **e)** 35% das famílias de maior renda assistem à televisão em grupos nos dias da semana. / **f)** 43% das famílias de classe B assistem à televisão em grupos nos dias da semana.

### E1 Respostas
RÁDIO = ouvir, desligar, informar, transmitir, ligar, entrevistar, noticiário, propaganda, acompanhar, música, abaixar e aumentar o volume, estação, programa, notícia, locutor, ouvinte, apresentar. / TV= desligar, ver, informar, transmitir, ligar, assistir, entrevistar, imagem, noticiário, propaganda, acompanhar, música, abaixar e aumentar o volume, estação, programa, notícia, canal, antena, apresentar, apresentador, controle remoto. / IMPRENSA = informar, entrevistar, noticiário, ler, editar, propaganda, publicar, escrever, assinar, jornal, notícia, revista, artigo, banca, história em quadrinhos. / MÍDIA ELETRÔNICA = informar, surfar, imagem, noticiário, ler, mensagem, caixa de entrada, anexar, recado, WhatsApp, enviar *e-mail*, conectar, postar, escrever, clicar, imprimir, *scrap*, navegar, notícia, *link*.

## Lição 8
### Página Inicial
1. E, E, C.
2. C, C, E

### A1 Respostas
1. p. 61, "Não só em Portugal ou no Brasil o português é língua oficial, mas também em vários pontos da África e Ásia". **2.** p. 62, "chegaram, em suas caravelas, a diferentes partes do mundo". **3.** p. 62, "estabelecendo lá, sob seu domínio, sua língua".

### B1 Respostas
1. **b)** – O que ele disse? – Ele disse que ninguém lhe deu uma explicação. / **c)** O que ela disse? Ela está perguntando se você (não) quer ir ao teatro conosco. / **d)** O

que vocês disseram? Nós perguntamos quando vocês voltaram de viagem. / **e)** O que ele disse? – Ele disse para você ficar quieto e escutar. / **f)** O que ele está dizendo? – Ele está dizendo que você leve o guarda-chuva porque vai chover. / **g)** O que ele está dizendo? – Ele sempre diz que é importante ler o jornal todos os dias. / **h)** Ele perguntou o que eu estou querendo dizer com isso.

2. **a)** Ele disse que não queria que fizéssemos bobagem. **b)** Ele prometeu que ia fazer tudo para que nosso plano desse certo. **c)** Ele avisou que ia estar lá novamente na semana seguinte. **d)** Eles me perguntaram se eu era feliz ali, vivendo daquele jeito. **e)** Ela quis saber se nós queríamos que ele fosse no dia seguinte. **f)** Ela perguntou o que eu tinha feito no dia anterior. **g)** Ele gritou para que eu saísse de lá. **h)** Ele me aconselhou a não fazer nada naquele momento e pensar melhor. **i)** Ela sussurrou que eu esquecesse o que ela tinha dito no dia anterior. **j)** Ele informou que eu ia levar mais serviço, que não era só aquilo.

**B2 Respostas**

1. **1.** Minha mulher gritou que queria o divórcio. **2.** O locutor anunciou que a viagem tinha sido cancelada por causa do mau tempo. **3.** Ele disse que já tinha dito mais de uma vez que não estava sabendo de nada. **4.** Ele ordenou que saíssemos imediatamente do quarto dele. **5.** Ele perguntou se eu (não) queria jantar com ele. **6.** Ele me avisou para ter cuidado com a escada, porque ela estava quebrada. **7.** Ele insistiu em saber se eu não queria mesmo sair com ele.

2. **1.** Assustada, ela exclamou que a fila estava enorme. **2.** Feliz, ela suspirou que estava de férias. **3.** Entusiasmada, ela deu os parabéns pelo aniversário dele. **4.** Tremendo, ela disse que estava frio. **5.** Desanimada, ela avisou que o Léo acabara de sair. **6.** Irritado, ele pediu silêncio porque ela ia começar a cantar. **7.** Constrangido, ele perguntou se não havia outro jeito. **8.** Afobada, e apressou-me, avisando que ele estava chegando.

**C1 Respostas**

1. **a)** chamada do Jornal Nacional da Rede Globo de Televisão, **b)** verdadeiro, **c)** 2, **d)** os rios do extremo norte e do extremo sul do país, **e)** quatro.

3. **a)** Legal pacas: Érica, São Paulo. **b)** Eta coisa boa!: Sotero, Ceará. **c)** Enfim, sim, uma coisa prestando!: Nádia, Paraíba. **d)** Ê trem bom, sô!: Emilia, Minas Gerais.

**C2 Respostas**

1. Maria fala de São Marcos, no Rio Grande do Sul.

2. E, E, E

3. Os paulistas falam com sotaque diferente; cariocas falam chiado, paulistas e cariocas falam "você".

4. **1.** Rio de Janeiro. **2.** Tem características específicas de acordo com cada bairro. Não há um tipo único de carioca. **3.** A diferença principal é entre "tu" e "você", porém o verbo, mesmo com "tu", é usado como se fosse "você". As outras diferenças são sotaque.

5. **1.** São Paulo. **2.** Cosmopolista com influências da imigração de muitos países e continentes. Distingue bem o paulistano (cidade de São Paulo) do paulista (todo o estado de São Paulo), influenciado e impregnado do ambiente de fazenda. **3.** Baiano fala devagar, carioca fala gostoso, não há dialetos no Brasil. Há modos de falar, jeito de falar diferente.

**D1 Respostas**

1. O nome do programa de rádio é África Positiva.

2. **1.** Virgílio do Rosário. **2.** África. **3.** Moçambique. **4.** Medicina veterinária. **5.** Malária. **6.** Portugal. **7.** Sim.

**D2 Respostas**

2. **a)** a língua falada no Brasil. **b)** a língua tem influência de Portugal.

**E1 Respostas**

**1.** andar – piso, **2.** lugar – sítio, **3.** bobo – parvo, **4.** média, café com leite – galão, **5.** bolsa – mala, **6.** meias de homem – peúgas, **7.** bonde – carro elétrico, **8.** moça – rapariga, **9.** café da manhã – pequeno almoço, **10.** morder – trincar, **11.** cafezinho – bica, **12.** pedestre – peão, **13.** cardápio – ementa, **14.** privada – retrete, **15.** conserto – reparação, **16.** saúde! – santinho!, **17.** criança – miúdo, **18.** trapaça – aldrabice, **19.** encanador – canalizador, **20.** suco – sumo, **21.** entender – perceber, **22.** trem – comboio, **23.** geladeira – frigorífico, **24.** vermelho – encarnado, **25.** xícara – chávena, **26.** k – capa.

**E2 Respostas**

Caro editor. Sou um leitor antigo de seu jornal. Todos os dias, eu o leio ou em casa, no café da manhã, ou mais tarde, no restaurante, depois de examinar o cardápio e, geralmente, pedir uma xícara de chá, ou um copo de suco. Nunca um cafezinho ou um café com leite. No final, um copo de água sem gás e gelada. É meu momento de paz! Não entendo, no entanto, e não sou bobo, por que as notícias que seu jornal publica têm sido tão negativas ultimamente. São só tragédias: bondes que atropelam pedestres, trens que saem dos trilhos, crianças que se trancam na geladeira de sua cozinha, trapaças de nossos políticos... parece que não há lugar nenhum neste país livre disso. Valha-nos Deus! Não há mesmo boas notícias ou elas não estão mais no foco de seu jornal?

## Revisão 2

**1. O assunto é comércio e serviços**

1. **a)** estiverem.
   **b)** estão.
2. **a)** enquanto eu for chefe dele.
   **b)** das bobagens que eu faço.
   **c)** esteja onde estiver.
   **d)** quando morávamos em Londres.
   **e)** para quem quiser ouvir.
   **f)** esperaremos.
3. **a)** 2
   **b)** 1
   **c)** 2
   **d)** 1
   **e)** 1
4. resposta pessoal.

**2. O assunto é trânsito**

1. **a)** invadir a faixa de pedestres.
   **b)** atravessar fora da faixa.
   **c)** dirigir na contramão.
   **d)** estacionar em local proibido.
   **e)** dirigir com excesso de velocidade.
2. **a)** o freio
   **b)** o farol.
   **c)** o porta-malas.
   **d)** o para-choque.
   **e)** o tanque de gasolina.
3. **a)** comermos.
   **b)** explicarem.

**c)** irmos.
**d)** Puseram/ porem.
**e)** termos.
**4.** resposta pessoal.

### 3. O assunto é lazer

**1.** **1.** mochila; **2.** cantil; **3.** repelente; **4.** lanterna; **5.** toalha; **6.** roupa de banho; **7.** saco plástico para lixo; **8.** roupa para trocar; **9.** chapéu; 10. boné.

**2.** Sugestões: (pintor) Cândido Portinari; (poeta) Carlos Drummond de Andrade; (romancista) Jorge Amado; (cantores) Chico Buarque de Holanda/ Elis Regina; (compositor) Vinícius de Moraes; (esportistas) Pelé/ Guga; (atriz) Fernanda Montenegro.

**3.** **1.** não teriam entrado sozinhos na casa.
**2.** se morasse mais perto.
**3.** reclamaria do calor.
**4.** nós lhes mostraríamos que somos competentes.
**5.** se não estivesse chovendo.

### 4. O assunto é língua portuguesa mundo afora

**1.** **1.** Porque os portugueses com suas caravelas chegaram a várias partes da Ásia.
**2.** Mais de 200 milhões de pessoas falam português no mundo.
**3.** Porque os portugueses espalharam a língua portuguesa pelo mundo afora. Fizeram com que os povos dos países por eles conquistados e colonizados falassem português.
**4.** Os portugueses fizeram várias conquistas pelo mar e espalharam a língua portuguesa, unindo alguns povos pela língua.

**2.** Ele perguntou se ela queria sair para passear. Ela respondeu que estava chovendo e disse que seria melhor esperarem até que a chuva passasse. Ele não concordou e disse que uma chuvinha como aquela não incomodaria ninguém e acrescentou que o jornal tinha dito que iria fazer sol naquele dia. Ela perguntou se ele tinha acreditado e pediu a ele que olhasse pela janela.

**3.** Ela parou diante dos rapazes que conversavam num canto do bar e perguntou:
– Quem pode me ajudar a levar estas caixas para o carro? Vou dar uma ótima gorjeta a quem

me ajudar. Vai ser fácil! Quem se candidata?

### Exercícios – Lição 1

#### A3

#### 1. A escola

**1.** = formada pela educação infantil, ensino fundamental e ensino médio. / **2.** = creche e pré-escola. / **3.** = meios básicos para o pleno domínio da leitura, escrita e do cálculo. / **4.** = consolidação e aprofundamento dos conhecimentos adquiridos no ensino fundamental. / **5.** = destinada aos que não tiveram acesso ou continuidade de estudos no ensino fundamental e médio na idade própria. / **6.** = conduz ao permanente desenvolvimento de aptidões para a vida produtiva. / **7.** = estimula a criação cultural e o desenvolvimento do espírito científico e do pensamento reflexivo. / **8.** = para educandos portadores de necessidades especiais.

#### B4

#### 2. Pronomes demonstrativos + advérbios de lugar

**1.** Esta sala / Este sofá / Estas poltronas / Eu não vou comprar isto!
**2.** Esses cursos / Essas matérias / Esses testes. Eu não vou estudar tudo isso!
**3.** Aqueles salários / Aquele chefe / Aquela greve / Eu não vou aceitar aquilo!

#### B4

#### 3. Este(s), esta(s), esse(s), essa(s), aquele(s), aquela(s)

**1.** Sugestões: Este lápis aqui comigo / Esse carro aí com você / Aqueles papéis ali com ele / Estas fotos aqui comigo / Aqueles e-mails lá com ele / Essa moça aí com você / Aqueles documentos ali com ele.
**2.** **1.** isto / **2.** aquilo / **3.** isso / **4.** aquilo / **5.** aquilo.
**3.** Sugestões: **a)** saia de casa hoje. / **b)** ele dirija rapidamente. / **c)** queiram sair mais cedo hoje. / **d)** esteja contente com o salário. / **e)** vocês não possam jantar conosco.
**4.** **a)** saiba, **b)** queiram, **c)** esteja, **d)** vá, **e)** sejamos.

#### 5. O dia do pendura

(E), (C), (E), (C), (C), (C), (E), (E).

#### D2

#### 6. O SENAI e o SENAC

**2.** **a)** O SENAI é um serviço voltado ao desenvolvimento industrial e o SENAC é aberto a toda sociedade brasileira e prepara pessoas para o setor de comércio e serviços. / **b)** O SENAC e o SENAI não são órgãos governamentais.
**3.** **a)** = mobiliário / **b)** = alimentos / **c)** = gráfica / **d)** = mecânica / **e)** = metalurgia / **f)** = construção civil / **g)** = eletricidade / **h)** = vestuário / **i)** = construção civil.
**4.** **a)** moda, **b)** design de interiores, **c)** hotelaria, **d)** informática, **e)** idiomas, **f)** saúde, **g)** comunicação e artes, **h)** administração e negócios, tecnologia e gestão educacional.
**5.** **a)** hotelaria, **b)** comunicação e artes, **c)** administração e negócios, **d)** informática, **e)** tecnologia e gestão educacional, **f)** saúde, **g)** design de interiores, **h)** design de interiores, **i)** educação ambiental, **j)** terceiro setor, **k)** educação ambiental, **l)** idiomas, **m)** hotelaria, **n)** moda.

#### E

#### 7. Relacione

**1.** Fazer um teste, um exame / **2.** Passar no exame, no teste / **3.** Receber um diploma / **4.** Frequentar as aulas, uma escola / **5.** Participar da formatura / **6.** Faltar à aula / **7.** Perder o ano.

#### 8. Explique. O que é...

Matricular-se num curso = inscrever-se para frequentar um curso / a matéria = a disciplina, o assunto a ser estudado em um curso / ser superdotado = ter grande capacidade para aprender / terminar o ensino médio = estar preparado para entrar em uma universidade / formar-se em Medicina, em Direito = concluir o curso de Medicina, Direito / pular um ano = cursar a série seguinte àquela para a qual se foi aprovado.

#### 9. Separe por categorias

**1.** Comércio: a cooperativa, a encomenda, o cartaz, a gorjeta, grátis, o camelô, (pagar) comissão, o capital, o troco. **2.** Trânsito: buzinar, o engarrafamento, a bomba de gasolina. **3.** Escola: as ciências, a esferográfica, a filosofia, a engenharia, o certificado, copiar, o diploma, o giz.

152

**10. Relacione**

**1.** Escova = de dentes / **2.** O ferro = de passar roupa / **3.** A coleção = de selos / **4.** Fazer = progresso / **5.** Evolução = desenvolvimento / **6.** Durar = três dias / **7.** Informática = computador / **8.** Discoteca = música / **9.** Comprimento = centímetros, decímetros / **10.** Interrompido = incompleto / **11.** Energia solar = sol / **12.** Caber = na mala / **13.** Ida = e volta / **14.** Lava = louça / **15.** Dona = de casa / **16.** Carta = destinatário / **17.** Céu = sol.

## Exercícios – Lição 2
### A1/2/3
**1. O clima e nós**
**1.** **a)** sol / **b)** frio / **c)** vento / **d)** tempestade / **e)** garoa / **f)** solzinho / **g)** chuvinha
**2.** Carlinhos, leve sua malha! / Para quê, mãe? Não está frio. / Como não? E, além disso, você ainda está com aquela tosse... / Ora, eu só vou até a casa da Vera. Não preciso de malha! / Carlinhos, olhe pela janela! Está frio, vai chover. / Não vai chover, mãe. Tchau, até de noite. / Esse menino... Que tal a gente sair para tomar uma cerveja? / Nem pensar! Com este frio, quero ficar em casa. / Frio? Está gostoso! Deve estar fazendo uns 20°C. / Para mim está frio. Prefiro não sair. / Então você vai ficar em casa o inverno todo! / Ou então eu volto para Manaus...

**B**
**2. Presente do Subjuntivo com expressões impessoais + que**
**a)** É melhor que você saiba a verdade. **b)** Para viajar, é necessário que a gente tenha dinheiro. **c)** É possível que amanhã todo mundo queira saber o que aconteceu. **d)** Para não chegar lá atrasado, é melhor que você saia bem cedo. **e)** Um carro tão bonito! É pena que Mônica não saiba dirigir.

**B**
**3. Requisitos**
Para ser dentista é necessário que você tenha habilidade manual. / Você quer ser advogado? Então é importante que você tenha facilidade de expressão oral. / Pra ser relações públicas é preciso que você seja hábil no tratamento com as pessoas e tenha ótimo conhecimento de línguas estrangeiras. / Quer ser um bom médico? Então é bom que você seja bem-informado, tenha habilidade manual. / Jornalista é o que você quer ser? Então é fundamental que você tenha disponibilidade para viajar. / Você quer ser analista de sistemas? Então é importante que você tenha conhecimento de informática. / Quer ser político? Então é necessário que você tenha bons contatos. / Quer ser professor? Então é melhor que você tenha domínio da língua materna, tenha facilidade de expressão oral, seja hábil no tratamento com as pessoas. / Arquiteto é o que você quer ser? Então é preciso que você tenha talento para desenho, matemática. / Para ser agrônomo é aconselhável que você seja bem-informado, tenha disponibilidade para viajar.

**B**
**4. Complete com uma expressão impessoal**
**a)** Basta / **b)** É inacreditável / **c)** É importante / **d)** É necessário / **e)** É conveniente / **f)** Convém

**C1**
**5. Palavras cruzadas**
HORIZONTAIS: 1) chuva; 2) trovão; 3) solzinho; 4) morno; 5) vale; 6) inverno; 7) montanha. VERTICAIS: 8) úmido; 9) outono; 10) calor; 11) neve; 12) verão; 13) ilha.

**D1**
**6. A magia da ilha**
Fernando de Noronha já teve vários nomes (C) / Há pessoas morando em todas as ilhas (E) / Fernando de Noronha mudou muito desde a visita de Darwin (E) / As praias do "mar de dentro" ficam no continente (E) / Os golfinhos seguem o barco quando ouvem seu motor (C).

**7. Fernando de Noronha**
Dar um novo nome = rebatizar / ilha pequena = ilhota / marcar a hora certa no relógio = acertar o relógio / grupo de ilhas = arquipélago / classe de animais que geralmente não nascem de ovos = mamífero.

**D2**
**8. Boletim meteorológico**
**1.** A previsão é de tempo nublado com chuvas e chuviscos. / A temperatura vai ficar entre 13 e 22 graus na capital. / Na praia, a temperatura é mais alta do que na capital. / Uma frente fria está sobre o Atlântico.
**2.** Vai chover principalmente no leste e no sul do estado (C) / Vai chover o dia inteiro (E) / A temperatura na cidade de São Paulo é de 16 graus (C) / Na Região Centro-Sul, a temperatura está caindo (C).

**E**
**9. Relacione**
**1.** **1.** chuva, tempestade, relâmpago; **2.** neve, brisa; **3.** chuva, orvalho, neve; **4.** neve, geleira; **5.** Amazônia, baía da Guanabara, verão; **6.** orvalho, chuva, tempestade; **7.** neve; **8.** rocha, montanha; **9.** Amazônia, serra, montanha, baía de Guanabara; **10.** brisa, lago, orvalho; **11.** Amazônia, baía de Guanabara, montanha, serra, lago...; **12.** chuva, lago; **13.** relâmpago, trovão, tempestade; **14.** tempestade, geleira, montanha; **15.** chuva, tempestade, Amazônia, baía de Guanabara.
**2.** **1.** como um pimentão / **2.** a mesa / **3.** tinto / **4.** vazia / **5.** o frango / **6.** anticoncepcional / **7.** da tarefa.
**3.** **1.** intenções / **2.** sobre criminalidade / **3.** da conta / **4.** do pássaro / **5.** do rio / **6.** da casa / **7.** de luz.

**10. Responda ao** *e-mail*
Resposta livre.

## Exercícios – Lição 3
### A1/2/3
**1. Sugestões**
**b)** Eu acho que você deveria ir ao médico. / **c)** E deixando as crianças com a sua irmã? – Que

tal deixar as crianças com a sua irmã? / **d)** Eu acho que ele deveria fazer um curso de inglês. – E se ele fizesse um curso de inglês? / **e)** Que tal você procurar um outro emprego? – E se você procurasse outro emprego?

**A1/2/3**

### 2. Vocabulário

**a)** impostos / **b)** sacar / **c)** inflação – sobem / **d)** depósito / **e)** poupança / **f)** prestações / **g)** economia.

**A1/2/3**

### 3. Vocabulário

**a)** capital / **b)** entrada / **c)** desembolsar / **d)** impostos / **e)** cheque / **f)** fiador.

**B1**

### 4. Conjunções + Presente do Subjuntivo

**1. a)** Eu quero ir à praia desde que não chova. / **b)** Embora esteja chovendo, vamos à praia. / **c)** Vamos ao Brasil no verão, para que nossos filhos aprendam português. / **d)** Eu vou à festa, contanto que Paula não vá. / **e)** Ele vai insistir até que ela mude de ideia.

**2. a)** antes que / **b)** mesmo que / **c)** para que / **d)** embora / **e)** contanto que.

**3.** b / c / b

**B2**

### 5. Alguém que, alguma coisa que... + Subjuntivo

**1. a)** Quero um carro que seja grande e confortável e que ande rápido. / **b)** Estou procurando uma secretária que trabalhe rápido, fale português e seja simpática. / **c)** Quero um livro

que seja interessante, não seja muito grosso e tenha muitas fotos. / **d)** Quero um marido/uma mulher que tenha muito dinheiro, seja bonito/a e saiba cozinhar. / **e)** Quero alguma coisa que seja gostosa, não engorde e venha rápido.

**2. a)** Não há nada que você possa levar para a festa. / **b)** Não conheço ninguém que conheça bem a Amazônia. / **c)** Não tenho nenhum livro que mostre fotos de Porto Alegre. / **d)** Não conhecemos ninguém que tenha uma casa na praia. / **e)** Não conheço ninguém que já tenha terminado o curso de português. / **f)** Não sabemos de ninguém que já tenha ido para Xique-Xique.

**3. a)** conhece / **b)** possa / **c)** ajude / **d)** traga.

**C**

### 6. Caça-palavras

**(Veja quadro abaixo)** talão de cheque, sacar, extrato, conta-corrente, depositar, agência, depósito, fila, número da conta, impostos, inflação, juros, economia, dinheiro, real, dólar, saldo, pagamentos.

**D1**

### 7. No caixa automático

**1.** b.

**2.** c, e, c, c, c.

```
Z X C T A L Ã O D E C H E Q U E S X D F S A C A R Y Z T A
É R T Y E X T R A T O G V C D C O N T A C O R R E N T E O
D E P O S I T A R X C H D G T A G Ê N C I A É L Õ P R T Y
C V K I L Ó D E P Ó S I T O N V R Á F I L A U R T U P A I
N U E R O M N Ú M E R O D A C O N T A U T O P I A S B R A
X O I M P O S T O S B I N F L A Ç Ã O B R A J U R O S T Ú
E C O N O M I A X V C U R Í D I N H E I R O N M O P S D I
C R E A L I R O N J I O P D Ó L A R J I E M C P L A K I R
D E D O S S A L D O G A S P A G A M E N T O S X C I P L O
```

### 8. O golpe do caixa automático

**1.** Ilustração 1.

**2.** Aumentou o número de roubos de cartões. / O roubo é simples. / O ladrão oferece ajuda no caixa automático. / Ele pega o cartão, pede o código e faz a operação. / Depois o ladrão não devolve o cartão

das pessoas, mas um outro. / Assim pode sacar todo o dinheiro da vítima. / Os bancos não podem fazer nada, pois a pessoa deu o seu código ao ladrão.

**E**

### 9. Organize as palavras

**1.** Escola = professor, primeiro grau, segundo grau, curso, exame, cursinho, estudos. / **2.** Universidade = administração de empresas, análise de sistemas, carreira, faculdade, vestibular, matrícula. / **3.** Clima = seco, nuvem, neve, temporal, árido, calor, frio, tempestade. / **4.** Geografia = vale, serra, rio, ilha, baía. / **5.** Bancos = saldo, depósito, banco, poupança, cartão de débito, juros, saque, cartão, conta, extrato. / **6.** Profissão = arquiteto, médico, agrônomo, dentista, jornalista, político, economista.

### 10. O que se compra onde?

**1.** Farmácia = medicamentos, pasta de dentes, preservativos. / **2.** Banca de jornais = jornais, revistas. / **3.** Padaria = pão, pão doce, biscoitos. / **4.** Papelaria = papel, envelope, lápis, cadernos. / **5.** Rotisseria = presunto, queijo, patês.

### 11. Agrupe as palavras por área

**1.** Frutos do mar = lagosta, lula, polvo. / **2.** Frutas = morango, pera, melancia. / **3.** Ferramentas = martelo, pá, tesoura, alicate.

### 12. Relacione

**a) 1.** = multidão / **2.** = veleiro / **3.** = espirro / **4.** = diamante / **5.** = de grandeza / **6.** = inverno / **7.** = carta / **8.** = o champanha.

**b) 1.** = por um quadro / **2.** = um resfriado / **3.** = férias / **4.** = uma bela paisagem / **5.** = as plantas / **6.** = de um bom trabalho.

## Exercícios – Lição 4

**A1**

### 1. Sorte ou azar?

**1. a)** Na opinião dele, passar por debaixo de uma escada não dá azar. / **b)** É um absurdo dar atenção a superstições. / **c)** Para mim, não há mais perigo no mês de agosto. / **d)** Todo mundo é da opinião de que há muitos fatos sem explicação. / **e)** Para mim, ele não era supersticioso.

**2.** Sugestões: **1.** Eu não estou bem certo de que existam fantasmas. / **2.** Não estou certo de que a

**154**

superstição seja um sinal de ignorância. / **3.** Não estou bem certo de que superstição não faça mal a ninguém. / **4.** Não estou muito convencida de que estamos cercados de forças negativas, de maus espíritos. / **5.** Não estou convencida de que olho gordo exista. Será que existe?

**3.** Sugestões: **1.** Esse assunto nunca passou pela minha cabeça. / **2.** Não tenho a mínima ideia. / **3.** Para mim tanto faz. / **4.** Cada louco com sua mania. / **5.** Cada um com seus problemas.

**B1**

### 3. Complete
**a)** vir = eles vieram. Ela não quis que eu viesse. / **b)** dizer = eles disseram. Por que você não queria que eu dissesse a verdade? / **c)** trazer = eles trouxeram. Ela pediu que nós trouxéssemos algumas cervejas. / **d)** preferir = eles preferiram. Ela não entendeu que eu preferisse ficar em casa. / **e)** ver = eles viram. Eles não queriam que nós víssemos os presentes antes da hora. / **f)** ter = eles tiveram. Explicaram-nos tudo em detalhes para que nós não tivéssemos problemas. / **g)** ver = eles viram. Seria bom se eles vissem o resultado de seu trabalho. / **h)** pôr = eles puseram. Eu queria que pusessem tudo na mala. / **i)** poder = eles puderam. Eles acreditavam que o bandido pudesse fugir.

**B2**

### 4. Use o Pretérito Perfeito dos verbos destacados
**a)** Fiquei feliz que você pudesse vir conosco. / **b)** Nunca achei que um pé de coelho pudesse trazer sorte. / **c)** Nunca conheci ninguém que falasse coreano. / **d)** Sempre quis que meus filhos aprendessem várias línguas. / **e)** No domingo passado, assisti à televisão até tarde, embora tivesse que trabalhar no dia seguinte. / **f)** Sempre duvidei de que uma simpatia realmente funcionasse.

### 5. Use o Pretérito Imperfeito dos verbos destacados.
**b)** Era importante que você soubesse o que estava acontecendo. **c)** Embora eu dormisse bem, estava sempre cansado. **d)** Tínhamos medo de que eles não acreditassem em nós. **e)** Ela trabalhava

muito para que pudesse gastar muito. **f)** Ela só aceitava sugestões que lhe trouxessem benefícios.

**B3**

### 6. Se + Imperfeito do Subjuntivo
**1.** Se eu soubesse nadar bem, participaria do campeonato. / Nós compraríamos o sítio do Zé, se ele quisesse vendê-lo. / Se ela falasse chinês, ela não precisaria de intérprete. / Não seria mais fácil se a empresa contratasse um especialista?

**2. a)** Se Helena tirasse férias, não estaria cansada nem desanimada. / **b)** Se Bia não corresse muito, seus pais lhe emprestariam o carro. / **c)** Se não estivesse muito cansado, iria ao cinema com Selma.

**3.** Respostas pessoais.

**C**

### 7. Paraíso treme ao vento ateu
**1.** **1.** Antes de expulsarem os garimpeiros, os integrantes brasileiros da comunidade tinham pedido a eles, várias vezes, que saíssem de suas terras. / **2.** Eles tinham começado a construir uma estrada de 18 quilômetros, através das terras da comunidade... Passaram trator sobre centenas de árvores, aterraram quatro nascentes e transformaram o cenário da Serra dos Cristais. / **3.** ...o clima na comunidade passou a ser de terror... / **4.** ...armados apenas de uma velha espingarda e um revólver 38... / **5.** Fizemos um estudo minucioso de várias regiões do planeta e chegamos à conclusão de que, na área do Alto Paraíso, as possibilidades de cataclismos ambientais, como terremotos, maremotos e mudanças radicais de clima, seriam muito reduzidas.

**D1**

### 8. Leitura
**2.** A acupuntura é uma especialidade médica (C) / 30% dos pacientes procuram terapias alternativas (E) / Os médicos têm crítica às terapias alternativas (C) / Quase todos os pacientes melhoram sem terapia (E) / Em caso de problemas, só se pode procurar a polícia (C).

**D2**

### 9. Milagres e mandingas do dia de São João
**1.** Com o balde: pegue um balde cheio d'água, coloque-o em frente

da fogueira de São João. Olhe dentro dele. Se faltarem algumas partes do seu corpo, é porque você não estará vivo na próxima festa de São João. / Com as agulhas: se a moça quiser casar, deve colocar duas agulhas num prato de água à meia-noite. Se as agulhas amanhecerem juntas, é casamento na certa. / Com as brasas da fogueira: tiram o sapato, atravessam a fogueira pisando nas brasas, descalços. Isso para provar que eles têm fé.

**2.** C, C, E.

**E**

### 10. Dê o substantivo
**a)** a inscrição; **b)** a multiplicação; **c)** a subtração; **d)** a atenção; **e)** a compreensão; **f)** a exploração; **g)** a suposição; **h)** a associação; **i)** a reivindicação; **j)** a oposição; **k)** a iluminação; **l)** a recepção; **m)** a saúde; **n)** a coragem; **o)** a capacidade; **p)** a razão; **q)** a ausência; **r)** o ano; **s)** o desempenho; **t)** a semelhança; **u)** a precisão.

### Exercícios – Revisão 1
**1.** **1.** tenha problemas.
   **2.** esquecesse o que aconteceu.
   **3.** não saiba o que quer.
   **4.** gostasse de mim.
   **5.** a polícia chegue?
**2.** sei, acompanhe, é, possa, diga, perdesse, preocupasse.
**3.** Sugestões de frases
   **1.** Viajarei com você contanto que possa voltar antes do Natal.
   **2.** Irei ao cinema mesmo que não tenha companhia.
   **3.** Ela passará as férias de dezembro na Europa embora faça frio.
   **4.** Viajarei de navio a fim de que possa descansar.
   **5.** Irei para a praia antes de que as férias acabem.
   **6.** Irei à Austrália sem que seja caro demais.
   **7.** Convidarei um amigo para que tenha companheiro no navio.
   **8.** Ficarei fora até que esteja sem dinheiro.
   **9.** Prefiro viajar por mar, a não ser que o navio não seja confortável.
   **10.** Você não aproveitará sua viagem desde que não possa esquecer seus problemas.
**4.** **1.** Se você gostasse de nós, nos ajudaria.
   **2.** Se ele não reclamasse o tempo todo, alguém o ouviria.

**3.** Se não estivesse chovendo muito, sairíamos de casa.

**4.** Se ele não comprasse tudo o que vê, conseguiria poupar.

**5.** Se ele não morasse longe, eu não o veria pouco.

**5.** Sugestões:

**1.** Este celular aqui não é meu.

**2.** Esse pacote aí é seu?

**3.** Aquele diploma ali é seu.

**4.** Aquela foto lá não é minha.

**5.** Essa bolsa aí é delas.

**6.** Sugestões: – Quero ser comissária de bordo. Há algumas vantagens e desvantagens.

**1.** Vou poder ter contato com outras pessoas.

**2.** Vou ter um bom salário.

**3.** Também terei prestígio social.

**4.** Os horários de trabalho não são livres, o que não é bom.

**5.** Também não posso desenvolver minha criatividade nessa profissão, mas acho que vale a pena.

**7.** o frio; a neve; a chuva; o calor; o vento.

**8.** **1.** aumentam; **2.** sociais; **3.** os gastos; **4.** dinheiro; **5.** de juros.

**9.** Sugestões:

Prefiro sair. Não quero ficar em casa.

Mas o que podemos fazer em casa?

Não! Quero ver pessoas, quero passear.

Certo, então você fica em casa e eu vou passear. Vou telefonar para a Paula, talvez ela queira ir comigo.

**10.** simpatia, gato preto, objeto, azar, figa, ferradura.

**11.** Resposta pessoal.

### Exercícios – Lição 5

**A1/2**

**1. Promessas, promessas, promessas...**

**a)** Amanhã, sem falta. / **b)** Dou minha palavra que devolvo. / **c)** Quando o filme acabar, vou correndo, juro. / **d)** Tá bom, tá bom, prometo estudar mais! / **e)** Desta vez é sério. Acredite em mim!

**A1**

**2. Eu queria que vocês mandassem...**

**1.** Quebrar = o liquidificador / o computador / o carro / o barco / a moto / o *freezer* / o chuveiro / o rádio / a geladeira / o micro-ondas / o pé da mesa / o vidro da janela / o braço da cadeira / o fusível / o espelho / o abajur / o azulejo – **2.** Enguiçar = o liquidificador / o computador / o carro / o barco / a moto / o *freezer* / o chuveiro / o rádio / a geladeira / o micro-ondas. – **3.** Trincar = o vidro da janela / o espelho / o fusível / o azulejo. – **4.** Furar = o carpete / o barco /o tapete / o pneu / a cortina / o cano. – **5.** Rasgar = o carpete / o tapete / o papel de parede / a cortina. – **6.** Entupir = a banheira / o chuveiro / o ralo / a pia / o cano.

**2.** Meu carro enguiçou. Vou chamar o mecânico para consertá-lo. / O motor da geladeira queimou. Vou chamar o eletricista para trocar a peça. / O vidro da janela quebrou. Vou chamar o vidraceiro para colocar outro. / A pia entupiu. Vou chamar o encanador para limpar o sifão. / A máquina de lavar quebrou. Vou chamar o técnico para consertá-la.

**A3**

**3. Entrevista do mês**

Reposta livre.

**B1**

**4. Futuro do Subjuntivo – Forma**

**a)** tivermos, **b)** puder, **c)** quiser, **d)** vier, **e)** estiver, **f)** soubermos.

**B2**

**5. Usos do Futuro do Subjuntivo**

**a)** esteve, **b)** chove, **c)** for, **d)** tenho, **e)** tiver, **f)** tinha.

**B3/4**

**6. Futuro do Subjuntivo Composto – Forma e uso**

**1.** **a)** o filme tiver terminado, **b)** tiver lido os jornais, **c)** tiver tomado o cafezinho, **d)** tiverem feito um bom trabalho, **e)** tiver demolido todas estas casas.

**2.** Ele viajará quando tiver terminado o curso. / Você assinará o contrato se tiver sido promovido. / Ela se aposentará depois que tiver juntado dinheiro suficiente. / Eu venderei a casa assim que tiver encontrado um interessado.

**3.** **1.** tiver, **2.** tenha, **3.** aumente, **4.** chegue / chegar, **5.** tenhamos.

**4.** Eu lerei a notícia para quem quiser ouvir. / Virgínia levou embora todos os documentos que eu lhe dei. / Marina convidou todas as pessoas que ela quis. / Todo mundo ajudará aqueles que precisarem de ajuda.

**5.** Sugestões: **a)** fizer / **b)** achar / **c)** puderem / **d)** quiser / **e)** estiver / **f)** trouxer

**C**

**7. Solicitar, aceitar, deixar para depois, recusar**

Dá para trocar a peça agora? – Está difícil, mas vamos dar um jeito. / É possível mandar o técnico hoje? – Hoje não dá, amanhã talvez. / Pode dar uma olhada no meu televisor, por favor? – Temos muito serviço no momento.

**D1**

**8. Programa de rádio**

**1.** O publicitário comprou uma garrafa retornável de refrigerante (C) / O publicitário abriu a garrafa e viu dentro a tampa de plástico (E) / O técnico da empresa disse que poderia ser boicote de funcionário (C) / Segundo o assessor da engarrafadora, o incidente é normal (E) / O material do objeto não é o mesmo da tampa (E) / O objeto estranho em contato com a bebida faz mal à saúde (E).

**2.** uma garrafa retornável / havia um objeto estranho / pude constatar / um pedaço / para me queixar / me falou de possível / ainda mais preocupado.

**E**

**10. Por bem ou por mal?**

**2.** **a)** acreditar, **b)** ficar bravo, **c)** fazer piada, **d)** dar pouca importância, **e)** ter intenção de ofender, **f)** conservar o bom humor, saber perder, não levar muito a sério, **g)** ter de fazer concordando ou não, **h)** fazer por querer.

**3.** **a)** levaram a sério, **b)** Não me leve a mal, **c)** disse de brincadeira, **d)** levou a sério, **e)** falei por mal, **f)** sempre leva na esportiva, **g)** por bem ou por mal, **h)** faz de propósito.

**E**

**11. Relacione**

**a)** Expressar indiferença: Para mim tanto faz, pode ser hoje ou amanhã. / Não me importo se demorar uma semana ou duas, vou estar viajando mesmo. / Para mim é indiferente, podemos ir sexta à noite ou sábado de manhã. / Sei lá, faça como quiser. **b)** Expressar descrédito: É impossível reformar a casa em duas semanas. / É difícil acreditar que o Jéferson seja um bom vendedor. / Pode ser, mas eu ainda tenho dúvidas. / Não consigo imaginar que esse restaurante dê dinheiro. **c)** Formular hipóteses: Pode ser que a Renata esteja presa no trânsito, ela costuma chegar na hora. / De duas uma: ou eles estão com muito serviço ou a reforma é mais difícil do que imaginamos. / Não conseguiu passagens para o Rio? Deve ser por causa do feriado. / O mais provável é que os fumantes fiquem longe dos restaurantes com a lei antifumo. **d)** Justificar-se: O trânsito estava muito ruim, por isso demorei tanto. / Não conseguimos achar a peça e demoramos para consertar sua geladeira. / É que estava no telefone e não ouvi a campainha. / Eu não trabalho no fim de semana, minha senhora.

### Exercícios – Lição 6

#### A1

#### 1. O trânsito urbano

**1** = o cruzamento / **2** = vermelho, amarelo, verde / **3** = (E) / **4** = o pedestre / **5** = a ponte / **6** = a lombada / **7** = a zona azul.

#### A2

#### 2. É proibido!

**1.** **1** = falta de cartão de zona azul / **2** = pedestre fora da faixa / **3** = a moto / **4** = o acidente / **5** = o pedágio.

**2.** **1** = fora da faixa / **2** = conversão proibida / **3** = na contramão / **4** = a faixa / **5** = um pedestre / **6** = a 100 por hora / **7** = ao sinal / **8** = pela direita / **9** = uma multa.

#### A3

#### 3. O trânsito do bairro

**1.** Em primeiro lugar, eu não a acho muito simpática. Em segundo lugar, ela não é pessoa muito inteligente. Depois, aqui ninguém gosta dela. Finalmente, ela também não gosta de nós. / Não vou me mudar para São Paulo em primeiro lugar porque não gosto de viver em cidades grandes. Em segundo lugar, porque minha família é daqui. Depois, porque meus filhos não querem deixar os amigos. Por fim, mudar por quê? Estou tão bem aqui!

**2.** Propondo = Por que não fazer...? / E se fizéssemos...? / Tenho uma ideia. / Que tal...? – Respondendo à proposta = É uma boa ideia. / Genial! / Por que não? / Seria ótimo! / De jeito nenhum! / Não vai dar certo.

#### B1

#### 4. Infinitivo pessoal – Forma e uso

**1.** **a)** saírem / **b)** darmos / **c)** apresentarmos / **d)** vermos / **e)** podermos.

**2.** **a)** termos / **b)** pedirem / **c)** terem / **d)** trancarmos / **e)** terem

#### B1

#### 5. Infinitivo pessoal – Uso

**a)** despedirem / **b)** falar / **c)** terem / **d)** levarem / **e)** entenderem / **f)** estarem

#### D2

#### 7. O jovem e o carro

Respostas pessoais.

#### D2

#### 8. Linguagem dos sinais

4, 6, 3, 1, 5, 2.

#### E

#### 9. Palavras e palavras

**1.** **a)** = a ajuda / **b)** = o interesse / **c)** = a preocupação / **d)** = o estacionamento / **e)** = a parada / **f)** = a garantia / **g)** = a limpeza.

**2.** **a)** = típico / **b)** = legal / **c)** = livre / **d)** = feliz / **e)** = social / **f)** = pessoal / **g)** = perigoso / **h)** = sujo.

**3.** **a)** importância; importante; importar / **b)** o seguro; segurado; segurar / **c)** a responsabilidade; responsável; responsabilizar / **d)** o respeito; respeitável; respeitar / **e)** a necessidade; necessário; necessitar / **f)** a esperança; esperançoso; esperar / **g)** a ligação; ligado; ligar / **h)** o agrado; agradável; agradar / **i)** o agradecimento; agradecido; agradecer / **j)** o uso; usado, usar / **k)** a visão / a vista; visível; ver.

**4.** **1** = o caipira / **2** = o ouro / **3** = os centímetros / **4** = o banho / **5** = o padeiro / **6** = o saca-rolhas / **7** = a fumaça / **8** = o comício.

**5.** **1** = o prego / **2** = o apagador / **3** = o recibo / **4** = a rolha / **5** = o xarope / **6** = a salsicha / **7** = a espuma / **8** = o suor.

**6.** **1** = arte de fabricar objetos de argila cozida / **2** = técnica de produzir objetos manualmente / **3** = pequeno aparelho usado geralmente para acender cigarros / **4** = objeto usado para iluminação / **5** = ato de avaliar os gastos para a realização de um projeto / **6** = pessoa que realizou um ato excepcional / **7** = instrumento para medir temperaturas / **8** = veículo para transportar doentes ou feridos / **9** = lugar em que se enche o tanque do carro.

### Exercícios – Lição 7

#### A1

#### 1. Tipos de lazer

**a)** de praia / **b)** de costas / **c)** cooper / **d)** roda de amigos / **e)** foto / **f)** vitrines.

#### A1/2

#### 2. Lazer

Prefiro caminhadas leves, não estou em forma. / Acho que o lazer é uma invenção. / Eu dedico várias horas por dia a ouvir música. / Que tal trabalhar menos? / Por que não ter alguma atividade de lazer? / É fundamental uma caminhada no fim de semana.

#### A3

#### 3. Linguagem popular

c, h, e, b, f, a, g, i, j, d.

#### A4

#### 4. Xi!

f, c, e, d, b, a.

#### B1

#### 5. Orações condicionais

**1.** **a)** soubesse / **b)** quisesse / **c)** falasse / **d)** contratasse

**2.** **a)** Se Helena quisesse dormir, não se sentiria cansada. / **b)** Os pais de Bia lhe emprestariam o carro, se ela corresse menos. / **c)** Se não estivesse cansada, iria ao cinema com Selma.

**3.** **1.** Se eu tivesse um iate, levaria meus amigos para um cruzeiro no Caribe. / **2.** Se eu fosse presidente da república por um dia eu daria um bom salário mínimo a todos os trabalhadores. / **3.** Se eu encontrasse uma mala cheia de dinheiro e joias, eu entregá-la-ia /a entregaria à polícia. / **4.** Se eu fosse milionário e não precisasse trabalhar, ocuparia meu tempo com hobbies.

#### B2/3

#### 6. Pronomes relativos

**1.** **a)** sobre – Este é o livro sobre o Brasil de que falamos ontem. / **b)** Estas são as fotos de Belo Horizonte que mostrei na minha aula de português. / **c)** para – Este é o meu amigo Leonardo para quem eu comprei aquela garrafa de pinga no Brasil. / **d)** a – Aqueles são meus amigos americanos a quem pertence a casa de Búzios.

**2.** **a)** Nós vamos jantar numa churrascaria cujas carnes são conhecidas no Brasil inteiro. / **b)** Roberto

157

Carlos, cujas canções são tocadas em toda a América Latina, é um cantor muito conhecido. / **c)** Rui Barbosa, cujos discursos são lembrados até hoje, foi uma figura importante na história brasileira. / **d)** A família real brasileira, cujo palácio fica em Petrópolis, ainda sonha com a monarquia.

**D1**

### 7. Noel Rosa

1. **a)** Noel Rosa nasceu em 1910 e morreu em 1937. / **b)** Seu apelido era Queixinho. / **c)** Estudou medicina, mas tornou-se compositor. / **d)** Entre 1930 e 1937 revolucionou a música popular brasileira. / **e)** Noel sofria de tuberculose.

2. **a)** sucumbiu à doença, **b)** embarcou de vez na carreira artística, **c)** aprendeu a tocar bandolim quando adolescente, de ouvido, **d)** tocava na noite carioca, **e)** tornou-se um dos maiores autores da música popular brasileira.

### 8. Radical!

1. 1. Arborismo. **2.** Rapel. 3. *Rafting*. **4.** Paraquedas.

2. *Rafting*: atividade em grupo, clube. / Paraquedismo: altura, salto duplo, capacete. / Balonismo: altura, tranquilo, atividade em grupo, passeio. / Arborismo: altura, cordas, tranquilo, atividade em grupo, capacete, ponte. / Rapel: altura, cordas, capacete, alpinismo.

**E1**

### 9. Português?

Plugar = ligar / internet = rede mundial de computadores / *link* = trecho em destaque ou elemento gráfico que, acionado (geralmente por um clique do *mouse*), exibe imediatamente um novo hiperdocumento. / mídia = conjunto de meios de comunicação de massa (jornal, rádio, televisão, internet etc.). / *e-mail* = correio eletrônico. / *display* = mostrador. / *mouse* = dispositivo manual que controla a posição do cursor sobre a tela e é capaz de selecionar ícones, opções no menu do programa etc.

**E2**

### 10. Abreviações

1. **a)** qto. = quanto; **b)** sr. = senhor; **c)** etc. = *et cetera*; **d)** tel. = telefone; **e)** tbm = Também; **f)** cel. = telefone celular; **g)** dorm. = dormitório.

2. Faz. = Fazenda, aquec. = aquecida, apts. = apartamentos, tip. = típicos,

casq. = casquinha, quin. = quinta, frig. = frigobar, TV = televisão, caminh. = caminhada, c/ decor. = com decoração, pisc. = piscina, eco = ecológicas, pq inf. = parque infantil, arbo. rad. = arborismo radical, especial. = especialidade, cerv. gelada = cerveja gelada, s/n. = sem número, ter. = terça, Ingr. grát. = ingresso grátis, reg. = região, proj. = projeto.

## Exercícios – Lição 8

**A**

### 1. A língua e suas variantes

Respostas livres.

**B1**

### 2. Discurso indireto (reprodução imediata)

**a)** O que ele disse? Ele disse para sentar-me ali. **b)** O que ela disse? Ela disse que não vai trabalhar hoje. **c)** O que eles perguntam? Eles perguntam se podem sair. **d)** O que ela propõe? Ela propõe que ele pense melhor. **e)** O que ele perguntou? Ele quis saber quanto custa a geladeira. **f)** Qual a queixa dela? Ela se queixou de que não sabe mais o que fazer, ele não quer escutá-la. **g)** O que o guarda ordenou? Ele ordenou que ele lhe mostre seus documentos.

**B1**

### 3. Discurso indireto (reprodução posterior)

2. A professora Chamou Zezinho e disse-lhe que fazia um tempão que estava querendo falar com ele. Pediu-lhe, então, que fosse até perto dela (que se aproximasse dela) para conversarem. Desconfiado, Zezinho quis saber o que ele tinha feito daquela vez. A professora disse que ele não tinha feito nada. O que ela queria era só que ele percebesse que lá naquela classe, na aula de português, ele não podia usar certas expressões, as quais, com certeza, tinha aprendido na rua. De forma alguma! Zezinho fez-se de desentendido e quis saber que expressões eram aquelas. Ele não sabia do que ela estava falando. A professora insistiu que ele sabia sim e que, daquele dia em diante, ele ia tomar mais cuidado porque ela estava de olho nele. E advertiu o menino: quem avisa amigo é!

### 4. Verbos de comunicação

1. **c)** afirmou, **d)** anunciou, **e)** pediu, **f)** reclamou, **g)** respondeu, **h)** anunciou.

2. **a)** Ele mandou que ela se sentasse ali. **b)** Eu sugeri que tomássemos sorvete. **c)** A mãe do Cláudio afirmou que estava tudo bem. **d)** O alto-falante anunciou que iam fechar a loja dentro de 30 minutos. **e)** O gerente pediu que Laura fosse até lá. **f)** Elisa reclamou que estava cansada. **g)** André respondeu que não sabia. **h)** O presidente da campanha anunciou que assinariam o contrato no dia seguinte.

3. – Gilberto, estou arrasado. Não fui promovido, por não saber uma segunda língua, indispensável para o desenvolvimento de meu trabalho na companhia. – Otávio, em algumas semanas, tudo voltará ao normal. Espere um pouco –, mas seu esforço foi inútil. – Por causa dessa minha falha, fui transferido para outro departamento numa posição sem futuro algum. Tenho certeza de que é importante que eu procure outra empresa, mas o problema será sempre o mesmo. O fato é que, depois de iniciar e interromper vários cursos de idiomas, ficou claro para mim que não tenho o mínimo talento para línguas. Essa é minha maior frustração. É como malhar em ferro frio... francamente, não sei o que fazer.

**C**

### 5. De Norte a Sul

2. **a)** galego / **b)** alumiar / **c)** chupado, bebo / **d)** crescer / **e)** passar um pito / **f)** enxombrado / **g)** lábia / **h)** não gastar pólvora em chimango.

**D1**

### 6. Schifaizfavoire

**a)** ementa = menu; **b)** fato = terno; **c)** empregado de mesa = garçom; **d)** água fresca = água gelada; **e)** água lisa = água sem gás; **f)** factura = nota fiscal; **g)** faz favor = pois não, psiu, ei, com licença.

**D2**

### 7. E como vai o português na China?

2. Porque Macau tem três etnias diferentes, assim como línguas diferentes. Como Macau abriga diversas culturas em harmonia, pesquisadores acreditam na

possibilidade de entendimento entre diferentes culturas.

**E**

**8. Traduzindo**

Preciso correr, se não perco o trem. / Façam fila de dois, por favor. / Eu ligo hoje à noite, OK? / Chame as crianças para jantar. / Onde há fumaça há fogo. / Passei a tarde olhando as vitrines no centro. / Perdi o bonde! Agora vou precisar tomar um táxi. / Onde fica o banheiro, por favor? / Desculpem, estou um pouquinho atrasada.

## Exercícios – Revisão 2

1. **1.** quando ele me telefonou.
   **2.** quando você vinha nos visitar.
   **3.** quando você for ao mercado.
   **4.** quando ele nos pediu ajuda.
   **5.** quando ele põe os óculos para examinar meu trabalho.
2. **1.** puder
   **2.** quiser
   **3.** estiverem
   **4.** trouxer
   **5.** estiveram
3. **1.** teria feito
   **2.** tivesse visto
   **3.** tiver terminado
   **4.** tiver entrado
   **5.** comprou/ tinha comprado
4. **1.** se não tiver preparado o relatório
   **2.** enquanto ele está fazendo discursos.
   **3.** depois que os clientes foram embora.
   **4.** talvez ele tenha dito.
   **5.** sempre que estava de férias.
5. Resposta pessoal.
6. escritor, mecânico, borracheiro, chaveiro, agricultor.
7. **1.** mesa
   **2.** moda
   **3.** móveis
   **4.** gasolina
   **5.** investimento
8. **a)** As moças pediram para nós esperarmos.
   **b)** Eles desistiram logo por serem impacientes.
   **c)** Devolvemos a revista sem a termos lido.
   **d)** Vimos tudo sem sermos vistos.
   **e)** Eles pararam na esquina por estarem cansados.
9. Sugestões:
   **1.** atravessar fora da faixa
   **2.** não obedecer ao semáforo
   **3.** estacionar sobre a calçada

   **4.** estacionar em local proibido
   **5.** ultrapassar pela direita
10. Sugestões:
    **1.** guarda de trânsito
    **2.** cruzamento
    **3.** semáforo
    **4.** faixa de pedestres
    **5.** placa de trânsito
11. **1.** Droga! / Xi!
    **2.** Oba!
    **3.** Puxa vida!
    **4.** Epa! / Xi!
    **5.** Tomara!
12. **1.** eu a teria aproveitado muito bem.
    **2.** se não falassem inglês.
    **3.** se não precisassem de mim.
    **4.** se tivéssemos convidado a cidade toda.
    **5.** se um dia eu precisasse de ajuda.
13 **1.** Ela disse que não vai, para não insistir.
    **2.** Os alunos pediram para o professor deixar a festa para amanhã.
    **3.** A garota reclamou que seu carro é muito pequeno.
    **4.** O vizinho avisa que amanhã vai dar uma festa e pede para não reclamarem do barulho.
    **5.** Antônio sempre diz que não sabe o que fazer sem Alice.
14. **1.** Cabral disse a Pero Vaz de Caminha que a viagem tinha sido longa, mas que tinham conseguido chegar à terra firme.
    **2.** Um dia minha avó me disse que estava contente comigo, que eu tinha trazido boas notas e elogios da escola. Disse ainda para que eu continuasse daquela maneira.
15. **a)** cardápio, menu. **b)** fila. **c)** banheiro. **d)** suéter. **e)** ônibus.
16. **a)** comboio. **b)** constipação. **c)** rapariga. **d)** carteira. **e)** guiar, conduzir.

## Fonética
### Passo 1
**2. Ouça o áudio e complete o diálogo.**

– Vi um jato cruzar o céu. / – O Jair foi reprovado no exame. Agora não tem jeito, não adianta chorar. / – Vamos dar um jeito de viajar hoje. É chato passar o feriado na cidade. / – Preencha a ficha direitinho para não ter prejuízo.

**3. Ouça o áudio e assinale a palavra que ouviu, depois leia a frase.**

– Espero que chegue cedo. / – Talvez o candidato seja jovem. /

Não acho que estejam chateados. / – Duvido que chova ainda hoje. / – Espero que clientes não fumem aqui. / – Talvez ela fique para jantar. / – Não duvido que encontrem um bom emprego. / – Espero que as visitas queiram ficar neste hotel.

### Passo 2
**1.2. Preencha as lacunas com a palavra que ouviu.**

– Eles chegaram mais cedo do que o previsto. / – Eles se conheceram em Istambul, na Turquia. / – As chuvas provocaram muitas inundações neste verão. / – Os furacões atingiram as Antilhas e o sul do Estados Unidos.

**4. Ouça a previsão do tempo, depois preencha com as palavras que ouviu.**

As nuvens carregadas, que já chegaram da Argentina e estão em Santa Catarina, deixando o tempo nublado, chegarão do Sul do país e atingirão a região Sudeste no início da semana. Com elas virão as chuvas e as temperaturas cairão um pouco. Enquanto elas não chegam, os cariocas aproveitarão o domingo de sol e deixarão as praias lotadas.

### Passo 3
**2.1. /r/ /R/ Ouça e depois coloque as palavras nas colunas correspondentes.**

/r/ remunerado, garantido, interação, remuneração, reparos, financeiro, seguro, juros.

/R/ remunerado, recomendado, roupa, roda, recursos, resultado, renda, de repente, remuneração, reparos.

**3.2. Ouça o áudio, escolha uma das opções e depois responda em voz alta.**

Respostas pessoais.

**5. Charada. O que é, o que é?**

O til

### Passo 4
**1.1. /Ew/ /iw/ Marque o que ouviu.**

provável, possível, responsável, mil, viu, fácil.

**4.2. Poeminha. Complete e depois leia.**

E se nós pudéssemos, se nós quiséssemos, e se nós fizéssemos?

**5. Charada.**

Você está na minha listra negra.

159

**Passo 5**

**2.2. Preencha com o que ouviu.**
voltarem / retornaram / terminarem / estiverem

**Passo 6**

**1.2. Preencha com a palavra que ouviu.**
médico, dialogo, capitulo / transita, crédito, Deposito.

**2. Ouça o áudio e depois pronuncie separando as sílabas.**
ve-í-cu-lo / es-ta-cio-nar / á-rea / tra-ves-si-a / pe-dá-gio / a-rei-a / per-do-a-do / a-ben-ço-a-do / ma--go-a-do / a-mal-di-ço-a-do / mal--da-de / sau-da-de.

**5. Charada. O que é, o que é?**
Melancia.

**Passo 7**

**1. Ouça e marque o que ouviu. Depois preencha as lacunas.**
tenham feito / tenha perdido / tenha falado / tenham esquecido

**3. Leia as frases abaixo. Você sabe o que significam essas interjeições? Ouça e depois relacione.**
h, e, f, a, d, c, g, b.

**4. Charada**
Natal, Belém, Salvador / o passado.

# Vocabulário alfabético

- Esta lista apresenta todas as palavras contidas nos diálogos, exercícios, textos e explicações gramaticais.

- De acordo com a concepção didática do livro, ela não contém o vocabulário dos textos de audição e leitura.

- Segue-se a cada palavra a indicação da lição e da parte em que ela aparece pela primeira vez. Exemplo: abril L6; 51: a palavra *abril* aparece pela primeira vez na Lição 6 do livro-texto, na página 51. Quando utilizamos LE, é que a palavra aparece no Livro de Exercícios. E, quando utilizamos RV1L, a palavra aparece na Revisão 1 do Livro de Exercícios.

- A indicação m (masculino) e f (feminino) acompanha o substantivo cujo gênero não é óbvio.

- Para substantivos com a terminação -ão, indica-se, além do gênero, a forma do plural. Exemplo: construção f -ões L4; 25.

- Para adjetivos com terminação -ão, indicam-se as formas do feminino, do plural masculino e do plural feminino. Exemplo: alemão -ã, -ães, -ãs L1; 2.

- Quando necessário, indica-se entre parênteses a classe da palavra:

| | |
|---|---|
| (art.) = artigo; | (num.) = numeral; |
| (adj.) = adjetivo; | (prep.) = preposição; |
| (adv.) = advérbio; | (pron.) = pronome; |
| (conj.) = conjunção; | (reflex.) = pronome reflexivo; |
| (contr.) = contração; | (subst.) = substantivo; |
| (interj.) = interjeição; | (vb.) = verbo. |

## A

abaixo, L2, 11, (adv.)

abajur, LE5, 99, (m. subst.)

abelha, L4, 32, (subst.)

aberto, L5, 39, (adj.)

aborreço, L1, 2, (vb. aborrecer)

abraço, L7, 60, (subst.)

abreviações, L7, 60, (f. subst. -ão)

abrir, L1, 4, (vb.)

abundante, LE4, 94, (adj.)

acanhado/a, LE7, 111, (adj.)

acelerador, L6, 52, (subst.)

acelerar, L6, 52, (vb.)

acentuado/a, L7, 59, (adj.)

acolá, L6, 50, (adv.)

acrobacias, LE2, 83, (subst.)

acumular, L3, 20, (vb.)

acupuntura, LE4, 95, (subst.)

adubar, L2, 13, (vb.)

afastar, LE4, 91, (vb.)

afinal, LE4, 92, (adv.)

agora, L1, 5, (adv.)

agrônomo, LE2, 81, (subst.)

alerta, LE4, 94, (adv.)

alertados/as, LE2, 83, (adj.)

alternadamente, L4, 27, (adv.)

alto-falante, LE8, 114, (m. subst.)

alumiar, LE8, 115, (vb.)

analista, L1, 2, (adj.)

anexar, L7, 60, (vb.)

angústia, L3, 24, (subst.)

anticoncepcional, LE2, 84, (m. subst.) (adj.)

antifumo, L5, 39, (adj.)

antônimo, RV1L, 36, (adj.) (subst.)

aparência, L2, 13, (subst.)

aparentes, L6, 52, (adj.)

apartando, L1, 6, (vb. apartar)

apelar, RV1L, 36, (vb.)

apólice, L6, 52, (f. subst.)

aprendizagem, LE1, 79, (f. subst.)

aprofundamento, LE1, 77, (subst.)

aptidões, LE1, 77, (f. subst. -ão)

árabe, RV1L, 34, (adj.)

arborismo, LE7, 112, (subst.)

argila, LE6, 108, (subst.)

armados/as, LE4, 94, (adj.)

arquipélago, LE2, 83, (subst.)

arranhãozinho, L6, 50, (subst.)

arrasado/a, LE8, 114, (adj.)

arriscado/a, L3, 18, (adj.)

artefatos, LE4, 95, (subst.)

ascendente, L3, 23, (adj.)

asmáticas/os, LE4, 95, (adj.)

astronauta, L6, 50, (subst.)

atenciosamente, L5, 42, (adv.)

aterraram, LE4, 94, (vb. aterrar)

ateu, LE4, 94, (adj.)

atrapalham, L6, 47, (vb. atrapalhar)

atropelamento, LE6, 105, (subst.)

atuam, RV1L, 34, (vb. atuar)

atuando, LE8, 116, (vb. atuar)

auditivos/as, L7, 57, (adj.)

auge, LE4, 94, (m. subst.)

ausente, LE4, 96, (adj.)

autônomos, L5, 43, (adj.)

avestruz, L4, 30, (m. f. subst.)

avistando, L7, 54, (vb. avistar)

## B

babá, L2, 12, (subst.)
bagunça, L1, 5, (subst.)
baladeiros/as, L5, 39, (subst.)
balcão, L7, 57, (m. subst. -ões)
balde, LE4, 96, (m. subst.)
balonismo, LE7, 112, (subst.)
balsa, L6, 50, (subst.)
banca, L7, 60, (subst.)
bandolim, LE7, 111, (m. subst.)
banquete, LE1, 78, (m. subst.)
barão, L4, 30, (subst.)
barbeiras/os, L6, 50, (adj.)
baseado/a, LE1, 78, (adj.)
bastante, L3, 23, (adv.)
batalha, LE4, 95, (subst.)
beca, L1, 7, (subst.)
beça, L7, 58, (loc. adv.)
bem-humorado/a, LE1, 78, (adj.)
bem-informado/a, LE2, 81, (adj.)
bens, L3, 23, (m. subst.)
berço, L4, 30, (subst.)
bicha, L8, 70, (subst.) (fila em português de Portugal)
bicharada, L4, 30, (subst.)
bicheiro, L7, 58, (subst.)
bicho, L4, 30, (subst.)
bijuterias, L5, 39, (subst.)
binóculos, L6, 48, (subst.)
biodiesel, L6, 52, (subst. m.)
biscoitos, LE 3, 89, (subst.)
bjinhux, L2, 15, (subst.) (popular – beijinho)
blog, L2, 15, (m. subst.)
bloqueássemos, L6, 47, (vb. bloquear)
bocadinho, LE8, 116, (subst.)
bocado, L1, 7, (subst.)
boemia, LE7, 111, (subst.)
boicote, LE5, 102, (m. subst.)
boletim, LE2, 83, (m. subst.)
bomba, LE1, 80, (subst.)
bordo, L2, 13, (subst.)
borracheiro, L5, 42, (subst.)

brasas, LE4, 96, (subst.)
brecar, L6, 52, (vb.)
brilho, L2, 15, (subst.)
brincadeira, L4, 30, (subst.)
brinquedos, L1, 6, (subst.)
buraco, L7, 56, (subst.)
burguês, L1, 7, (subst.)
burocracia, L3, 18, (subst.)

## C

cabide, L7, 58, (m. subst.)
cabra, L4, 30, (subst.)
caipira, LE6, 108, (subst.)
caíram, L5, 42, (vb. cair)
calçada, L6, 45, (subst.)
calibra, L5, 42, (vb. calibrar)
calorão, L2, 12, (m. subst. -ões)
câmbio, L6, 52, (subst.)
caminhar, L2, 13, (vb.)
campeonato, LE4, 93, (subst.)
Canadá, LE 3, 85, (subst.)
canal, L7, 60, (subst.)
câncer, LE4, 95, (m. subst.)
cancioneiro, LE7, 111, (subst.)
canoa, L6, 50, (subst.)
canos, L5, 42, (subst.)
cansaço, LE8, 114, (subst.)
cantos, LE1, 79, (subst.)
canudo, L1, 7, (subst.)
capacete, L6, 49, (m. subst.)
carapuça, L4, 31, (subst.)
cardiologistas, LE4, 95, (subst.)
carpete, LE5, 99, (m. subst.)
carregadas, L2, 14, (adj.)
carroça, L6, 50, (subst.)
cartaz, LE1, 80, (m. subst.)
carteira, L1, 3, (subst.)
cartões, LE3, 88, (m. subst. -ão)
cartomancia, L4, 29, (subst.)
cartomante, L4, 29, (subst.)
casaremos, L5, 41, (vb. casar)
cataclismos, LE4, 94, (subst.)
cautelosas/os, L6, 50, (adj.)
cê, LLE 7, 99, (pron.) (popular de você?)

certificado, L1, 8, (subst.)
charlatanismo, L4, 29, (subst.)
charuteiro, L7, 58, (subst.)
charuto, LE6, 108, (subst.)
chaveiro, L5, 38, (subst.)
chaves, L5, 42, (f. subst.)
chiado, L8, 68, (adj.) (subst.)
chimango, LE8, 115, (subst.)
chofer, LE8, 115, (subst.)
choque, L6, 51, (m. subst.)
chupado/a, LE8, 115, (adj.)
chuva, L1, 6, (subst.)
chuvarada, L2, 16, (subst.)
chuvinha, L2, 11, (subst.)
chuvisco, L2, 16, (subst.)
científica, LE4, 96, (adj.)
científico, LE1, 77, (adj.)
clarear, LE8, 115, (vb.)
classificação, L3, 23, (f. subst. -ões)
clicar, L7, 60, (vb.)
clientela, LE5, 100, (subst.)
clube, LE7, 112, (m. subst.)
cobrança, LE 3, 90, (subst.)
cobrar, L4, 30, (vb.)
coelho, L4, 26, (subst.)
coerente, LE4, 92, (adj.)
colisões, L6, 50, (f. subst. -ão)
comanda, L5, 42, (vb. comandar)
comboio, L8, 69, (subst.)
comete, L6, 49, (vb. cometer)
comício, LE6, 108, (subst.)
comissão, LE1, 80, (f. subst. -ões)
comissária de bordo, L2, 13, (subst.)
compensação, L6, 50, (f. subst. -ões)
competir, L7, 57, (vb.)
complexo, LE1, 79, (subst.)
compondo, LE7, 111, (vb. compor)
compositor, RV2L, 73, (subst.)
comprovar, L6, 50, (vb.)
comprovante, L3, 19, (m. subst.)
concessão, L3, 17, (f. subst. -ões)
concluído/a, L5, 43, (adj.)

conclusão, L1, 8, (f. subst. -ões)
condicionado/a, L6, 51, (adj.) [ar-condicionado (subst.)]
condicionais, L4, 28, (adj.)
condições, L1, 2, (f. subst. -ão)
condutor, L6, 52, (subst.)
conectar, L7, 60, (vb.)
confessa, L6, 50, (vb. confessar)
conforme, L4, 25, (conj.)
confrontar, LE4, 94, (vb.)
congratulações, RV1L, 36, (f. subst. -ão)
conhaque, LE4, 96, (m. subst.)
conjunções, L3, 20, (f. subst. -ões)
conservante, LE4, 96, (m. subst.)
consigo, LE5, 104, (vb. conseguir)
consolidação, LE1, 77, (f. subst. -ões)
constante, L3, 23, (adj.)
constar, L5, 43, (vb.)
constatar, LE5, 102, (vb.)
contato, L1, 2, (subst.)
contexto, LE8, 116, (subst.)
continente, LE2, 82, (m. subst.)
continuidade, LE1, 77, (f. subst.)
contraste, LE2, 83, (m. subst.)
controla, L4, 30, (vb. controlar)
convencer, L4, 29, (vb.)
conveniência, L2, 9, (subst.)
conversação, LE1, 80, (f. subst. -ões)
conversão, L6, 45, (f. subst. -ões)
cooper, LE7, 109, (m. subst.)
cooperativa, LE1, 80, (subst.)
cópia, L5, 43, (subst.)
copiar, LE1, 80, (vb.)
coragem, L2, 12, (f. subst.)
cordas, LE7, 112, (subst.)
corporais, LE4, 95, (adj.)
corporativo, L1, 3, (adj.)
corrente, L5, 44, (f. subst.)

162

costura, L5, 42, (vb. costurar)

creche, L1, 3, (f. subst.)

crediário, L3, 119, (subst.)

credulidade, L4, 29, (f. subst.)

crença, L4, 26, (subst.)

crescem, L2, 14, (vb. crescer)

crescimento, LE1, 78, (subst.)

cristais, L4, 29, (m. subst.)

cromoterapia, LE4, 95, (subst.)

cronometrar, L7, 57, (vb.)

cruza, LE1, 79, (vb. cruzar)

cruzadas/os, LE2, 82, (adj.)

cruzamento, L6, 45, (subst.)

cuida, L4, 25, (vb. cuidar)

culpa, L6, 49, (subst.)

cultivar, L2, 13, (vb.)

culto, L7, 55, (adj.)

cultural, L6, 50, (adj.)

curandeiro, L4, 29, (subst.)

curtindo, L2, 15, (vb. curtir)

curto/a, L3, 19, (adj.)

curupira, L4, 31, (m. subst.)

curva, L3, 23, (subst.)

## D

d'água, L7, 58, (subst.)

danificam, L6, 51, (vb. danificar)

dar, L2, 10, (vb.)

decímetros, LE1, 80, (subst.)

decisões, L3, 24, (f. subst. -ão)

decora, L5, 42, (vb. decorar)

decorador, L5, 42, (subst.)

decorre, LE8, 116, (vb. decorrer)

decreto, L3, 18, (subst.)

defeitos, L5, 42, (subst.)

delegado, LE1, 78, (subst.)

delicadas/os, L5, 42, (adj.)

demarcada/o, L6, 45, (adj.)

demolir, LE5, 101, (vb.)

demonstra, L1, 8, (vb. demonstrar)

demonstrativos, L1, 5, (adj.)

desagrado, L2, 9, (subst.)

desajustados/as, LE4, 94, (adj.)

descarga, L6, 47, (subst.)

descascando, L5, 42, (vb. descascar)

descidas, L7, 55, (subst.)

descompor, LE8, 115, (vb.)

desconto, L6, 51, (subst.)

descrédito, L4, 25, (subst.)

desembolsar, L3, 18, (vb.)

desempenhar, LE4, 96, (vb.)

desenganos, L1, 7, (subst.)

desenhista, RV1L, 34, (subst.)

desentope, L5, 42, (vb. desentupir)

desespero, LE6, 107, (subst.)

desgraças, LE4, 92, (subst.)

desinibição, L1, 6, (f. subst. -ões)

desinteressantes, LE8, 115, (adj.)

desligar, L7, 60, (vb.)

desligue, L4, 26, (vb. desligar)

deslizamento, L2, 16, (subst.)

desmarcar, L7, 53, (vb.)

desonestos/as, LE4, 94, (adj.)

despoluídos/as, LE4, 94, (adj.)

desregulada/o, L5, 38, (adj.)

destacados/as, LE4, 92, (adj.)

destinatário, LE1, 80, (subst.)

desvantagens, L1, 2, (f. subst.)

detesta, L1, 2, (vb. detestar)

diagnóstico, LE4, 95, (subst.)

dialetos, LE8, 113, (subst.)

difusão, LE1, 79, (f. subst. -ões)

diluídas/os, LE4, 96, (adj.)

dinamarquês, L3, 21, (subst.)

diplomacia, L1, 8, (subst.)

diplomata, LE4, 92, (subst.)

discorda, L4, 26, (vb. discordar)

discoteca, LE1, 80, (subst.)

dispor, L2, 13, (vb.)

disposto, L7, 58, (adj.)

disputando, LE4, 95, (vb. disputar)

distintos/as, LE4, 94, (adj.)

distrito, L6, 50, (subst.)

divertido, L5, 39, (adj.)

divertir, L7, 59, (vb.)

dívidas, L3, 24, (subst.)

divisa, L7, 54, (subst.)

domínio, L8, 62, (subst.)

dose, L7, 54, (f. subst.)

drama, RV1L, 34, (m. subst.)

drástico/a, L5, 39, (adj.)

dupla, L6, 45, (subst.)

durar, LE1, 80, (vb.)

## E

ecossistema, LE4, 94, (m. subst.)

ecoturismo, LE1, 80, (subst.)

égua, L4, 32, (subst.)

eleito/a, L1, 8, (adj.)

eletricidade, L5, 44, (f. subst.)

eletricista, L4, 36, (subst.)

eletroeletrônica, LE1, 79, (subst.)

eletromagnéticos/as, LE4, 95, (adj.)

eletromecânica, LE1, 79, (subst.)

elogios, RV2LE, 119, (subst.)

ementa, L8, 69, (subst.)

emergência, L5, 44, (subst.)

emoções, LE5, 103, (f. subst. -ões)

empreendedor, L3, 20, (subst.)

empreendedores, L3, 20, (subst.)

empreendedorismo, L3, 20, (subst.)

empregos, L1, 2, (subst.)

empreiteiro, L5, 42, (subst.)

enchente, L2, 16, (f. subst.)

energético/a, LE4, 94, (adj.)

engarrafadora, LE5, 102, (subst.)

engarrafamento, LE1, 80, (subst.)

engessada/o, L5, 44, (adj.)

enguiçar, LE5, 99, (vb.)

entupir, L5, 38, (vb.)

envelope, L7, 58, (m. subst.)

envolve, L4, 31, (vb. envolver)

enxombrada, LE8, 115, (adj.)

epa, L7, 55, (interj.)

episódio, L2, 16, (subst.)

equilíbrio, LE4, 94, (subst.)

equivale, RV1, 97, (vb. equivaler)

equivalente, L3, 22, (adj.)

erguida, L6, 45, (adj.)

ervas, LE4, 95, (subst.)

escada, L4, 26, (subst.)

escaparates, LE8, 116, (subst.)

esclarecer, LE4, 95, (vb.)

escolar, L1, 2, (adj.)

escova, LE1, 80, (subst.)

esculpir, L5, 44, (vb.)

esfriou, L2, 12, (vb. esfriar)

esmeralda, LE2, 83, (subst.)

espacial, L6, 50,

espingarda, LE4, 94, (subst.)

espiritual, L4, 29, (subst.)

espuma, LE6, 108, (subst.)

essências, LE4, 96, (subst.)

estabelecidos/as, L6, 45, (adj.)

estabelecimento, L5, 39, (subst.)

esteja, L1, 1, (vb. estar)

estetoscópio, LE4, 95, (subst.)

estiver, L4, 26, (vb. estar)

estragar, L5, 38, (vb.)

estressado/a, RV1L, 35, (adj.)

estudiosos, LE8, 116, (subst.)

etapa, L3, 20, (subst.)

etnias, LE8, 116, (subst.)

evasão, LE1, 78, (f. subst. -ões)

excepcional, LE6, 108, (adj.)

ex-colegas, L7, 56, (subst.)

executou, L5, 43, (vb. executar)

expondo, LE6, 105, (vb. expor)

exposto, L7, 58, (adj.)

extintor, L6, 52, (m. subst.)

extrair, LE4, 94, (vb.)

## F

facto, LE8, 115, (subst.)
factura, LE8, 115, (subst.)
faculdade, L1, 2, (f. subst.)
falha, LE8, 114, (subst.)
faróis, LE6, 107, (subst.)
farol, L6, 51, (m. subst.)
fatores, L7, 59, (m. subst.)
fatos, L7, 59, (subst.)
faturamento, LE5, 100, (subst.)
favorecidas/os, L7, 59, (adj.)
fechaduras, L5, 42, (subst.)
feridos/as, LE6, 108, (adj.)
ferradura, L4, 26, (subst.)
fertilidade, L4, 32, (f. subst.)
fervendo, L4, 26, (vb. ferver)
ferver, L4, 26, (vb.)
figa, L4, 26, (subst.)
filosofia, LE1, 80, (subst.)
finanças, L3, 17, (subst.)
financiadores, L3, 20, (subst.)
fitoterapia, LE4, 95, (subst.)
fluvial, LE1, 79, (adj.)
fogueira, LE4, 96, (subst.)
forçada/o, L6, 45, (adj.)
formular, L5, 37, (vb.)
freezer, LE5, 99, (m. subst.)
freio, LE6, 107, (subst.)
frustração, LE8, 114, (f. subst. -ões)
fundação, LE1, 78, (f. subst. -ões)
fundos, L5, 39, (subst.)
furacão, L2, 16, (m. subst. -ões)
furar, L2, 10, (vb.)

## G

galego, LE8, 115, (subst.)
galera, L2, 15, (subst.)
galo, L4, 30, (subst.)
garante, L4, 31, (vb. garantir)
garimpeiros, LE4, 94, (subst.)
garoa, L2, 16, (subst.)
gaúcho, L8, 67, (subst.) (adj.)
geada, L2, 16, (subst.)
geleira, LE2, 84, (subst.)
gestores, LE1, 80, (subst.)
giz, LE1, 80, (m. subst.)
goiano/a, LE4, 94, (adj.)
gol, L7, 55, (m. subst.)
goleiro, L7, 55, (subst.)
golfinho, LE2, 82, (subst.)
gordo/a, LE4, 91, (adj.)
gorjeta, RV2L, 74, (subst.)
governamentais, LE1, 79, (adj.)
grades, L5, 42, (f. subst.)
graduação, LE1, 79, (f. subst. -ões)
grandeza, LE 3, 89, (subst.)
guru, LE4, 94, (subst.)

## H

hábil, LE2, 81, (adj.)
habilidade, L1, 2, (f. subst.)
hemograma, LE4, 95, (m. subst.)
herança, L3, 22, (subst.)
herói, L7, 57, (subst.)
homeopata, L4, 29, (adj.)
homeopatia, L4, 29, (subst.)
horóscopo, L4, 29, (subst.)
hotelaria, LE1, 79, (subst.)

## I

ignorância, LE4, 91, (subst.)
ilegal, L4, 31, (adj.)
ilegalidade, L4, 30, (f. subst.)
imagina, L4, 29, (vb. imaginar)
imaginário, L4, 25, (subst.)
imortalizado/a, L4, 30, (adj.)
impaciência, LE7, 109, (subst.)
impede, LE6, 107, (vb. impedir)
imperador, L4, 30, (subst.)
Império, L4, 30, (subst.)
impessoais, L2, 12, (adj.)
implantação, LE8, 116, (f. subst. -ões)
impõem, LE8, 116, (vb. impor)
imprensa, L1, 8, (subst.)
impressores, LE1, 79, (subst.)
imprevisíveis, LE4, 92, (adj.)
imprimir, L7, 60, (vb.)
inaugurou, L4, 30, (vb. inaugurar)
incidente, LE5, 102, (m. subst.)
incrustado/a, LE2, 83, (adj.)
incutir-lhe, L1, 6, (vb.)
indecisão, L4, 25, (f. subst. -ões)
indeciso/a, L4, 25, (adj.)
indispensável, LE8, 114, (adj.)
individualmente, L7, 54, (adv.)
inflação, L3, 18, (f. subst. -ões)
influir, L7, 59, (vb.)
infração, L6, 45, (f. subst. -ões)
ingresso, L4, 30, (subst.)
insatisfeito/a, L3, 24, (adj.)
inscrever, LE4, 96, (vb.)
inscrição, LE4, 96, (f. subst. -ões)
instabilidades, LE4, 92, (f. subst.)
instala, L5, 42, (vb. instalar)
instalamos, LE5, 102, (vb. instalar)
integrantes, LE4, 94, (subst.)
intensivo/a, RV1L, 34, (adj.)
intercâmbio, LE8, 116, (subst.)
interjeições, L7, 53, (f. subst. -ão)
internacional, LE4, 94, (adj.)
interruptor, LE2, 84, (m. subst.)
intersecção, L6, 45, (f. subst. -ões)
intervalo, L1, 8, (subst.)
invadir, L6, 45, (vb.)
invadiram, LE4, 94, (vb. invadir)
invejosa/o, LE4, 91, (adj.)
iridologia, LE4, 95, (subst.)
íris, LE4, 96, (f. subst.)
irrelevante, L7, 54, (adj.)
irresponsável, L1, 6, (adj.)
isqueiro, L7, 58, (subst.)
Itu, L1, 4, (subst.)

## J

jamais, LE4, 95, (adv.)
justiça, L1, 8, (subst.)
justifique, L4, 26, (vb. justificar)

## L

lábia, LE8, 115, (subst.)
laboratório, L1, 8, (subst.)
lagosta, LE3, 89, (subst.)
lancem, LE4, 95, (vb. lançar)
lateral, L6, 52, (subst.)
latina/o, LE1, 79, (adj.)
lavrador, L5, 37, (subst.)
leão, L4, 30, (m. subst. -ao -ões -oas)
lecionar, L7, 57, (vb.)
leia, L1, 6, (vb. ler)
leigos/as, LE4, 95, (adj.)
leitura, LE1, 77, (subst.)
lendas, L4, 31, (subst.)
lideram, L6, 50, (vb. liderar)
link, L7, 60, (m. subst.)
lobisomem, L4, 31, (subst.)
lobo, L4, 31, (subst.)
locutor, L7, 60, (subst.)
lotam, LE4, 95, (vb. lotar)
louca/o, L7, 53, (subst.) (adj.)
lucrativo, L3, 18, (adj.)
lusitantes, LE8, 115, (adj.)
lusófonos, LE8, 116, (subst.)

## M

macaco, L4, 30, (subst.)
magia, LE2, 82, (subst.)
mágico/a, L4, 30, (adj.)
maîtres, LE1, 77, (subst.)
maldita/o, L3, 22, (adj.)
mamífero, LE2, 83, (subst.)
manchetes, L3, 18, (f. subst.)
mandarim, LE8, 116, (subst.)
mandingas, LE4, 96, (subst.)
manualmente, LE6, 108, (adv.)

maquetes, LE1, 80, (f. subst.)
maremoto, L2, 16, (subst.)
maresia, L2, 15, (subst.)
margem, LE2, 84, (f. subst.)
marido, L4, 25, (subst.)
marinho, LE2, 83, (subst.) (adj.)
martelo, LE3, 89, (subst.)
mascarar, LE4, 95, (vb.)
matéria, L1, 2, (subst.)
mecatrônica, LE1, 79, (subst.)
melancia, LE3, 89, (subst.)
mestrado, LE1, 79, (subst.)
métodos, RV1L, 34, (subst.)
micro-ondas, LE5, 99, (m. subst.)
mídia, L1, 8, (subst.)
milênio, LE4, 94, (subst.)
milhões, L8, 61, (m. subst. -ão)
mineradores, LE4, 94, (subst.)
minidicionário, LE8, 115, (subst.)
ministério, L3, 18, (subst.)
minoria, L3, 23, (subst.)
minucioso/a, LE4, 94, (adj.)
místico/a, L4, 30, (adj.)
miúdos, L8, 69, (subst.)
moça, L6, 47, (subst.)
modificações, L8, 65, (f. subst. -ão)
molhados/as, L2, 12, (adj.)
monarquia, LE7, 111, (subst.)
monge, L4, 29, (subst.)
montado/a, LE4, 94, (adj.)
mordomia, L3, 18, (subst.)
mosca, L4, 32, (subst.)
mostra, L1, 3, (vb. mostrar)
mouse, LE7, 112, (m. subst.)
movido/a, L6, 50, (adj.)
multiplicar, LE4, 96, (vb.)
muros, L5, 42, (subst.)
musicais, L7, 54, (subst.)

narcotráfico, L4, 30, (subst.)
nascentes, LE4, 94, (f. subst.)
nave, L6, 50, (subst.)
navegantes, L4, 25, (subst.)
navegar, L7, 60, (vb.)
nevoeiro, L2, 14, (subst.)
nó, L4, 26, (m. subst.)
noel, L4, 30, (subst.)
notáveis, LE4, 95, (adj.)
noticiário, L3, 24, (subst.)
nublado/a, L2, 10, (adj.)
numeradas/os, L6, 51, (adj.)
nuvens, L2, 9, (f. subst.)

oba, L7, 55, (interj.)
obedecer, L6, 45, (vb.)
ocorrência, L6, 52, (subst.)
oferta, LE5, 100, (subst.)
offset, LE1, 79, (m. subst.)
Olimpíadas, L7, 53, (subst.)
operações, L3, 24, (f. subst. -ão)
opor, LE4, 96, (vb.)
oposição, L3, 17, (f. subst. -ões)
oração, L4, 28, (f. subst. -ões)
orçamento, L1, 8, (subst.)
orelha, LE4, 95, (subst.)
ortopedistas, LE4, 95, (subst.)
ostensivo/a, LE4, 94, (adj.)
ouvinte, L7, 60, (subst.)
ovelha, L4, 32, (subst.)

P

paga, L3, 19, (vb. pagar)
painel, L6, 51, (m. subst.)
palácio, LE7, 111, (subst.)
palito, L7, 58, (subst.)
palpite, L4, 31, (m. subst.)
pancada, L2, 16, (subst.)
panelinha, L4, 26, (subst.)
Pantanal, L1, 5, (m. subst.)
Papa, RV2LE, 117, (subst.)
para-brisa, L2, 11, (m. subst.)
para-choque, L6, 51, (m. subst.)
paradão, L7, 53, (m. adj. -ões)
para-lama, L6, 51, (m. subst.)
paraquedismo, LE7, 112, (subst.)
pare, L1, 5, (vb. parar)
passarela, L6, 46, (subst.)
passeata, LE6, 108, (subst.)
patrulhamento, LE4, 94, (subst.)
patuá, LE8, 116, (m. subst.)
pau, L7, 55, (subst.)
paulistana/o, L7, 59, (adj.)
peão, L8, 69, (m. subst. -ões)
pé-d'água, L2, 16, (m. subst.)
pedágio, L6, 47, (subst.)
pedagógicos/as, LE1, 80, (adj.)
pedais, L6, 50, (m. subst.)
pé de coelho, L4, 26, (m. subst.)
pé-de-meia, RV2LE, 118, (m. subst.)
pedestre, L6, 45, (m. subst.)
pedrinhas, L7, 54, (subst.)
penar, L1, 7, (vb.)
pendura, LE1, 78, (subst.)
peneira, L4, 31, (subst.)
penetrando, L7, 54, (vb. penetrar)
peninsular, LE8, 116, (adj.)
pentear, LE2, 81, (vb.)
pera, L3, 89, (subst.)
perca, L3, 20, (vb. perder)
percurso, L7, 54, (subst.)
pererê, L4, 31, (m. subst.)
permanente, LE1, 77, (adj.)
Pernambuco, L2, 14, (subst.)
pernambuquês, LE8, 115, (adj.)
peru, L4, 30, (subst.)
pesquisa, L3, 22, (subst.)
pia, LE5, 99, (subst.)
pilões L7, 54, (m. subst. -ões)
piloto, L7, 56, (subst.)
pílula, LE2, 84, (subst.)
pimentão, LE2, 84, (m. subst. -ões)
pinacoteca, L2, 10, (subst.)
pinheiros, L7, 54, (subst.)
pinta, L5, 42, (vb. pintar)
piruetas, LE2, 83, (subst.)
pisca-pisca, LE6, 107, (m. subst.)
piscar, LE6, 107, (vb.)
pito, LE8, 115, (subst.)
placebo, LE4, 95, (subst.)
plebeu, L4, 30, (subst.)
plenamente, LE4, 92, (adv.)
pleno, LE1, 77, (adj.)
polos, LE1, 79, (subst.)
pólvora, LE8, 115, (subst.)
ponte, L2, 12, (f. subst.)
porcelanas, L5, 39, (subst.)
porta-luvas, L6, 51, (m. subst.)
porta-malas, L6, 51, (m. subst.)
portões, L5, 42, (m. subst. -ão)
posição, L1, 2, (f. subst. -ões)
postar, L7, 60, (vb.)
poste, L6, 45, (m. subst.)
posterior, L8, 62, (adj.)
poupança, L3, 17, (subst.)
poupar, L3, 22, (vb.)
prática, L3, 20, (subst.)
praticar, L7, 54, (vb.)
precisamente, LE8, 116, (adv.)
predial, LE1, 80, (adj.)
pré-escola, LE1, 77, (subst.)
prego, LE6, 108, (subst.)
prendido, L5, 41, (vb. prender)
pré-requisitos, L2, 12, (subst.)
prestação, L5, 43, (f. subst. -ões)
prestados/as, L5, 43, (adj.)
prestem, L2, 12, (vb. prestar)
previdentes, LE4, 94, (adj.)
prezados/as, L1, 8, (adj.)
primitivos/as, LE4, 92, (adj.)
privilegiado/a, L1, 7, (adj.)
procê, LE7, 109, [para (prep.) você (pron.)]
Procon, L5, 43, (m. subst.)
profissões, L1, 2, (f. subst. -ão)
profundidade, LE7, 111, (f. subst.)
profundos/as, L7, 54, (adj.)
profusão, LE4, 95, (f. subst. -ão)
programadores, LE1, 79, (subst.)
promessas, L5, 38, (subst.)

165

promotores, LE1, 79, (subst.)
promovido/a, LE5, 101, (adj.)
propósito, LE5, 103, (subst.)
prosperar, L1, 2, (vb.)
provável, RV1L, 34, (adj.)
providências, L5, 39, (subst.)
provocados, L6, 50, (adj.)
prudentes, L6, 50, (adj.)
publicada/o, L6, 50, (adj.)
publicar, L7, 57, (vb.)
publicitário, LE5, 102, (subst.)
publique, LE4, 96, (vb. publicar)
pulso, L7, 57, (subst.)
punhado, L1, 7, (subst.)
purificador, L2, 13, (subst.)

quantias, L4, 30, (subst.)
quebra, LE4, 94, (vb. quebrar)
quebrado/a, L4, 26, (adj.)
quebrar, L5, 38, (vb.)
quebra-ventos, L6, 52, (m. subst.)
queixinho, LE7, 111, (subst.)
quiropata, L4, 29, (subst.)

rabo, L4, 32, (subst.)
radar, L6, 48, (subst.)
radicais, LE4, 94, (adj.)
rafting, LE7, 112, (m. subst.)
rainha, L4, 25, (subst.)
ralo, LE5, 99, (subst.)
rapel, LE7, 112, (m. subst.)
raro/a, L1, 7, (adj.)
rasa, LE2, 83, (subst.)
rasgar, LE5, 99, (vb.)
rebatizaram, LE2, 83, (vb. rebatizar)
receio, L1, 2, (vb. recear)
receitam, L4, 29, (vb. receitar)
receitas, L3, 24, (subst.)
recibo, L5, 43, (subst.)
recipiente, L7, 54, (m. subst.)

reclame, L5, 43, (vb. reclamar)
recomenda, LE4, 96, (vb. recomendar)
recompor, L4, 32, (vb.)
reconstitua, LE5, 100, (vb. reconstituir)
recue, RV1L, 35, (vb. recuar)
recuperação, L1, 8, (f. subst. -ões)
recuperar, L7, 54, (vb.)
recusar, L7, 53, (vb.)
redação, LE4, 96, (f. subst. -ões)
refaça, LE5, 102, (vb. refazer)
refazer, L5, 42, (vb.)
refletir, L7, 57, (vb.)
reflexivo/a, LE1, 77, (adj.)
reflexologia, LE4, 95, (subst.)
reforma, L5, 39, (subst.)
regar, L2, 13, (vb.)
reger, L5, 44, (vb.)
regionalismo, LE8, 115, (subst.)
réis, L4, 30, (m. subst.)
reivindicar, LE4, 96, (vb.)
relâmpago, L2, 16, (subst.)
releia, L5, 43, (vb. reler)
remos, L6, 50, (subst.)
renas, L6, 50, (subst.)
reprovado/a, L1, 2, (adj.)
requentada/o, L7, 58, (adj.)
requer, L7, 54, (vb.)
respectivos, L5, 43, (adj.)
respiratórios, L2, 13, (adj.)
restinho, LE4, 92, (subst.)
retornável, LE5, 102, (adj.)
retorno, L6, 46, (subst.)
retrovisor, L6, 51, (subst.)
revelações, LE4, 96, (f. subst. -ão)
revezam, LE4, 94, (vb. revezar)
revolucionar, L7, 57, (vb.)
revólver, LE4, 94, (m. subst.)
risco, L3, 17, (subst.)
roça, LE6, 108, (subst.)
rocha, LE2, 84, (subst.)
roda, L6, 52, (subst.)
rodada, L3, 18, (subst.)
rolhas, LE6, 108, (subst.)
rotador/a, LE2, 83, (adj.)
rotativo/a, L6, 45, (adj.)

sabão, LE6, 108, (m. subst. -ões)
saca-rolhas, LE6, 108, (m. subst.)
saci, L4, 31, (m. subst.)
saco, L7, 54, (subst.)
sagrado/a, LE4, 94, (adj.)
salões, L5, 42, (m. subst. -ão)
salsicha, LE6, 108, (subst.)
Sampa, L2, 15, (subst.)
sânscrito, RV1L, 34, (subst.)
sapata, LE2, 83, (subst.)
saque, RV1L, 35, (m. subst.)
sarar, L3, 21, (vb.)
satisfatório/a, L5, 43, (adj.)
saudáveis, LE4, 95, (adj.)
secundário/a, L1, 2, (adj.)
segredos, L2, 13, (subst.)
seguida, L6, 50, (loc. adv.) (em seguida)
seguidores, LE4, 94, (subst.)
seguindo, L4, 27, (vb. seguir)
segura/o, L2, 12, (adj.)
seguradoras, L6, 51, (subst.)
selos, L7, 54, (subst.)
selvagens, L4, 31, (adj.)
semáforo, L6, 45, (subst.)
semestre, L1, 8, (m. subst.)
semestres, LE5, 103, (m. subst.)
Senac, LE1, 79, (m. subst.)
sensibilidade, L1, 6, (f. subst.)
senso, LE6, 106, (subst.)
serralheiro, L5, 42, (subst.)
serrote, L7, 54, (m. subst.)
sertanejo/a, LE7, 111, (adj.)
sessões, LE5, 103, (f. subst. -ão)
simpatia, L4, 26, (subst.)
simulem, L5, 39, (vb. simular)
sinalização, L6, 45, (f. subst. -ões)
sinistro, L6, 51, (subst.)
sinônimos, L6, 51, (subst.)
sintomas, LE4, 95, (m. subst.)

socialização, L6, 50, (f. subst. -ões)
solar, L2, 13, (adj.)
solicitar, LE3, 90, (vb.)
solidariedade, L1, 6, (f. subst.)
sólidos, L1, 6, (adj.)
solucionado/a, L5, 43, (adj.)
solzinho, L2, 11, (m. subst.)
sombra, L7, 54, (subst.)
sons, L8, 70, (m. subst.)
sorteado/a, L4, 30, (adj.)
sossegado/a, L5, 39, (adj.)
subidas, L7, 55, (subst.)
subjuntivo, L1, 4, (subst.)
submarinos, L7, 60, (subst.)
subtítulo, L6, 50, (subst.)
subúrbio, L1, 7, (subst.)
subvenção, L4, 30, (f. subst. -ões)
sucumbiu, LE7, 111, (vb. sucumbir)
suor, LE6, 108, (m. subst.)
superinteressante, L7, 55, (adj.)
superstição, L4, 26, (f. subst. -ões)
supersticioso/a, L4, 25, (adj.)
superstições, LE4, 91, (f. subst. -ão)
supletiva/o, L1, 3, (adj.)
supor, LE4, 96, (vb.)
supostas, LE4, 95, (adj.)
surgir, L5, 43, (vb.)
surpreenderam, L5, 39, (vb. surpreender)
surpreendente, L7, 54, (adj.)

talentos, L1, 2, (subst.)
tambores, LE4, 94, (m. subst.)
tampa, LE5, 102, (subst.)
tartarugas, L6, 46, (subst.)
telecomunicação, LE1, 79 (f. subst. -ões)
tempão, LE8, 114, (m. subst. -ões)
tempestade, L2, 10, (f. subst.)
tempinho, L2, 10, (subst.)
temporal, L2, 10, (m. subst.)
teórica/o, L3, 20, (adj.)

terapeutas, LE4, 95, (subst.)
terapia, L4, 29, (subst.)
terror, LE4, 94, (m. subst.)
têxtil, LE1, 79, (adj.)
tinteiro, L7, 58, (subst.)
tintureiro, L5, 42, (subst.)
tira, L3, 18, (vb. tirar)
tiros, LE4, 94, (subst.)
titia, L3, 22, (subst.)
tocadas/os, LE7, 111, (adj.)
tolerado, LE1, 78, (adj.)
tolerante, L2, 13, (adj.)
tomada, L5, 38, (subst.)
toneladas, LE4, 94, (subst.)
totalmente, L3, 17, (adv.)
touro, L4, 30, (subst.)
tráfego, L6, 45, (subst.)
trancar, LE6, 106, (vb.)
transferido/a, LE8, 114, (adj.)
trás, L4, 26, (adv.)
tratamento, LE2, 81, (subst.)
trato, L1, 6, (subst.)
travessia, L6, 45, (subst.)
treinar, L1, 6, (vb.)
treinamento, L1, 3, (subst.)

tremendo, L2, 12, (vb. tremer)
trenó, L6, 50, (m. subst.)
trevo, L4, 26, (subst.)
trincar, L8, 69, (vb.)
trocado, LE3, 88, (adj.)
tromba-d'água, L2, 16, (subst.)
troque, L7, 54, (vb. trocar)
trouxe, L7, 53, (vb. trazer)
trovão, L2, 10, (m. subst. -ões)
trovoada, L2, 16, (subst.)

ultrapassar, L6, 45, (vb.)
ultrassonografia, LE4, 95, (subst.)
universo, LE8, 114, (subst.)
urbano/a, L6, 46, (adj.)

vá, L1, 4, (vb. ir)

vã, LE4, 92, (f. adj. -ão -ãs -ãos)
vaidade, L4, 32, (f. subst.)
valeta, L6, 46, (subst.)
valeu, L5, 39, (vb. valer)
validade, L6, 52, (f. subst.)
válido/a, L4, 29, (adj.)
valores, L1, 6, (m. subst.)
vazamentos, L5, 42, (subst.)
vaze, L7, 54, (vb. vazar)
veadeiros, LE4, 94, (subst.)
veia, LE7, 111, (subst.)
veio, L4, 28, (vb. vir)
vencimento, LE2, 84, (subst.)
vendaval, L2, 16, (m. subst.)
veneno, L4, 32, (subst.)
ventando, L2, 12, (vb. ventar)
ventania, L2, 16, (subst.)
ventar, RV1, 98, (vb.)
ventilação, L2, 13, (f. subst. -ões)
verba, L3, 18, (subst.)
verbetes, LE8, 115, (m. subst.)
verso, L7, 55, (subst.)

vestibular, L1, 7, (subst.)
vestido, L2, 14, (subst.) (adj.)
via, L6, 47, (subst.)
viaduto, L6, 46, (subst.)
vidraceiro, LE5, 99, (subst.)
vigiar, LE4, 94, (vb.)
violento, LE1, 78, (adj.)
violino, L5, 44, (subst.)
virado, L4, 31, (adj.)
visão, L7, 54, (f. subst. -ões)
vitaminas, LE4, 95, (subst.)
vitrines, L5, 42, (subst.)
vivência, L3, 20, (subst.)
voadoras, L7, 57, (adj.)
voe, LE5, 103, (vb. voar)
volante, L6, 50, (m. subst.)
vulcânicas/os, LE2, 83, (adj.)

xarope, LE6, 108, (m. subst.)
xi, L1, 1, (interj.)

# Créditos

## iStockphoto

**Página 7 –** opolja, Deagreez, NTCo, lucato, haveseen, dabldy, Rawpixel, IPGGutenbergUKLtd

**Página 9 –** Vladimir Vladimirov, Katarina_B, monkeybusinessimages, SbytovaMN, YakobchukOlena, Nando Martinez, AntonioGuillem

**Página 11 –** FTiare, lucato, Kerkez, poladamonte

**Página 12 –** DmitriyBurlakov

**Página 13 –** Kristen Prahl

**Página 14 –** AlexLinch, freebilly, SStajic, Dmitriy83

**Página 16 –** Leo Stein

**Página 17 –** photovs

**Página 18 –** Drazen Zigic

**Página 19 –** welcomia, sergeyryzhov

**Página 20 –** Poike

**Página 25 –** wagnerokasaki, Matthias Kestel, Brunomartinsimagens

**Página 27 –** RafaPress

**Página 30 –** Nilesh Shah, ca2hill, tepic, AmbientIdeas, PavelHlystov, jodie777, idal, Make_Video_Company, KristianBell, GlobalP, imantsu, BirdHunter591, igoriss, Nils Jacobi, jivz, SeymsBrugger, sfmorris, Fotosmurf03, Hans Harms, Jeffengeloutdoors.com, passion4nature, DikkyOesin, DrDjJanek, Matt_Gibson

**Página 37 –** Igor Vershinsky, PointImages, monkeybusinessimages

**Página 38 –** AndreyPopov

**Página 39 –** paisan191

**Página 41 –** Ridofranz

**Página 44 –** Ridofranz, Prostock-Studio

**Página 50 –** monkeybusinessimages

**Página 51 –** lucato

**Página 54 –** JackF, Soft_Light, Jovanmandic, BluIz60, Ridofranz, m-imagephotography, kisgorcs, Thiago Santos, Merlas, German-skydiver, nd3000, Nelson_A_Ishikawa

**Página 55 –** RegianeCM

**Página 57 –** Zaida Ben-Yusuf

**Página 58 –** Alfribeiro

**Página 60 –** oatawa

**Página 67 –** Thiago Santos, DMEPhotography

**Página 70 –** mehmetbuma, VanReeel, Oleksii Liskonih

**Página 74 –** fizkes, SolisImages

**Página 77 –** dolgachov

**Página 78 –** monkeybusinessimages

**Página 82 –** Reuber Duarte

**Página 97 –** Moussa81

**Página 100 –** Arkadij Schell, Ihor Bulyhin, FlamingoImages, Oleksandra Polishchuk

**Página 102 –** yanukit

**Página 105 –** Siberian Photographer

**Página 106 –** Orachon Paksuthiphol

**Página 107 –** SolisImages

**Página 108 –** Leonidas Santana

**Página 112 –** Helmagh, gregepperson, molchanovdmitry, Mauricio Graiki

**Página 113 –** paulaphoto

**Página 116 –** aphotostory